U0652514

数字化管理创新系列教材

数字制造——浙江省大学生经济管理案例竞赛优秀案例精选

主　编　周　青　王　雷　陈畴镛

副主编　李风啸　王东鹏　马万里　王节祥
　　　　王任祥　禹献云　陈　凡　陆星言

西安电子科技大学出版社

内 容 简 介

随着数字时代的到来，应用数字技术助推企业转型及提升企业生产和管理水平已成为必然趋势。本书收集了浙江省大学生经济管理案例竞赛中的 8 个获奖作品，通过详细还原企业数字化转型的历程，全面复现企业数字化转型中的痛点与难点，系统梳理企业推动数字化应用的决策和做法，合理运用管理学理论对企业数字化转型过程进行分析，实现了企业实践和理论思考的深度结合。在本书每个案例后均有该案例指导教师的点评以及指导心得。

本书通过优秀案例作品的呈现，以期为从事数字化管理创新的研究者提供案例素材，为致力于企业数字化转型的管理类人员提供理论指导和实践样本，为准备参加大学生经济管理案例竞赛的学生提供借鉴参考。

图书在版编目(CIP)数据

数字制造：浙江省大学生经济管理案例竞赛优秀案例精选 / 周青，王雷，陈畴镛主编.
--西安：西安电子科技大学出版社，2024.6
ISBN 978 - 7 - 5606 - 7231 - 1

Ⅰ.①数…　Ⅱ.①周…②王…③陈…　Ⅲ.①高等学校—经济管理—浙江　Ⅳ.①F2-4

中国国家版本馆 CIP 数据核字(2024)第 103427 号

策　　划　陈　婷
责任编辑　雷鸿俊
出版发行　西安电子科技大学出版社(西安市太白南路2号)
电　　话　(029)88202421　88201467　　　邮　　编　710071
网　　址　www.xduph.com　　　　　　电子邮箱　xdupfxb001@163.com
经　　销　新华书店
印刷单位　陕西日报印务有限公司
版　　次　2024 年 6 月第 1 版　2024 年 6 月第 1 次印刷
开　　本　787 毫米×1092 毫米　1/16　印张　12.5
字　　数　291 千字
定　　价　44.00 元
ISBN 978 - 7 - 5606 - 7231 - 1 / F

XDUP 7533001 - 1

序

　　数字经济是继农业经济和工业经济后的主要经济形态，加快适应数字经济时代的管理是经济社会高质量发展的必然选择。在数字化改革的探索中，浙江走在了全国前列，全方位纵深推进数字化改革成为浙江经济社会发展的重要驱动力。当前，浙江正以数字化改革引领系统性变革，加速打造数字变革新高地，驱动实现"两个先行"。在全面数字化改革过程中，浙江大地上催生了大量的数字化改革应用场景和许多高质量发展的企业数字化管理创新实践案例。这些生动的案例和应用场景值得我们去深入探索，总结其管理经验和做法，提炼出可资借鉴的模式和路径。

　　浙江省大学生经济管理案例竞赛自 2014 年创办以来就以引导大学生扎根实践案例开展深入思考，提升大学生创新创业能力为目标，探索构建商科大学生培养过程中管理实践、管理专业知识和学科竞赛联动的人才培养模式。该赛事于 2015 年被认定为省级 A 类学科竞赛，已经成为浙江省内高校商科大学生理论教学与实践应用深度融合的人才培养互动平台。经过 8 年的竞赛积累，该赛事参赛本科院校数量从 33 所增长至 72 所，参赛队伍从 189 支快速增长至 500 余支，积累了千余个优秀的竞赛案例，其中将近 70% 的案例是扎根于企业数字化转型管理创新的优秀作品。这些优秀作品是对优秀企业管理经验和典型做法的系统总结，也是对案例竞赛指导教师和参赛学生努力探索和研究的回报。

　　为了更好地展示这些优秀的成果，浙江省大学生经济管理案例竞赛委员会决定将部分优秀作品结集出版。案例集分别以数字管理、数字制造、数字营销等为主题，将浙江省大学生经济管理案例竞赛中获得一等奖的部分优秀作品通过改编、整理和完善后编辑成册。为了帮助阅读者更好地理解和掌握案例研究逻辑与研究成果，每个案例后面还专门增加了案例竞赛指导教师的点评。案例集的出版一方面可以更好地呈现案例竞赛中企业数字化转型和管理创新的实践成果，为从事数字化管理创新的研究者提供丰富的案例素材；另一方面也可为今后准备参加大学生经济管理案例竞赛的学生提供学习和参考样本，帮助他们更加科学高效地选择研究对象、开展案例调研和撰写案例竞赛文稿。

　　我相信本案例集的出版将有利于推动经管学科大学生理论学习和实践教学的良性互动，能够有效引导经管学科大学生更加关注数字经济时代企业数字化转型的现实场景，有助于他们加强数字化认知、激发数字化思维和了解更多的数字化技术，提高经管学科大学生适应数字经济新形态的创新创业能力。

　　是为序。

中国工程院　机械与运载工程学部　院士
工程管理学部
2023 年 10 月

前　言

　　数字时代的到来深刻改变着我们的生产生活及学习方式。在经管专业的人才培养方面，我们不断思考如何能够让学生未出校门就能在企业发展中体验"身体在场"，如何让学生的专业所学与企业实践实现"无缝衔接"，如何引导学生灵活运用理论来指导实践的"举一反三"。带着这些思考，我们在浙江省大学生经济管理竞赛的参赛文本和答辩赛场上找到了答案。

　　作为浙江省 A 类学科竞赛，浙江省大学生经济管理案例竞赛至今已正式举办 8 届，每年吸引全省各高校 3000 余名学生投身企业案例的调研和参赛。8 年来，竞赛积累了一千余份优秀的获奖案例作品。为充分展示竞赛的优秀成果，提升经管案例竞赛作品质量，为企业管理者提供成功经验，为高水平案例教学提供支持，应广大参赛学生和指导教师的要求，竞赛委员会决定将部分优秀获奖案例作品结集出版，实现以赛促学、以学促用的目的。

　　企业是数字经济的"排头兵"，面对汹涌而来的数字化浪潮和日益复杂的市场环境，很多优秀企业在经营管理的各方面开展了数字化应用实践，并已经取得了卓著的成果。依托案例竞赛，大学生在教师的指导下，深入企业进行实地调研，详细描述了企业数字化应用的具体实践，并应用管理学理论分析提炼了经验得失，这对未来的企业发展是弥足珍贵的财富。在案例竞赛获奖作品中，七成以上是探索数字化改革场景下企业的生产、营销和管理的数字化创新实践。此系列案例集分为三册，分别以数字制造、数字营销和数字管理为主题，每册各收录 8 个优秀案例作品。每篇作品后均有该案例指导教师的点评。通过优秀案例作品的呈现，既可以让读者深入了解案例竞赛作品，提高研究选题、调研企业、撰写文本的效率，有的放矢地把握案例竞赛备赛进程等，又可以为经管学科人才培养的案例教学工作提供丰富的素材支持。

　　感谢多年来关心支持浙江省大学生经济管理案例竞赛的师生朋友们！感谢中国工程院院士刘人怀老师为此书作序！希望通过此系列案例集，提升经管学科学子对当下数字时代的认知，激发其数字思维，助力当代青年成为数字中国的创造者和主力军。

编　者

2023 年 10 月

目 录

案例一　基于"三合"理念的乔顿男装定制模式①

随着社会经济的发展，人们的消费能力不断增强，批量化的成衣已不能满足一些追求个性、拥有一定购买力的消费者的需求，个性化的服装定制越来越受到消费者的青睐。而男装高级定制的兴起，是为满足企业家等具有高消费能力人群的需求而逐渐形成的一个发展趋势。由于客户需求的层次性一直都存在，在经济发展的今天，这种层次性更加明显，所以服装公司需要深度挖掘目标客户的潜在需求，不断增加产品和服务的附加价值，建立与客户的纽带。然而，目前男装定制存在很多问题，如需求把握不到位、开发设计效率低下、定制周期过长、成本居高不下等。因此，服装公司要在固化的定制化思维之下，寻找创新的定制模式，让公司在整个服装定制行业中脱颖而出。

乔顿（JODOLL）服饰股份有限公司主要从事自有品牌男士正装的研发设计、品牌推广和终端销售。乔顿公司的核心管理团队拥有丰富的服饰品牌经营管理经验，始终坚持"尊享爱，家生活"的品牌理念、"为美而成衣"的设计理念和差异化产品的经营思路。乔顿公司紧紧抓住中小企业家的需求，采用以合体、合场、合心的"三合"理念为导向的新型男装定制模式，在定制化概念愈加普遍的服装行业中脱颖而出，达到了客户价值最大化和企业盈利更大化的双赢。

1.1　认识"乔顿"

乔顿集团有限公司始创于 1996 年，总部位于温州，是一家以生产销售高档男装为主的大型企业集团。乔顿集团下辖 6 家全资子公司，注册资本 1.51 亿元，员工 2600 多人，专业技术人员 200 多人，拥有 4 条从德国、意大利、日本等国引进的先进生产流水线，年产西服量达到 60 万套，其实力非常雄厚。

浙江乔顿服饰股份有限公司隶属于乔顿集团，是一家集科工贸于一体的民营大型服装

---

① 该案例获得 2019 年浙江省大学生经济管理案例竞赛一等奖。作者：侯彤彤、金展丞、苏雪纯、姚佳淇、应慧缘。指导教师：马万里。

生产企业。乔顿服饰股份有限公司主要从事自有品牌男士正装的研发设计、品牌推广和终端销售以及自有品牌职业装的生产与销售。公司主营业务的其他类别还包括 ODM（原始设计制造商）、外贸加工以及面料贸易。公司的自有品牌产品目前包括商务正装（蓝标）和2014 年推出的时尚正装（红标）两大系列。

公司的核心管理团队拥有丰富的服饰品牌经营管理经验，始终坚持"尊享爱，家生活"的品牌理念、"为美而成衣"的设计理念和差异化产品的经营思路，紧紧抓住了中国企业家群体的需求。公司通过核心品类单西装与单西裤（自创"百雅裤"品名）打造"生活化正装"的理念，并通过与国际知名设计师及工艺师团队的交流合作，不断提升产品的品质与美感。目前，乔顿已在中国企业家，特别是在江苏、浙江、山东、福建等省份的企业家群体中成为有较大影响力和较高知名度的男士正装品牌。

乔顿的发展主要经历了 4 个阶段：

第一阶段（1996—2006 年），创业期。乔顿公司于 1996 年成立，是以贴牌加工为主的服装生产型企业。那时候公司主要为国内的国际品牌进行代加工，注重产品质量，通过"以工厂带产品，以产品创品牌，以品牌建网络"的形式，启动了 JODOLL 品牌运作。

第二阶段（2007—2010 年），品牌初创期。在此阶段，公司主要以品牌传统模式经营为主，这一时期也是以"打造知名度"为主的品牌导入期。公司不断提升品牌核心竞争力，以把 JODOLL 塑造成为一个有较高美誉度的服装品牌，并于 2010 年年底成立了浙江乔顿服饰股份有限公司。

第三阶段（2011—2014 年），用户战略转型阶段。在此阶段，乔顿的新商业模式创新由传统服装品牌经营模式转为用户思维导向的品牌经营模式。在这一时期，公司更注重用户的体验与交互，巩固了在利基市场中的优势地位，使其品牌在西装市场中拥有一席之地。2014 年 10 月 23 日，浙江乔顿服饰股份有限公司在全国中小企业股份转让系统有限责任公司举行了新三板挂牌仪式，开启了乔顿的资本市场之路。

第四阶段（2015 年至今），新型男装定制阶段。在此阶段，公司重在促进服装定制向网络精准化方向发展，满足消费者个性化发展需求；借助云端大数据库集成信息，缓解消费者、设计师、生产企业三者的信息不对称，以"整合资源"完善"多内容"，满足"多需求"，带动"导流量"，从而形成产业活性环；同时，以客户为中心，强调专属感和个性化，推出独一无二的定制服务，致力于为客户提供合心、合体、合场（简称"三合"）的高级定制西装，使用"三合"满足消费者在网络化时代对服装制作的新要求，提高消费者满意度的同时培养其新的消费习惯。

随着工业 4.0 时代逐步来临，以消费者为中心的个性化制造需求，让定制服务悄然成为中国服装业发展的一个新方向。乔顿服饰作为国内男装定制发展的前端企业，紧紧围绕目标客户群需求，基于合体、合场、合心的"三合"理念，不断拓展男装服饰产品的内涵和外延，创造新系列产品，挖掘客户潜在需求，不断进行产品质量的创新，努力为客户提供满意的男装产品。自 2017 年以来，乔顿男装产品销售额增加了 31.96%，产品制作周期缩短了30%，订单成功率提高了 20%。在乔顿的客户群中，愿意向别人推荐乔顿男装产品的比例高达 90%，再次购买男装时第一时间考虑乔顿而不考虑其他品牌产品的比例高达 70%。由此可见，乔顿的客户满意度及客户忠诚度都非常高。在男装定制常态化、竞争白热化的今天，乔顿公司为何能在激烈的男装定制市场中脱颖而出？乔顿是如何让其品牌受到消费者的欢迎的？乔顿是如何找准让客户满意的突破口并持续取得经营佳绩的？

1.2 乔顿的"三合"定制模式

客户需求的层次性一直都存在，而在经济飞速发展的今天，这种层次性愈加明显。"三合"理念就是深度开发挖掘目标客户的潜在需求，不断增加产品和服务的附加价值，建立与客户的纽带而产生的。乔顿提出的"三合"指的是合体、合场、合心：合体是使服装贴合人体的同时掩盖身体缺陷，使客户拥有舒适的服装穿着体验；合场是让客户在不同的场景中有合适的着装搭配；合心是让客户能获得满意的服装定制体验，同时让客户获得服装之外的附加价值。乔顿"三合"理念的定制模式在确定了目标客户为中小企业家且保证合体的基础上，采用全场景定制理念寻求产品更加完善的外在形式，并深度挖掘产品外延，提供客户合心的附加服务。乔顿的精准定制围绕着"三合"理念，从设计生产、销售到售后服务，追求将客户价值更大化。在这个过程中，企业提升了生产效率，实现了企业的利润最大化，达到了客户与企业双赢的目标，打造出独特的精准定制之路。图 1-2-1 为乔顿"三合"理念示意图。

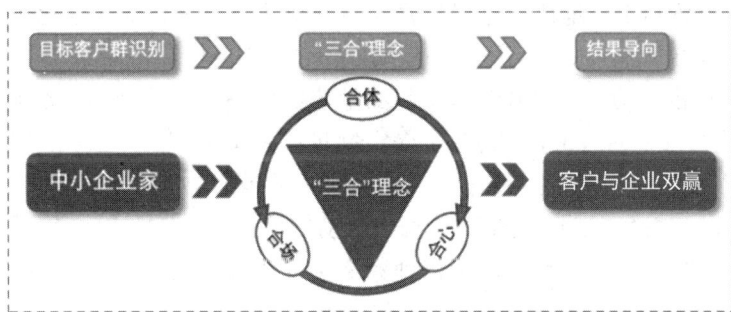

图 1-2-1 乔顿"三合"理念示意图

1.2.1 "三合"定制之合体

合体是服装定制产品的内涵，旨在提供客户舒适而合身的服装体验，是客户对服装定制的基本要求。针对中小企业家在购买成品西服时无定制体验感、成衣尺寸偏差、质量无法精准把控的痛点，乔顿采用科学手工量体，并充分发挥数据库的作用，对用户体形数据进行收集、分析、分类，传至生产线进行生产后，根据各型号数据所占比重进行资源分配，以调整生产量，真正做到让数据驱动生产。得益于数据驱动，乔顿的生产流程采用"单件流"生产模式，并且拥有全国顶级的服装生产线和工艺技术作为保障，极大地提升了劳动生产率，缩短了交货期，提高了产品质量，更好地满足了客户需求。图 1-2-2 为"三合"定制之合体示意图。

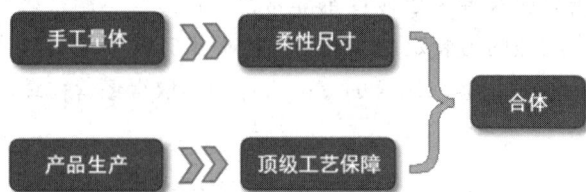

图 1-2-2 "三合"定制之合体示意图

1. 手工量体

科学的手工量体是合体的前提。要真正做好量体，获取更加柔性的尺寸是关键。在测量方式上，国内一些男装定制品牌为更加快捷地获取人体数据，很少采用工艺师来人工测量，而是采用 3D 人体测量仪器来测量。由于机器执行的是统一程序，虽然快捷，但它们只能测量净身体尺寸，不能获得最需要的成衣尺寸，而大多数的定制返修都是由于量体不准确造成的，因此寄希望于各种量体扫描设备是不可靠的。

乔顿公司采用纯手工量体，组建国际知名的资深量体团队为客户提供纯手工量体服务。相较于一些服装企业采用人体扫描技术对客户进行量体，手工量体可以获取更为精准的参数，使定制更具有针对性，更加贴合客户的需求。量体师在给客户量体的过程中，可以与客户进行交流，如客户希望某一地方的衣服可以宽松一点，量体师就可以手动调整数据，从而让客户获得更加舒适的服装穿着体验。这样的灵活性和人性化是机械的机器量体无法达到的。同时，量体师手工量体的过程丰富了客户的服装定制环节，强化了客户对于服装定制的认知，更具仪式感，体验到了与一般购衣不同的服务。

（1）规定了标准化的手工量体流程。手工量体需要一名量体师和一名辅助店员，量体师对客户身体进行尺寸的测量，辅助店员在定制量体表中记录客户数据。量体师需要采集客户的领围、袖肥、袖长、肩宽等尺寸。采集尺寸时量体师秉承着"顾客至上"的服务意识，如在测量袖肥时，会注意量时轻轻带紧，稍微转动即可，不会太松或太紧。在做好客户体形方面的净尺寸测量的同时，乔顿规定量体师和店员要积极地与客户进行聊天沟通，在沟通的过程中，了解并记录客户的穿衣习惯、特殊要求、习惯姿势，并通过观察和测量客户走路的幅度、举手的高度、转动颈部的角度等，对尺寸进行修改，采集更加精确和柔性的量体数据，在净尺寸的基础上进行合理调整。记录完毕后，辅助店员负责把客户的数据输入系统，由系统将数据传至生产线进行生产。

（2）通过细化分析增设人体体形特征点。目前国内的大部分男装定制企业设计师只是为消费者简单地测量身高、体重、肩宽、臂长、胸围、臀围、腿长等传统服装指标参数，只能在一定范围内反映人体信息，精准度不强，服装难以合身适体。与大部分的定制企业不同，为了实现数据的精准，乔顿通过细化分析增设了其他人体体形特征点，用来提取更多参数，如采集消费者的动作尺寸、静立尺寸、步履宽度、习惯性姿势等变体数值，尽可能多而细致地反映人体信息，实现精准测量，使个性化定制更具针对性。

（3）量体时通过沟通获取尺寸之外的信息。由于不同客户的身体数据、行为习惯、穿衣品位存在差异，需要更加精确而柔性的量体服务。为深入了解客户，在测量的同时，量体师和店员需要与客户进行聊天沟通，沟通不局限于需求和使用场合等基本问题，还包括对于服装尺寸个性化的需求以及年龄、职业、使用场合、喜欢的颜色、面料、纽扣、图案等个性问题，为其定制服装提供参考依据。在了解客户的穿衣习惯、特殊要求后，设计师将根据客户的需求对客户的量体数据进行微调，在净尺寸的基础上进行合理的加放量，并记录客户的特殊要求，配出客户满意的成品尺寸。在手工量体的过程中，积极与客户进行沟通，不仅可以提升客户因定制所带来的体验感，也让量体师更加了解客户，获取的尺寸更加柔性，以满足客户合体的需求。

量体环节是定制合体西服的关键环节，也是最容易出问题的环节。与行业内大部分定制企业不同，乔顿为减小净身体尺寸转为成衣尺寸环节出现的偏差，在纯手工量体环节中制订了规范而合理的量体流程，在传统参数的基础上增设了更多人体体形特征参数，并通过沟通获取尺寸之外的个性化信息，真正了解并满足客户需求。

2. 产品生产

生产是合体的保障。乔顿追求顶级的工艺，其优秀的生产线和"乔顿工匠"是实现顶级工艺的秘诀。

（1）顶级生产线。乔顿拥有全国顶级的服装生产线，拥有服装设计顶级的工艺流程。乔顿公司致力于不断提高技术装备水平，目前已经拥有美国 GGT 公司的服装 CAD（计算机辅助设计系统）、意大利罗通迪全自动整烫流水线、德国康尼基塞黏合机和德国杜克普缝制流水线。乔顿重视工艺技术的引进与创新，引进世界一流的开发设计理念及西服工艺，结合市场与客户需求进行创新。乔顿在生产过程中采用了"精益生产""条码管理系统""ERP生产管理系统""6S 现场管理"等先进的管理技术与方法，保证了乔顿西服的优良品质，同时极大地提升了劳动生产率。乔顿采用单件流生产方式，合理地制订标准生产流程并安排好每个工序的人员量和设备量，使每个工序耗时趋于一致，减少单位周转批量，从而降低了生产过程中在制品等各个环节的库存，加强了对信息的掌握力度，提高了企业的生产管理水平，从而缩短了制造周期，提高了产品质量。

（2）以数据为基础的生产。运用数据库建立客户个人信息档案，并生成相应的二维码存储。生产中再根据客户个人单号对材料进行精准划分，从各类面料的选择、比对和分析到对客户的意愿以及气质、风格的匹配程度的搜集，最终确定挑选何种材质的面料进行定制。在确定其面料后，对服装款式进行确定，根据个人气质特点及场景的匹配情况确定定制服饰的领面、驳头、门襟、下口袋、后开叉等。

（3）全流程数据共享。确定版式后通过 CAD 制图和机器的精准裁剪，并对衣服的花纹材质进行精准比对，再通过裁剪、缝制、整烫、装箱打包、订单发货在内的几十道生产工序，从而形成单件服装的全流程生产线。

（4）乔顿工匠。在合体的驱动下，工匠精神渗透在生产的每一个过程，如看似简单的乔顿西服的一个袖子，实则运用了 3 项高科技，如用数字机械手缝上袖子，配合极致的手工工艺，保证挥动衣袖时完全贴合身姿。2016 年，乔顿新改了一条单件流流水线，将生产数量从每天生产 350 件服装提高到每天生产 500 件，效率提高了 43% 左右。乔顿以"三合"理念为导向，将工匠精神融入服装制作的每一个环节。乔顿称呼这些生产线上的工匠为"乔顿工匠"，他们不仅仅以服装的标准来生产，还把它作为一件艺术品来打磨。企业每年都会评选 10 名工匠为"乔顿工匠"并公布在企业文化橱窗内，他们中的一些员工甚至已在生产线上勤勤恳恳工作数十年。当然"乔顿工匠"的评选并非由工龄决定，每一年乔顿都会根据企业自身发展状况制订一套严格的质量标准准则，从员工到组长到主任都需遵守准则上的条例，并由工艺巡查组每月两次对工匠们进行检核。巡查组根据细则对员工们进行奖惩处理，最终根据工匠们一年的绩效评选出该年的"乔顿工匠"，全过程公平、公正、公开。一件乔顿西装要包括 300 多道工序，每一道工序都精雕细琢。例如，乔顿西装的腰线是至少经过 6 次归拔工艺才形成的，而业内普遍的做法是 2～4 次。正是有这样一丝不苟的工匠精神，乔顿服装才能实现合体。

1.2.2 "三合"定制之合场

合场是服装定制高于合体的需求，其让客户在不同的场景中有合适的着装搭配。乔顿在服装合体的前提下，为中小企业家提供不同场景下的服装搭配方案，从而达到提升客户气场、衬托客户气质、展现客户个性的目的，为客户提供合场而舒适的着装体验。乔顿公司通过对中小企业家的分析，提出了全场景配装的概念。通过全场景配装，满足客户对不同场景的着装要求，为客户提供合场的服装搭配，为服装的设计提供方向。全场景配装包括场景预设和场景配装。图 1-2-3 为"三合"定制之合场示意图。

图 1-2-3 "三合"定制之合场示意图

1. 场景预设

全场景打造中的场景预设是乔顿围绕着合场提出的。当今大部分中小企业家的服装搭配混乱，虽然衣服有很多，但是在某一场合却没有合适的服装，如果只定制一套衣服，是远远无法满足客户的需求的。因此，乔顿根据企业家的普遍特点，对企业家的场景进行分类，推出了 4 个场景：严谨办公、轻松办公、休闲聚会、户外运动。这 4 个场景所需服装的风格各有不同：严谨办公强调服装的严谨性和正式性；轻松办公的服装风格则较为轻松；休闲聚会的服装风格不能过于严肃和正式，偏向休闲时尚；户外运动的服装风格则偏向运动风。这 4 个场景涵盖了中小企业家工作生活中接触到的所有场景。场景预设让中小企业家在定制服装时可以根据这些场景的设置与识别，搭配出属于自己的着装方案。全场景配装的提出不仅带动了其他商品的销售，提高了连带率，也使得定制的需求大大提高。

在预设了四大场景后，乔顿将门店划分为 4 个区域，每个区域分别对应一个场景，通过搭建出不同的场景氛围，使客户在门店中可以沉浸体验不同的场景氛围，增加场景的代入感。

2. 场景配装

在预设场景后，乔顿即可针对客户个人所需的场景进行全场景配装，为定制服装的设计提供方案。当客户定制服装时，店员会询问客户服装穿着的场景，再根据客户所需场景，让客户试穿已搭配好的成衣。在试衣过程中，店员即可记录客户的体形和喜欢的风格并输入数据系统，为客户定制服装的设计提供依据。在服装设计上，乔顿以场景为导向，根据场景设计适合相应场景的系列服装，力求服装在设计风格上符合各个场景。考虑到服装的搭配问题，系列服装都有着装顾问给出相应的穿搭方案，使服装满足客户各种场合需求的同时有更多搭配方式。

乔顿将全场景配装的概念传达给客户，不仅让客户的着装符合特定的场景，同时让客户有了服装搭配的概念，促进其追求更高品质的服装购买体验，让服装更具内涵和个人风格。全场景配装让乔顿的定制更加具有特色，也让客户可以在对应的场景中拥有合适的着装搭配，使得客户的风格和内涵得以体现，让他们融入不同场合。

1.2.3　"三合"定制之合心

合心是服装定制产品的外延，旨在让客户获得服装之外的附加价值。现在的服装企业在进行服装定制时，较为注重产品的内涵，聚焦于服装产品的合身情况等，较少关注服装产品的外延，即服装产品的附加价值与潜在利益。乔顿的合心包括个性化服务、客户着装品位提升以及商业交流平台建立。乔顿聚焦于目标客户即中小企业家的潜在需求，通过个性化的服务给予客户独特的服装定制品位；通过服装搭配知识的传授提升客户的服装品位；以服装为桥梁，建立商业交流平台。乔顿通过合心给予中小企业家服装之外的附加价值，为中小企业家提供了在其他服装企业得不到的体验与满足。图1-2-4为"三合"定制之合心示意图。

图1-2-4　"三合"定制之合心示意图

1. 个性化服务

个性化需求是根据不同客户的不同特征，提供针对其个人特点的服务，让每个客户能得到独特的定制体验。乔顿个性化服务的实现主要依靠客户私人档案、定制师、尊享家VIP体验馆和90售后服务的建立。

（1）客户私人档案。乔顿的客户私人档案是由客户的专属服装顾问记录，记录客户的个人特点，为进一步的定制服务提供参考依据。在进行服装定制服务时，接待客户的店员就是客户的专属服装顾问，为客户提供一对一的专属服务。客户的专属服装顾问首先和诊断师一起与客户进行交流，判断客户的风格喜好以及客户所需要的场景，根据客户的喜好与所需场景，与搭配师一起对客户进行全场景配装。在搭配师初步确定搭配设计方案后，服装顾问陪同客户，与面料师一起挑选定制服装所需要的面料，根据客户的风格和场景选择合适的服装。最后服装顾问会辅助量体师为客户进行手工量体。在这一系列的定制流程后，客户的服装顾问将客户的尺寸信息以及服装定制要求等信息记录进数据系统，建立客户的个人专属档案。首先要在客户资料中输入客户的基本身体尺寸与个人信息，方便联系客户与了解客户的生日年龄等信息，以便在活动或者客户生日时对客户进行邀约。接着服装客户会根据客户在定制中表现出来的特征，为客户贴上专属标签，如爱好、风格、购买力等信息，形成客户的专属档案，如图1-2-5所示。

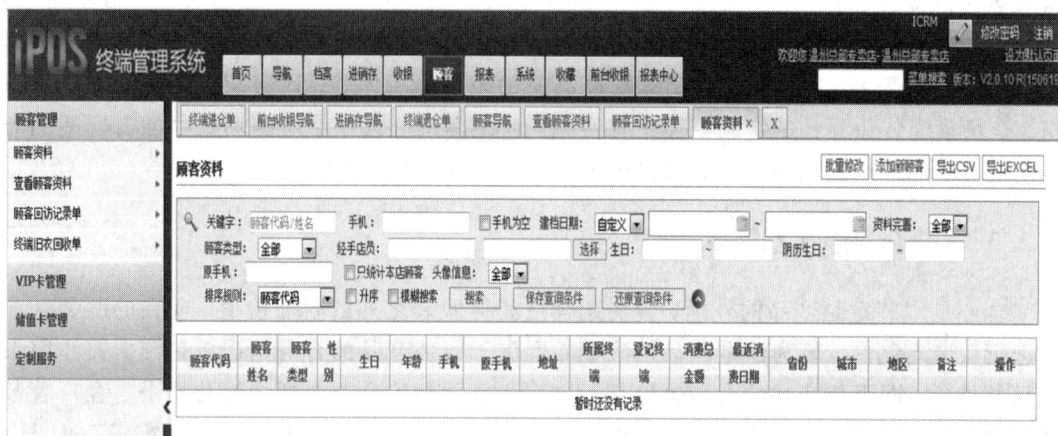

图1-2-5 客户资料

（2）定制师。每个定制的环节都有专门的定制师负责，增强了服装定制的专业性。同时，专属的服装顾问会在定制的全程陪同客户，在与客户的交流中充分了解客户的需求，为服装的设计与搭配提供依据。因此，服装顾问可以为每位客户提供专属的服装定制方案，让客户感受到乔顿服装定制的特殊性与个性化。而且服装顾问在与客户的交流中，可以与客户成为好友，有助于进一步挖掘客户需求，增强客户的黏性和满意度。

（3）尊享家VIP体验馆。尊享家VIP体验馆的开设，让客户在实体店有更多的参与感和体验感。该馆致力于为客户打造高品质时尚生活，让客户获得独特的服装定制体验。在体验馆内，老客户可以来此喝茶、看时尚杂志、挑服饰，可以把来不及在家熨烫的外套拿到这里由专业店员免费熨烫整齐。店里的导购员服务专业细致，并有专门的着装顾问为VIP客户提供全系列产品配装服务、私享定制及商务休闲生活预定的专属空间服务。体验馆分隔出适合周末等休闲时间穿着的"时尚休闲装区域"，适合平常上班、派对时着装的"商务休闲装区域"，适合正式商务洽谈、晚宴等正式场合穿着的"正装区域"，以及满足消费者个性化需求的"高级定制区"。体验馆的各个区域根据消费者不同的着装场合进行划分，每一位导购员都经过专业的培训方可上岗。体验馆拥有商务会客室，VIP客户可以在这里举行小型的商务会议、洽谈等。

（4）90售后服务。90售后服务是指乔顿在对商品售出后，会有一个为期90天的追踪反馈。在这90天里，客户专属的服装顾问需要与客户进行定期回访，询问客户的穿着和洗涤保养情况，并在系统中进行记录。这样长周期并且记录在档的服装售后跟踪服务，使乔顿进一步加深了对客户需求的了解，让乔顿的售后服务在业内得到了认可。在90售后服务页面，门店的店员即每个客户的服装顾问可以看到客户的信息与标签，并根据90售后服务的提示与客户进行互动，将客户的反馈情况记录下来。90售后服务分为8个阶段：第一阶段是服装购买当天，服装顾问会为客户介绍门店的增值服务，如办理储值卡等；第二阶段是客户购买服装后1天，服装顾问会添加客户的微信，进行自我介绍并发送感恩信息；第三阶段是客户购买服装2天后，服装顾问会发送服装洗涤保养信息；第四阶段是客户购买服装 7 天后，服装顾问会询问客户试穿满意度，若有问题则及时处理；第五阶段是客户购买服装 15 天后，服装顾问会给客户发送整烫护理信息；第六阶段是客户购买服装 15～30 天后，服装顾问要关注客户的朋友圈，对其朋友圈点赞和评论，并寻找话题与客户聊天；第七阶段是客户购买服装 30～60 天后，服装顾问会针对新款搭配给客户推送节日祝福、天气转变提醒等；第八阶段是 60～90 天后，服装顾问会对客户进行邀约返单，邀请客户进店消费。90 售后服务让门店店员与客户从买卖关系可以进一步上升到朋友关系，让店员更加了解客户，可以为客户提供更加具有针对性的服装定制方案。同时，客户也可以感受到乔顿服装定制服务的贴心与细致，从服装定制服务中获得情感上的满足。

2．提升企业家着装品位

乔顿通过服装搭配知识讲座，提升企业家个人的服装品位，达到客户与企业的双赢。在建立了中国男装研究院后，乔顿不断加深对中小企业家的了解，致力于将其服装理念传授给他们，提升其个人的服装搭配品位。通过乔顿的服装搭配知识讲座，乔顿让部分中小企业家意识到了服装搭配的重要性，提升了企业家个人的服装品位，进而将这部分企业家引流到乔顿，成为乔顿的客户。同时，乔顿老客户的忠诚度也会在这个过程中得到加强，使客户与企业都获益。

乔顿公司首先通过异业联盟、线上传播等途径，让企业家们了解到乔顿的服装搭配理念，吸引其来参加服装知识讲座。例如，乔顿与路虎的 4S 店面向中小企业家，两者合作举办宣讲或者讲座活动，汇聚客源，资源共享。这样的宣传方式面向中小企业家，保障了信息传播的有效性。在服装讲座的过程中，乔顿会根据其对中国商务男装人士着装特点的研究，为企业家们传授服装搭配的知识，让其了解到不同场合中需要不同的服装搭配，明确合适的服装搭配对企业家形象的重要性，提升其服装品位。同时，服装定制顾问也会针对每个企业家的特点，为其提供服装搭配的建议。

乔顿满足了这些企业家对服装搭配知识方面的需求，唤起企业家对高品质定制服装的追求。客户的服装品位得到提升，在进行服装定制服务中更加了解自己的需求。更重要的是，乔顿将自己的服装搭配知识传播出去，有针对性地宣传了自己的品牌，让本不了解乔顿的中小企业家对乔顿产生兴趣，进而引流到乔顿并成为乔顿的客户，从而加强了乔顿客户的黏性，实现企业与客户的双赢。

3．商业交流平台

商业交流是中小企业家的隐性需求，乔顿给予中小企业家附加价值中最重要的部分是搭建企业家的交流平台，让企业家之间能通过服装这个桥梁，建立商业交流。其中"乔顿先生"活动就是代表活动。

正如"乔顿先生"甄子雄先生说的，随时保持最佳形象，是他保持自信的秘密。"形象"二字，有人理解为外在好看，实际上是从外在体形到内在的修炼，最终获得形象的改变。"乔顿先生"寻找的是和而不同、自信昂扬的企业家，展现出企业家们对事业的专注坚定、对市场的睿智远见以及对自我的优雅刚性。企业家们用自己得体的穿着展示其内在"青瓷"般的绅士品格。其个人魅力得以在"乔顿先生"的评比中得到展示，增加了其在企业家圈子里的曝光度，让更多的企业家了解到他们。另一方面，"乔顿先生之夜"汇集了来自各地的商界人士，这些商业人士以服装为纽带，以"乔顿先生"的评选为桥梁，进而进行商业性的交流，从服装的探讨到商业环境的交流，甚至促成商业领域的合作。这使得"乔顿先生"不仅仅是一个评选活动，更成为一个商业交流平台，让企业家们通过乔顿服装，获得让其感到惊喜的附加商业价值，增强了企业家的黏性。在这个过程中，乔顿品牌通过互联网平台以及企业家们的口口相传得到了宣传，进而吸引了更多企业家体验乔顿的定制服务。

自2015年起，乔顿每年邀请客户参加"乔顿先生"评比活动，并推选出10位"乔顿先生"。这些来自各地的商界精英，以他们各自的方式演绎对商务男士着装文化的理解。第一届"乔顿先生"评比活动共有347万人关注，超过59.8万人参与投票，反响热烈。

"乔顿先生"以拥有"青瓷"般的绅士风格，穿着得体，展现中国商务精英的形象，彰显着乔顿"融情、沉静、睿行、尊享"的设计风格，在无形之中宣传着乔顿的风格、理念和品牌。"乔顿先生"有助于进行客户的引流，吸引更多的企业家成为乔顿的客户，使客户与企业达到双赢。

"乔顿先生"活动最大的获益者是参加"乔顿先生"评选活动的企业家们。他们不仅能在"乔顿先生"活动中交流服装的搭配，更重要的是加入一个企业家的交际社圈，在这个交际社圈中进行商业交流，并认识更多的企业家。乔顿以服装为起点，但不止于服装，为客户提供超出服装本身的独特价值，让企业家在服装的购买中，拥有了额外的收获，达到合心。

1.2.4 "三合"定制的有力保障

"三合"模式的成功落地离不开配套设施和员工队伍。乔顿公司围绕着"三合"理念，从公司的硬件和软件上保障"三合"定制模式的实施，同时提升了公司的管理与运营效率。公司通过建立乔顿数据库来管理门店和客户信息，建立有针对性的人才培养机制和商务男装研究中心，保障其服装定制的运转。

1. 建立乔顿数据库

乔顿数据库包括两个部分：客户私人档案与门店管理系统。客户私人档案是记录客户的信息，为不同客户备注标签，让客户体验到个性化的服装定制服务；门店管理系统是通过门店的销售等数据对门店进行管理，提高门店的管理效率。

客户私人档案是乔顿数据库的重要组成部分，贯穿了合体、合场、合心三方面的实现过程。客户私人档案与一般服装数据库不同的是，其不仅有对客户身体数据的分析，还包括客户的喜好、购买力和适用场景等内容，为客户添加一些标签，记录客户的特殊需求，形成客户的私人服装搭配档案，成为实现合体、合场、合心的重要工具。"三合"定制模式的落地需要借助数据库这一工具来实现。

门店管理系统是为了提高对门店的管理效率，使门店满足"三合"定制模式对于硬件的要求。乔顿会将每家门店一年的业绩进行分解，分解到每个店员身上，这些指标会在数据库中展示出来。同时乔顿将数据库的业绩数据分成5个维度，每个维度又包括多个细目（见图1-2-6），从而把门店的运行细化，更加科学化地进行数据分析，由这5个维度对不同门店的业绩作出评价，使业绩评价更有公信力和科学性。

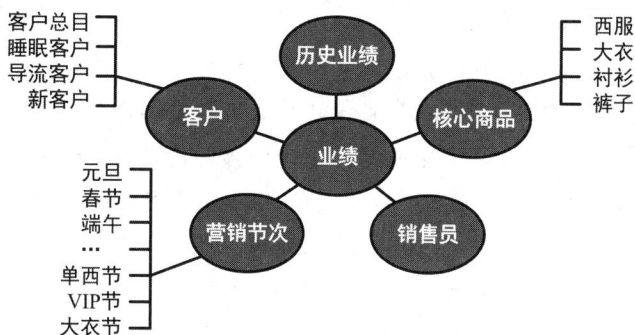

图 1-2-6 乔顿数据库 5 维度

为了保证业绩的完成，乔顿会对门店进行监控。周监控中最重要的一个功能是亮灯系统，如图 1-2-7 所示。周监控会对进店批次、连带率、客单价、试穿率、邀约成交率以及成交率的数据进行亮灯记录。后台会将不同维度的数据与往年同期进行对比，并根据业绩情况进行亮灯判断，根据不同的灯色，门店能直观地了解到哪一方面出了问题，着重解决哪些问题。门店可通过灯色动作详解，寻找相应的解决措施，及时作出调整。例如，若邀约成交率出现问题，亮了红灯，对应的动作就是邀约计划安排。

图 1-2-7 周监控亮灯系统

2. 建立有针对性的人才培养机制

为了提升公司的管理效率，乔顿重视对人才的培养，建立了乔顿商学院，围绕"三合"理念培养人才，为乔顿输送各类人才。乔顿商学院针对不同层次的员工需求安排不同的培养方式，如中下层人员安排有从企业管理、研发设计与生产管理到基层人员的技能素养与素质能力的培养等培训。又如在销售人员的培养过程中，乔顿将"三合"定制模式的理念与落地措施通过培训传达给员工，在潜移默化中将"三合"理念深入到员工的销售管理思维中。同时，为了提高专业性，乔顿与服装类院校进行合作，将公司创建为一个学习型组织，成为公司长期发展战略的重要组成部分。乔顿商学院的建立使上层和下层的价值观与管理理念一致，可以很好地落实作出的决策。

3. 建立中国商务男装研究院

2018年，乔顿公司与中国服装协会共同建立了中国商务男装研究中心，同时发布了首份"中国企业家最佳着装榜"。2019年中国商务男装研究院中心发布了《中国商务男士场合着装白皮书》。乔顿的商务男装研究中心集结了业内顶级设计师、专家和学者，采取定量和定性相结合的方式对数百万条商务男士大数据进行跟踪分析，并在此基础上完成了《中国商务男士场合着装白皮书》，其对商务男士参加商务活动的频次比例情况、对于场合的重视度、对着装的搭配需求等方面进行分析，深入客观地反映了商务男士的场合着装现状。中国商务男装研究中心的成立和白皮书的发布，使得乔顿成为中国商务男装权威研究的中心，提高了乔顿在中国商务男装领域的话语权。乔顿通过对中国商务男士着装情况进行研究，不断加深对中国商务男士着装习惯和风格的了解，保障乔顿可以设计出适合中国商务男士的服装，同时也提升了公司服装定制的效果和效率。

4. 乔顿定制团队

乔顿的定制团队能够给予客户"三合"服装定制体验。乔顿的定制团队由首席工艺师弗兰克领衔，由乔顿专属诊断师、面料师、工艺师、搭配师和量体师组成。首席工艺师弗兰克出生于意大利的威尼斯，是一名世界顶尖的男士正装工艺师，他曾服务于多家世界知名设计师品牌，他拥有丰富的成衣公司工作经历，同时也是五届时尚奥斯卡奖得主，曾是世界男高音帕瓦罗蒂与好莱坞巨星史泰龙和罗伯特·德尼罗以及国际米兰球队等世界巨星钦定的正装大师。弗兰克所带领的是一支奥斯卡级工匠定制团队，每个定制阶段都有专业的定制团队人员负责，可为客户提供可靠的定制服务。

1.3　从 Kano 模型看乔顿的"三合"定制模式

1.3.1　"三合"的层次关系——Kano 模型

日本东京理工大学质量管理领域的 Noriaki Kano 教授和他的同事在行为科学家赫兹伯格的双因素理论启发下，于20世纪70年代第一次将满意与不满意标准引入到质量管理领域，采用二维模式来认知质量，提出了著名的 Kano（卡诺）模型。Kano 模型是对用户需求分类和优先排序的有用工具，以分析用户需求对用户满意的影响，体现了产品性能和用户满意之间的非线性关系。

客户需求是企业生产经营活动的出发点，其满足程度是企业成败的关键，然而客户的需求是有层次的。采用 Kano 模型可以对"三合"层次关系及其重要性进行评估，从而影响对产品功能优先级的判断。Kano 模型将客户需求主要分为三类，即基本型需求、期望型需求和兴奋型需求，如图1-3-1所示。针对客户需求的层次性，乔顿提出"三合"理念下的新型定制化模式。合体、合场、合心的理念恰好满足了客户对产品个性化定制的基本型需求、期望型需求和兴奋型需求。

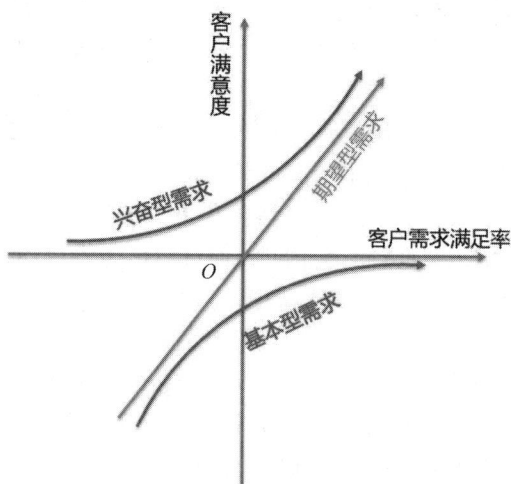

图 1-3-1 客户需求的 Kano 模型

1. 基本型需求——合体

基本型需求作为产品应具有的最基本功能，即产品的内涵，指产品的有用性、为客户提供的基本效用或利益，满足客户的本质需求，是最基本、最主要的部分。如果基本型需求没有得到满足，客户就会很不满意；相反，当完全满足这些需求时，客户也不会表现出特别满意。产品合体是个性化定制中的基本要求，个性化定制需要根据客户的身形、尺寸、比例定制出适合客户的产品。

合体作为基本型需求，体现了服装定制产品的内涵。乔顿拥有全国顶级的服装生产线，保证了产品生产的高效和精准，满足了中小企业家对服装质量的要求。乔顿采用的纯手工量体是实现合体的前提，可为客户提供合身舒适的服装。乔顿数据库将量体和生产线的设计与生产连接在一起，大大提高了生产效率，缩短了交货期。

2. 期望型需求——合场

根据 Kano 模型可知，期望型需求实现得越多，客户就越满意；相反，当不能满足期望型需求时，客户就会不满意。在合体的基础上，用户可能会提出更多个性化需求，如个性化产品要提升客户气场、衬托客户气质、展现客户个性等。

合场作为期望型需求，体现了定制产品的形式。产品的形式是指产品的内涵所采取的方式，包括产品的功能、内容、设计和产品自身以外的形状特征。企业在着眼于提供客户核心利益的基础上，还应努力寻求更加完善的外在形式以满足客户的需要。对于用户而言，仅仅满足合体的需求是不够的。中小企业家普遍缺乏时间和精力进行服装搭配，同时他们中的大部分人对服装的搭配没有概念，欠缺服装搭配知识。因此，在服装合体的情况下，乔顿为中小企业家提供了不同场景下的服装搭配方案，通过全场景配装不仅让客户的着装符合特定的场景，同时让客户有了服装搭配的概念，促进其追求更高品质的服装购买体验，让服装更具内涵和个人风格。

3. 兴奋型需求——合心

兴奋型需求是指令客户意想不到的产品特性。如果产品没有提供这类需求，客户不会不满意，因为他们通常没有想到这类需求；但当产品提供了这类需求时，客户对产品会表现出非常满意。在之前的需求之上，客户会追寻更高的品质定制服务，更加重视服装外的附加价值。

合心作为兴奋型需求，体现了定制产品的外延，是"三合"中的核心，也是乔顿的定制模式有别于一般定制模式的重要方面。产品的外延是指客户在使用或购买产品时，附带获得的各种利益的总和，能给消费者带来更多利益和更大的满足。乔顿在传统个性化定制模式的基础上挖掘客户潜在需求，进行质量创新；通过门店与售后环节为客户提供精准服务，通过举办服装讲座提升企业家个人的服装品位；同时，通过"乔顿先生"等 VIP 社群服务，形成关联社群，满足了中小企业家对商业交流平台的潜在需求和目标客户中小企业家对于服装搭配知识和商业交流的隐藏需求，让客户获得服装之外的附加价值，使客户产生惊喜，从而提高客户的忠诚度。对于企业而言，通过提供与众不同的产品或服务，可满足客户的特殊需求，有利于形成竞争优势，获得创新的超额价值。

"三合"理念作为乔顿的企业愿景，影响了乔顿的生产定制模式，从而对客户价值的提升产生了巨大影响。乔顿在整个新型定制模式的发展中始终贯穿着合体、合场、合心的核心理念，并以"三合"为导向致力于服务客户，从而提升客户价值，因此这三者对客户价值提升有着正向影响作用(见图 1-3-2)。

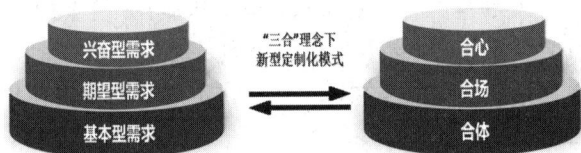

图 1-3-2 需求的 Kano 模型分析

通过上述分析可知，"三合"存在着层次关系。对于定制行业而言，裁剪合身的服装是客户对服装穿着的本质需求。合体作为定制服饰的基本要求，对合场及合心都有着至关重要的影响，是合场、合心的基础。在夯实基础服务的基础上，乔顿满足客户更高层次的需求，引进服装搭配的概念，使产品满足客户不同场景着装需求以衬托客户气质、展现客户个性的需求。在实现合体、合场后，乔顿努力开发客户深层次需求，挖掘产品外延，想客户内心之所想，提供更加贴心的精准服务。同时其开发产品外的附加价值，超越用户期望并达到领先对手的目的。"三合"之间相互影响、相互促进。

虽然现如今定制这一概念已不再新鲜，但大部分的服装企业在个性化定制过程中仅仅满足了客户合体的基本需求，而乔顿围绕"三合"理念下的精准定制模式开展创新定制之路，使客户获得了高于服装价值的附加价值，满足客户多种需求，做到了"人无我有，人有我优"。乔顿在传统个性化定制基础上打造出极具特色的精准定制模式，追求客户和企业的双赢。

1.3.2 "合体"基本型需求

合体是服装定制的基本型需求。基本型需求的特点是：即使产品超过了客户的期望，但客户充其量达到满意，不会对此表现出更多的好感。不过只要稍有疏忽，未达到客户的期望，客户满意度将一落千丈，对于这类需求，企业要做到绝不失分。合体作为基本型需求，是乔顿"三合"理念的基础，是产品"必须有"的属性或功能。合场、合心是在合体实现情况下的延伸。乔顿保证客户的问题得到认真解决，重视客户认为产品有义务必须要做到的事情，以满足客户最基本的需求。服装裁剪合身，是客户对服装定制的基本要求。乔顿利用手工量体进行精确而柔性的尺寸采集，保证一人一版加以生产，增强了客户的定制体验感，减小了净体尺寸转成衣尺寸环节出现的偏差，让服装更加贴合身型，提供舒适的着装体验。在产品生产方面，乔顿以顶级的服装生产线和生产工艺作为保障，采用"单件流"的生产模式，保证了生产线的高效和精准，提高生产效率，缩短制造周期，提高产品质量，更好地满足客户需求。乔顿从产品内涵出发，重视客户合体需求，全力以赴地满足客户的基本型需求，实现客户穿着的舒适合体。

1. 实现合体的前提——柔性尺寸的采集与分析

如今的服装定制过程中存在量体不科学、成衣尺寸有偏差、定制体验感不佳的问题。对于中小企业家来说，舒适得体的定制服装能够很好地吻合体型，给予客户舒适的穿着体验。同时其可以遮蔽体型上的不足，并将身形完美的一面显露出来，一定程度上体现了穿着者的品位，展现了穿着者的魅力，无形之中带给穿着者一份自信。

乔顿的科学量体是确保产品合体的前提。科学量体的关键是柔性尺寸的采集与分析，它避免了净身体尺寸转为成衣尺寸出现的偏差。柔性尺寸的采集与分析做到了在净身体尺寸的基础上充分考虑了客户的身形特点、穿衣习惯和特殊要求，更加注重细节上的考究，对净身体尺寸进行合理的调整。根据柔性尺寸生产的每件成衣都独一无二，更加贴合客户体型，为客户提供舒适的着装体验。

乔顿由国际知名的资深量体团队为客户提供纯手工量体服务。在原本净尺寸的基础上进行合理调整，配出客户满意的成品尺寸。同时，在与客户的交流中，了解客户的兴趣等信息，使其成为定制服装的参考依据。量体数据记录完毕后，设计师将根据客户的需求对客户的量体数据进行微调，辅助店员负责把客户的数据输入客户私人档案。在对客户体型数据进行收集时，对数据进行分类和分析，以方便匹配、细化服装尺码。客户私人档案将数据传至生产线进行生产，根据数据制版，保证一人一版加以生产，并根据各型号数据所占比重进行资源分配，以调整各尺码生产量，真正做到让数据驱动生产。

乔顿以消费者需求为中心，注重柔性尺寸的采集与分析，更好地满足客户合体的需求，给予客户舒适得体的穿着体验，提高客户的黏性和满意度。

2. 实现合体的保障——科学的生产运营管理

中小企业家在服装定制时长期存在定制周期长、质量无法精准把控、成本高的痛点。乔顿拥有4条国内领先的西装生产线，采用"单件流"生产模式和顶级的加工工艺，在生产过程中运用"精益生产""条码管理系统""ERP生产管理系统""6S现场管理"等先进生产管理技术和方法，保证了乔顿西服的优良品质，同时极大地提高了劳动生产率，缩短了交货周期。如2016年，乔顿新改建了一条"单件流"流水线，将生产数量从每天350件提高到每天500件，效率提高了近43%。又如，乔顿生产线运用数据库中的客户私人信息档案生成相应的二维码，形成个人信息流水单号。生产步骤先根据个人单号对材料进行精准划分，选择面料与服装款式，再通过CAD制图和机器的精准裁剪等，实现生产过程的提质增效。再如，乔顿通过调整每个工序的人员量和设备量，使每个工序耗时趋于一致。同时加强对信息的掌握力度，控制风险，达到定制产品低成本、高效率、多样化的目标，一改之前生产模式下库存积压、衣物滞销的不利情况，使企业向着"零库存""零浪费""零不良""零故障""零停滞""零事故""零切换浪费"的方向迈进。乔顿以科学的量体和一流的生产运作管理确保定制男装合体的实现。

1.3.3 "合场"期望型需求

合场是服装定制的期望型需求，即服装贴合场景是在服装合体之上的又一种需求。乔顿发现中小企业家主要存在的问题有：服装搭配感不强，服装符合场景的程度低，一套服装难以应对各种场景的情况。针对这些问题，乔顿对商务男士可能面对的各类场景进行划分，主要分为"严谨办公""轻松办公""休闲聚会""户外运动"四个场景。为了使服装符合特定场景，乔顿考虑了产品的外在形式，即产品的款式设计——在满足客户基本需求的基础上，努力寻求更加完善的外在形式以满足客户合场的需要。

1. 实现合场的前提——四大场景预设

随着社会进步，产品的价格优势已经难以成为吸引客户消费的主导因素。相对于价格，客户更愿意享受一种精神层面愉悦的合场感受体验。产品有形，而其创造出的体验是无形的，因此要想产品得到市场认可，就需要企业对消费者情感和各种场景个性化需求作出回应。

乔顿的场景预设是先根据企业家的着装环境、社交习惯进行属性分析，解读出企业家独有的长频率现实场景，即"严谨办公""轻松办公""休闲聚会""户外运动"四个场景，这四个场景所需要服装的风格各有不同：严谨办公强调服装的严谨性和正式性；轻松办公的服装风格则较为轻松；休闲聚会的服装风格不过于严肃和正式，偏向休闲时尚；户外运动的服装风格则偏向运动风。

对于乔顿的品牌服装开发设计来说，产品整体开发设计＝产品（服装）设计＋场景化附加设计。服装的设计需要围绕场景的属性展开，场景的设置意味着需要增加男装产品新品种或拓展新系列产品，不同的场景创造新的服装产品需求。

乔顿通过对企业家的着装环境、社交习惯等属性进行解读和分析，发现大部分企业家是场景预设型人群，能够进入且接受各类场景，但没经历过不同场景的着装体验。乔顿紧抓客户"场景"这一诉求，根据四大场景进行场景预设的搭建，为客户提供了情景式的体验服务。

2. 实现合场的保障——全场景配装

场景预设指先有场景，再基于场景的属性特点开展产品设计及组合，将消费者作为首要的设计对象，把产品作为"途径"，场景主题作为"属性"，空间作为"舞台"，服务体验作为"手段"，其要素主要有场景主题的定位、物理空间层面上的场景造物设置以及时间上的感知契合因素。

对于设计来说，场景更多的是一种情景营造的造物感受，而场景配装指根据品牌的基调、属性化特征以及诉求，在服装产品设计开发之前预先设计服装产品成品的展示以及销售空间环境，并加以布置打造。这样的方式更能满足消费者情感及其个性化的需求，让产品更加被市场认可。将客户的着装环境进行场景分类后，基于上述四大场景分类，乔顿再加以"场景化"，营造出不同的场景氛围，并附上带有属性的标签。场景预设可以帮助客户更好地进行产品配装。乔顿以单个个体为核心,对不同的企业家套入场景标签,针对客户个人所需的场景进行全场景配装,为定制服装的设计提供方案;再根据其特征对场景属性进行微调,使得宏观的场景标签可以转变为个人的场景标签,满足了场景配装要求。图1-3-3所示为乔顿全场景配装流程。

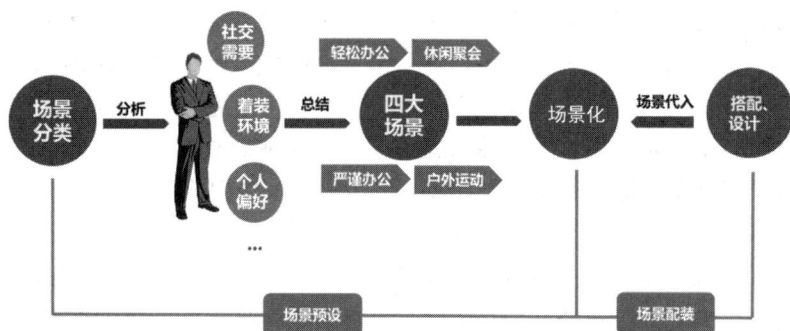

图1-3-3　乔顿全场景配装流程

基于合场的全场景配装为企业及客户带来双赢。产品合场需要不断开发产品品种类型,产品的搭配感越强,系列服装更加新颖,产品系列宽带和深度不断拓展。基于合场的全场景配装主要有品种款式以及技术两方面的创新。品种款式反映用户需求的差异,其表现形式为产品品种规格的特殊性、产品系列的宽度和深度、产品品种的新颖程度及更新速度等;技术创新反映的是乔顿生产系统发展新产品的能力以及对系列宽度和深度的扩展能力。此外,创新能力还表现为对乔顿新技术、新工艺的适应能力和系统自我完善的能力等。

四大场景预设及全场景配装是为了解决中小企业家服装搭配感不强、服装符合场景的程度低、用同一套服装应对各种场景的痛点。合场体现了客户的期望需求,乔顿以场景预设理论为支撑将四大场景的设计及全场景的配装落实到位,满足客户的期望需求。

1.3.4　"合心"兴奋型需求

合心是服装定制的兴奋型需求,它提供给客户一些完全出乎意料的产品属性,使客户产生惊喜。对于兴奋型需求,随着满足客户期望程度的增加,客户满意度也会急剧上升,但一旦得到满足,即使表现并不完善,客户表现出的满意状况也是非常高的。乔顿通过挖掘客户的潜在需求,以体验式营销的手段让客户得到出乎意料的附加价值与利益,拓展了服装产品的外延,给客户带来服装定制体验的特殊感与满足感。乔顿的目标客户中小企业家购买力较强,其会追求独特的服装定制服务;大部分中小企业家欠缺服装搭配知识,他们重视商业交流与商业资源的共享。乔顿围绕合心,以个性化的服务满足中小企业家对独特的服装定制服务的需求;开设商业服装讲座,针对中小企业家的特点传授服装搭配知识,解决中小企业家缺乏服装搭配知识的痛点,提升其着装品位;同时开展"乔顿先生"等社群活动,为中小企业家提供商业交流平台,满足中小企业家对商业交流和商业资源共享的需求。乔顿的"合心"就是围绕客户的潜在需求,给予客户服装之外的附加价值,使客户产生惊喜,实现客户价值达到更大化。

1. 实现合心的前提——潜在需求的挖掘

合心是客户的兴奋型需求，要想满足客户的需求，乔顿要先挖掘客户的潜在需求。客户的需求就像海上的冰山，以往的服装购买往往聚焦于海面上的客户需求，即服装的显性利益，如产品、价格等，而不够重视海面下的客户潜在需求，即客户隐性需求的满足，如服务体验、由服装搭台的商业交流与商业资源共享等附加价值的提升等。海面下的客户需求往往是客户的兴奋型需求，为客户提供附加价值，达到增强客户黏性的目的。

乔顿将目光聚焦在中小企业家潜在的利益上，致力于挖掘客户海面下的隐性需求。乔顿地处温州，位于中小企业家较多的沿海地区。乔顿利用该便利，根据数据库记录为中小企业家备注不同的标签，通过数据库的标签将中小企业家的共性特点进行总结。每个服装顾问在客户购买时，乔顿会为客户备注标签，即会员属性，通过对中小企业家标签的总结，乔顿得到了中小企业家的共性隐性需求，如前文提到的"购买力较强，追求独特的服装定制服务；他们中的很大部分服装搭配知识欠缺；他们重视商业交流与商业资源的共享"。

在通过数据库挖掘到中小企业家的潜在需求后，乔顿通过服装讲座、异业联盟等引流活动，让客户意识到自己对这些潜在利益的需求。乔顿将服装搭配的知识传达给客户，同时通过场景的设置深化客户场景搭配理念，使客户的服装品位得到提升；另一方面，这些引流服务让客户了解到乔顿建立的中小企业家交流社群平台和"乔顿先生"等VIP社群活动，进一步利用附加价值激发客户海面下的需求，使客户产生惊喜，从而提高了客户的忠诚度。

2. 实现合心的保障——体验式营销

在挖掘出中小企业家的需求后，乔顿利用体验式营销的形式，让客户与门店的店员不再是简单的买卖关系，而是体验者与体验创造者的关系，两者存在情感上的交流。这有助于促进客户更加了解服装、了解门店并对企业产生黏性，给予客户精神上的满足，将合心的服装定制体验带给客户。

为了实现合心，乔顿主要运用了感官体验策略、情感体验策略以及关联体验策略。感官体验策略是通过构建场景，创造知觉体验再到引发客户购买动机，解决了中小企业家客户缺乏场景概念与服装搭配概念的痛点；情感体验策略是通过精准的门店和售后服务，创造情感体验，满足了中小企业家对服装定制个性化服务的需求；关联体验策略是通过"乔顿先生"等VIP社群服务，形成关联社群，产生附加价值，满足中小企业家潜在的对商业交流平台的需求。

（1）感官体验策略。感官体验的目标是创造知觉体验的感觉。感官体验策略在于引发客户购买动机。乔顿通过全场景配装，将客户带入场景氛围中，为客户创造对应场景的感官体验，让原本在购买服装没有场景搭配概念的客户可以接触到服装穿着的场景，让客户在购买服装时产生场景的概念。将客户带入合场的概念后，乔顿便可引导客户针对场景进行服装搭配，让客户拥有服装场景搭配的知觉体验，提升了服装搭配的品位，从合场层面到合心层面满足客户的需求。从感官的角度，乔顿让客户体会到了合场与合心的定制体验，让客户的购买欲望更加强烈。

（2）情感体验策略。情感体验策略重在情感体验，目标是满足客户的情感诉求。乔顿公司通过个性化的服务让客户获得独特的服装定制服务，满足其对服装定制体验的情感诉求。乔顿的客户私人档案与90售后服务使得乔顿在定制过程中可以了解到每个客户的特点，根据客户的特点形成客户专有的服装定制方案，满足客户对定制服装唯一性和特殊性的要求。整个定制服务过程中企业都是围绕着客户，以客户为核心，满足客户对服装定制过程特殊性的情感诉求。尊享家 VIP 体验馆让客户可以深入与乔顿进行交流，了解乔顿的服装理念，让客户对乔顿的黏性与信任度更强。同时，在情感体验的过程中，服装顾问与客户不再是简单的买卖关系，而是需要进行更深层次的需求交流与信息传递关系，甚至能成为互相交流的朋友，引导客户与品牌进行深层次精神心灵的沟通，激发消费者与乔顿之间的强烈情感关联，使消费者认同品牌文化，加深购买意愿。

（3）关联体验策略。关联体验策略是让人和一个较广泛的社会系统（一种亚文化、一个群体等）产生关联，从而建立个人对某种品牌的偏好，进而让使用该品牌的人们形成一个群体。乔顿公司通过"乔顿先生"活动，建立了企业家们的交流圈，让企业家可以在其中展示自我，并通过服装的媒介，认识到更多企业家，相互进行交流，形成了乔顿企业家社群。中小企业家的潜在需求便是商业交流，而乔顿便挖掘了这一潜在需求，通过"乔顿先生"等活动搭建客户社群，为企业家们建立一个交流平台，让企业家以服装为切入点，延伸到商业交流。让他们在这个平台中进行商业交流，并在这个平台中认识更多企业家。乔顿以服装为起点，但不止于服装，为客户提供超出服装本身的独特价值。而超出服装的价值更能吸引企业家，让企业家在服装的购买中拥有额外的收获，提高了服装品牌的附加价值。

合心挖掘了客户的潜在需求，用体验式营销的手段（见图 1-3-4），将个性化的服务、服装搭配知识的传授以及商业交流平台的建立落实到位，将超出服装本身的附加价值带给客户，实现客户与企业双赢。

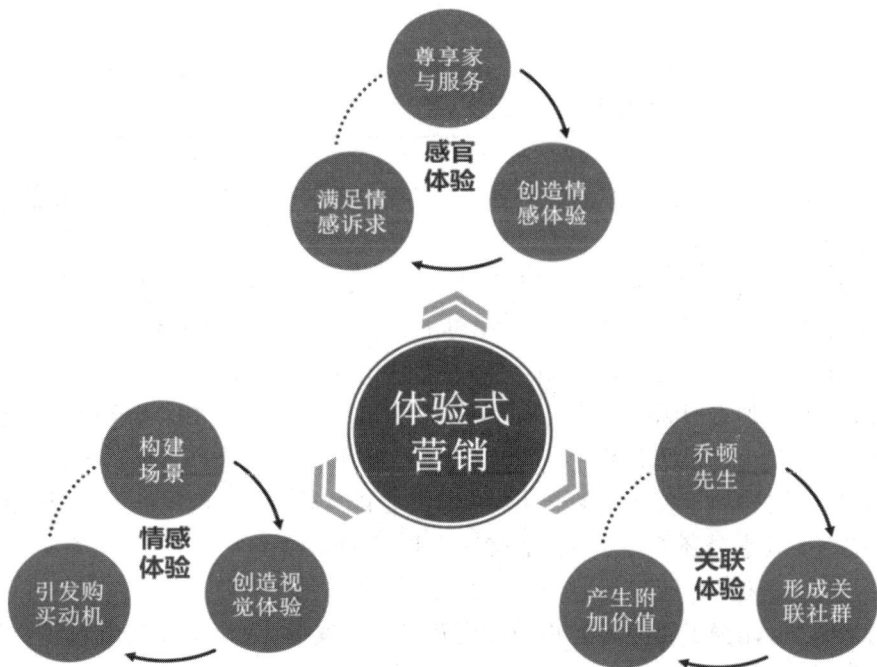

图 1-3-4　体验式营销

1.3.5 "三合"定制模式的成效分析

当前，消费需求日益呈现个性化和多元化趋势，以消费者需求为导向的个性化定制已成为我国服装业发展的新方向，但如何使企业价值可持续地最大化仍是服装行业乃至全行业所需要考虑的。因国内男装品牌高库存、同质化严重等问题，所以服装企业纷纷转型升级寻求新出路。"工业4.0"和信息技术革命的爆发，消费者对服装面料、款式个性化和穿着品位需求的不断提高让服装定制成为风口，乔顿以消费者需求为中心，注重消费体验，争取以品质与服务赢取市场，为客户增加满意度，为股东带来增值，为员工实现价值，为社会创造效益，实现企业可持续的价值最大化。乔顿采用"三合"理念下的精准定制模式开展个性化定制、柔性化生产，培育精益求精的工匠精神，增品种、提品质、创品牌，快速抢占男装市场，且在此基础上获得了很好的成效，企业利润在2014—2018年提升了72%（见表1-3-1）。

表 1-3-1　2014—2018年乔顿利润总额

年　份	利润总额/万元
2014 年	2703.34
2015 年	3118.62
2016 年	3951.35
2017 年	4133.82
2018 年	4639.54

（1）"三合"打造高品质的产品及服务，通过满足客户潜在需求，使产品或服务满足客户的兴奋型需求。

乔顿公司并非像其他企业一样只着眼于客户基础的合体需求，而是对客户场景化着装、客户商业资源共享等其他更深层次的需求进行分析，满足了消费者着装符合出席场合、有平台用来进行商业交流等需求。同时，乔顿聘请国际知名工艺师弗兰克作为定制团队的首席设计师，设计拥有国际眼光和国际水准的服装，旨在为消费者提供高质量的产品及服务，"合体"的精益生产帮助消费者在最短的时间内收到定制服装，"合场"的场景预设及配装帮助消费者更直观地感受到服装与出席场合的适配度，"合心"的附加服务帮助消费者在收到合体合场的服装外还能够获得商业交流的平台与机会。

乔顿挖掘并通过"三合"来满足消费者的潜在需求，使消费者获得高质量的产品及意想不到的附加服务，增强了企业的客户满意度及客户忠诚度，使乔顿更好地抢占目标市场，达到客户与企业双赢。

（2）"三合"满足消费者个性化设计需求，使得客户满意度更大化。

对于客户而言，乔顿根据每位客户的特殊体型、气质、年龄、着装场合等需求进行合体、合场、合心的专属设计，在提高其满意度的同时，培养消费者新的消费习惯。建立乔顿数据库,不仅仅只是对客户身体数据的分析,还包括客户的喜好、购买力和适用场景等内容,更偏向于一些主观数据的记录。客户私人数据的建立有助于对客户需求的分析,进而分析出客户活动的场景和个人风格,为其制定私人服装定制方案。定制的服装更加符合客户的个人风格,风格的匹配则会提升客户的个人气质,让客户变得更加自信,并且满足客户多样化、个性化的服装需求和智能化、效率化的消费体验。

对于企业而言,信息数据化管理为进一步分析消费者潜在需求,开拓服装设计新思路奠定了基础,同时提高了乔顿公司的品牌名声,使得乔顿制作设计的产品更符合现代潮流,更符合客户需求,使客户价值最大化,巩固了所面向客户的客户忠诚度,增强了客户黏性和满意度,提高了市场占有率,达到了企业盈利更大化的目标。同时,"三合"的服务使乔顿公司形成竞争优势,在国内商务休闲男装行业越走越远,越来越超前发展。乔顿以不断地完善服务为突破口,以便利客户为原则,提供让消费者满意的服务,加快了销售步伐,扩大了市场份额,提高了客户满意度及忠诚度,为制定新的发展战略与质量改进方案提供了方向,增强了企业的市场竞争能力,提高了企业盈利能力。

乔顿服饰已在中国高端商务装领域所在的高端市场赢得众多客户的认同。2010 年度和 2016 年度,分别有 3000 家和 4000 家客户选择乔顿服饰提供高端商务装设计方案,覆盖金融、能源、通信、电力、烟草等众多行业。客户对乔顿的满意度不断提高,乔顿的服务绩效逐年提升(见表 1-3-2),客户忠诚度也在不断提高(见表 1-3-3)。

表 1-3-2 服务绩效指标当前水平及趋势(2018 年数据)

客户投诉	过去/当前水平			预测值	
	2014 年	2015 年	2016 年	2017 年	2018 年
投诉处理及时率/%	95.00	97	97	97	98

表 1-3-3 客户忠诚度水平评分

评分项	国内市场				
	2014 年	2015 年	2016 年	2017 年	2018 年
保持连续采购的客户比例/%	89	89	90	91	91
愿意向别人推荐产品的客户比例/%	88	90	90	90	91
不考虑其他品牌产品的客户比例/%	63	68	70	73	79
能接受的可高出价格(平均)/%	15				

(3)高效定制降低生产成本,提高生产效率,使公司增值,股东获利。

乔顿拥有全国顶级的服装生产线和工艺流程以及符合"三合"理念的量体与规靶规定,根据数据制作规靶,保证一人一靶。乔顿根据客户的需求,对客户的量体数据进行微调,让客户可以获得更加人性化的服装合体体验。乔顿通过将该数据上传数据库,使量体和生产线的设计与生产连接在一起,高效地实现定制产品从设计、生产、加工、制作的一系列过程,达到定制产品低成本、高效率和多样化。乔顿加强对信息的掌握力度,利于其缩短生产周期，降低生产成本，使得生产效率大大提高。数据化的信息服务提高了企业的库存管理水平，使企业向着"零库存"方向迈进。同时，消费者可将定制需求直达品牌商，将工厂生产与消费者"订单式"需求连接，省掉多余的中间环节，降低生产及运营成本，从而使产品在保证品质的前提下以最优的价格送达消费者手中。生产效率的提升，使得乔顿公司2018年的订货成功率较2014年提高了约20%，产品返修率下降了约10%，产品制作周期缩短了约30%，交货率得到了提升(见表1-3-4)，并获得了盈利。

表1-3-4 交货率变化

时　间	交货率/%
2014 年	95.87
2015 年	97.03
2016 年	97.52
2017 年	97.77
2018 年	98.16

(4) 围绕"三合"模式加强管理及人才培养，使员工自我价值得到实现。

在"三合"模式下，乔顿的管理效率得到了提升。通过对门店管理的改进，使得门店店员的销售效率提升，同时管理层可通过数据库直观地看到库存与门店运营情况，并及时提出建议，提升了管理效率，降低了成本，使得客户的销售占比逐年提升。

在"三合"模式下，乔顿优化了员工队伍结构，到2017年8月底为止，乔顿服饰公司所有员工共1512人，其中管理人员近500人，约占总人数的33%，研发人员150人，占总人数近10%。乔顿通过以内部培训为主，外部培训为辅的培训政策提高员工整体素质，以适应企业发展和战略规划的需求。同时，乔顿商学院为乔顿公司补充了人才，让"三合"模式得以顺利实行。

1.4　总结与启示

近年来，随着服装行业的发展，批量化的成衣已不能满足一部分具有较高消费能力的人们的需求，趋向于个性化的服装定制用符合客户身份品位的独特设计、科学的量身方法、合体的个性化版型、精湛的手工技艺等来满足这一部分客户的需求。服装定制就是针对这类客户进行的个性化生产，在进行大量实践归纳细分人体体型的基础上，制作符合各种人体体型的服装样板，利用高科技的设备和技术，实现服装产品的多样化与定制化以及个性化定制产品和服务的大规模生产。

服装定制中男装的高级定制，是为满足企业家等有高消费能力人群的需求而逐渐形成的一个发展趋势。客户需求的层次性一直都存在，而在经济高速发展的今天，这种层次性愈加明显。然而，目前男装定制存在很多问题，如定制周期过长、开发设计效率低下、需求把握不到位、成本居高不下、制造周期较长、风险较大等。本文以乔顿公司为例,对其基于"三合"理念的定制模式特点进行了分析,并通过 Kano 模型对"三合"层次关系及其重要性进行评估,探究乔顿的男装定制为何能够获得成功。

乔顿的"三合"定制模式通过不同的做法满足客户不同层次的需求,围绕中小企业家这一群体的特征与痛点,深度挖掘目标客户的潜在需求,不断增加产品和服务的附加价值,建立与客户的纽带。这种模式将措施落实到中小企业家的需求上,精准地满足其需求,使其得到满意且惊喜的服装定制服务体验。图 1-4-1 所示为"三合"定制模式总结图。

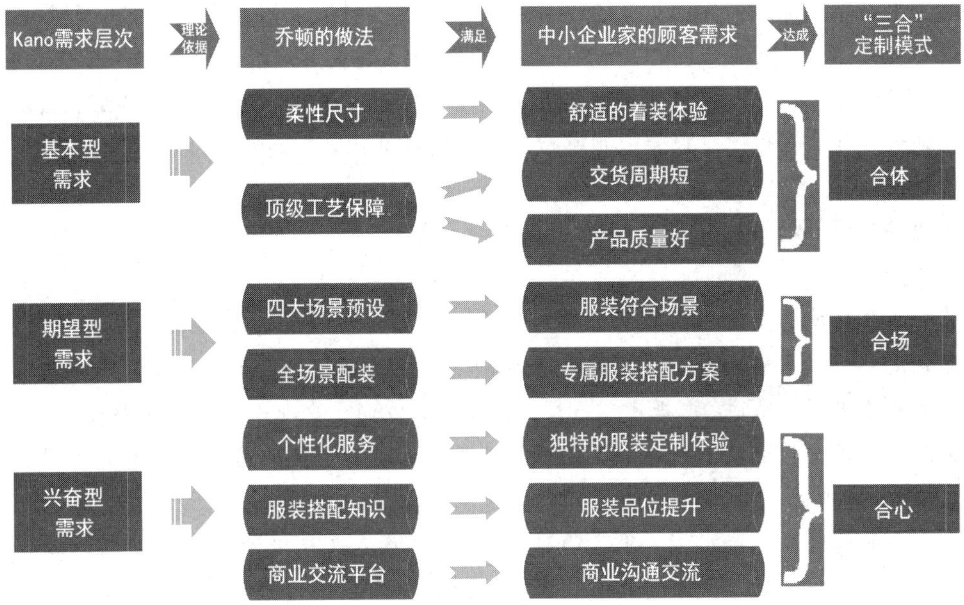

图 1-4-1 "三合"定制模式总结图

(1)合体之新:合体立足"单件流"生产理念,满足了 Kano 模型中客户对产品个性化定制的基本型需求。乔顿充分发挥数据库的作用,对用户体型数据进行收集、分析和分类,再传至生产线进行生产,并根据各型号数据所占比重进行资源分配,以调整生产量,真正做到让数据驱动生产。此外,乔顿的生产流程采用"单件流"生产模式,并且拥有全国顶级的服装生产线。世界一流水平的先进管理水平不仅实现了流水线优化,并且保证了乔顿西服的优良品质,同时又极大地提高了劳动生产率。除了强大的数据库和顶级的生产线支撑,手工量体也是乔顿合体的创新点之一。与其他男装定制企业不同的是,乔顿不依靠量体扫描设备,坚持采用纯手工量体,通过规范量体流程、增设人体特征点以及通过个性化标签进行微调,保证量体数据准确而具有柔性。

(2)合场之新:合场满足了 Kano 模型中客户对产品个性化定制的期望型需求。乔顿根据企业家的普遍特点,对企业家的场景进行网络分类,推出了"严谨办公""轻松办公""休闲聚会""户外运动"四个场景。这四个场景涵盖了中小企业家生活中接触到的所有场景,让中小企业家在服装定制时可以根据这些场景的设置与识别,搭配出属于自己的着装方案。在预设了四大场景后,乔顿将门店划分为四个区域,每个区域分别对应一个场景,搭建出不同的场景氛围,让客户在门店中可以沉浸体验不同的场景氛围,增加场景的代入感。

（3）合心之新：合心满足了 Kano 模型中客户对产品个性化定制的兴奋型需求。乔顿致力于为客户提供服装之外的附加价值，通过个性化服务为客户带来独特的服装定制体验，通过服装知识的传播提升客户的服装品位，通过商业交流平台的建立为客户提供商业沟通与交流的桥梁，让客户能获得满意且惊喜的服装定制体验。合心之新在于其不像传统的服装售卖仅仅局限于服装产品内涵，而是延伸到了产品的外延，聚焦于对客户的隐性需求，为客户创造合心的服装定制体验。

由此总结出"三合"定制模式的关键点为："三合"之间的层次关系与 Kano 模型相近，合体对应了基本型需求，合场对应了期望型需求，合心对应了兴奋型需求。三个要素共同作用于客户价值，要素符合度越高，客户的价值越大，越受客户的青睐。

"三合"定制模式揭示了定制模式的要素与作用机理，聚焦于客户价值的最大化，带动企业盈利更大化，使乔顿在服装定制盛行的今天脱颖而出，为乔顿赢得了竞争优势。

【案例点评】

随着社会环境的变化和互联网的快速发展，消费者对服饰的穿着需求也在不断更新，个性男装定制悄然兴起，成为一种新的时尚和生活方式，大量资本也在不断地涌入，男装定制行业竞争激烈。此时，把握定制行情、找准突破方向于企业而言至关重要。

案例小组注意到地处温州的浙江乔顿服饰股份有限公司是一家从事自有品牌男士正装的研发设计、品牌推广和终端销售的大型服装生产企业。公司实力较为雄厚，拥有四条国际顶级水平的西服生产流水线，年产西服达 60 多万套，并积极开展男装定制的数字化创新。乔顿以数据为中心，由数据驱动管理，在全国 150 多个大中城市建有 400 多家"乔顿 JODOLL"男装品牌专卖店和商场专厅，与世界 500 强的 Marks&Spencer、ITOCHU 等保持长期合作，产品远销欧美、日本及香港市场。公司将目标顾客群锁定在中小企业家群体，紧紧抓住中小企业家的需求，始终坚持"尊享爱，家生活"的品牌理念、"为美而成衣"的设计理念和差异化产品的经营思路，公司的男装定制较为成功，其经营实例具有一定的代表性。案例小组着手对该公司进行研究，期望获得一个有价值的实例。

通过深入、全面的实地考察，案例小组对原始材料进行收集，有针对性地选择最能反映主题的特定内容，留住关键性的细节；采用实地调查、文本分析、数据分析等方法，对乔顿公司基于"三合"理念的定制模式进行了研究，用收集到的资料来分析事件之间的逻辑关系，识别用户需求差异的新维度，用 Kano 模型展开从合体、合场、合心三者的层次关系到"三合"对客户价值的作用机制的系统分析，揭示了实现客户价值最大化和企业盈利更大化双赢的关键成功因素。该案例真实、全面地再现乔顿公司如何创新定制模式，分析在男装定制细分市场脱颖而出的过程中所遇到的实际问题、采取的解决方案并由此得到的结果等，以事实为前提、以结果为佐证，探究了乔顿公司男装定制获得成功的密码。

该案例具有如下特征：一是客观性，案例来自乔顿公司的实践，事例的经过与结果是真实的，如实反映了企业管理的事实；二是典型性，通过挖掘客户的需求，发现男装定制客户存在基本型、期望型和兴奋型等共同需求特征，案例较好地说明了乔顿公司如何满足客户的这些需求，从而赢得客户满意，具有一定的代表性；三是指导性，本案例具有启发作用，对其他男装定制企业的经营与实践具有借鉴意义和启示作用。

案例搭建了理论与实践之间的桥梁和纽带。学生通过对乔顿公司一系列运营活动及其背后逻辑关系进行描述、解释和探索，为理论的形成提供现实的依据；而理论又反过来指导具体的实践，为一些尚处于服装定制起步阶段的企业提供有益的借鉴和参考。此外，通过案例的撰写，有助于学生将所学知识应用于实践，学活知识点；同时，课堂教学中为学生提供具有时效性和可信度的企业案例样本，让学生更容易接受老师所阐述的理论和观点，有效地避免枯燥的理论讲解。

点评人：马万里（中国计量大学教授）

案例二　海思堡服装的数字化跳板战略[①]

中国服装代工企业随着"人口红利"的消失，面临成本高企、海外订单流失的压力。部分代工企业转向国内市场，但由于缺乏品牌和用户运营能力，因此面临库存积压的极大挑战。大数据、云计算和人工智能等技术的广泛应用，标志着制造领域的数字化浪潮来袭。尽管实践界和理论界均已关注到数字化的重要性，数字化转型被认为是服装代工企业降本增效、减少库存的重要方向，但是企业如何推进数字化转型仍有许多问题有待解决。

主营牛仔服装代工的海思堡公司在行业内率先行动，开展数字化转型，成为智能定制的牛仔生产企业，在全行业普遍经营维艰的背景下，海思堡却实现了逆势增长，其做法具有极强的典型性和代表性。海思堡的数字化转型过程可称为"数字化跳板战略"，具体而言包括行为数字化跳板战略和结构数字化跳板战略，前者强调企业自身做出变革行为，后者则强调企业要在生态结构中开展合作，构成企业数字化的"双环动力"模型。海思堡就是通过制造工厂、用户运营、技术架构等环节的行为数字化跳板战略，以及制造工厂环节结构嵌入酷特智能、用户运营环节结构嵌入必要商城、技术架构环节结构嵌入海尔 COSMOPlat 的结构数字化跳板战略，实现自身从低端制造到智能定制的跨越升级的。

2.1　认识海思堡

2.1.1　海思堡与尚牛智能制造

海思堡服装服饰集团股份有限公司(下称海思堡)于 2008 年 4 月 17 日登记成立，公司经营范围包括生产、销售服装，销售针织品、服装面料、印染布等，是一家以贸易为主，工贸一体的牛仔服装专业化生产企业。公司拥有 20 条国内领先的衣拿自动化吊挂式流水生产线和 20 条专业化牛仔服装生产线。

公司通过"服务于大品牌的小批量、时装化牛仔服装供应商"的差异化发展战略，在美

---

① 该案例获得 2020 年浙江省大学生经济管理案例竞赛一等奖。作者：刘盈伶、顾兴正、杨郑洁、徐智超、张棋辉。指导教师：王节祥。

国洛杉矶建有设计营销中心,为众多国际、国内知名服装品牌提供供货服务。公司与国内外 50 余家服装企业建立了长期合作关系,现有 20 条先进的数字化牛仔服装生产线,是一家大型服装数字化牛仔服装生产企业。2014 年公司荣获中国纺织工业协会"第三届全国纺织行业管理创新成果优秀奖"。2015 年公司实现销售收入 2.10 亿元,利税 3000 余万元。2015 年,根据公司多元化发展战略,围绕"互联网＋直销"的服装平民化个性定制,公司展开多层次网络直销业务。2015 年 2 月 11 日,公司举行上市挂牌敲钟仪式,正式登陆新三板。2016 年,公司与红领-酷特智能有限公司签订战略合作协议,双方共同打造基于互联网牛仔服装全球定制的供应链平台和基于零库存管理的牛仔服装智能制造供应链平台。海思堡成为红领-酷特智能牛仔服装品类的唯一合作伙伴,负责牛仔服装品类的资源整合、研发设计和生产供应工作,并有权利在该平台销售海思堡品牌牛仔服装。

2015 年 4 月 23 日,海思堡在向智能制造和互联网工业企业转型的过程中,也成立了自己独立、专门的数字化制造集团子公司——尚牛智能制造有限公司(原海思堡电子商务有限公司)。尚牛主要从事海思堡品牌服装的网络销售和国内海思堡品牌牛仔服装定制业务的网络推广、销售及货物进出口事务,从设计、采购、销售、生产及配送环节,围绕互联网智能化生产进行技术改造。其主要品牌为"海思堡",是海思堡的一个时尚牛仔服装自主品牌。尚牛主打轻定制风,注重让客户在网页端或手机端人性化的体验下,通过定制界面引导客户逐项选择、确定、修改细节,凭借自身爱好和审美需求自主设计牛仔服装产品,让客户享受自我设计的乐趣和网络定制的方便快捷。尚牛旨在凭借大数据、人工智能以及互联网等,满足用户个性化、私人化定制需求,并为 ASPOP 服装工业互联网平台提供整体解决方案。2018 年,海思堡集团子公司尚牛智能制造入选年度工业互联网 App 优秀解决方案。

2.1.2　治理结构

随着市场的需要和海思堡公司业务的拓展,海思堡在集团总部的基础上又进行了多次对外投资,建立多个子公司以分别负责不同领域,如成立了负责海思堡数字化制造的子公司——尚牛智能制造有限公司。

在海思堡的投资下,尚牛智能制造有限公司于 2015 年 4 月以 3300 万元人民币正式在淄博登记成立,公司人数近 200 人,由海思堡贸易有限公司与尚牛网络科技有限公司共同控股。尚牛智造具体股权结构如图 2-1-1 所示。

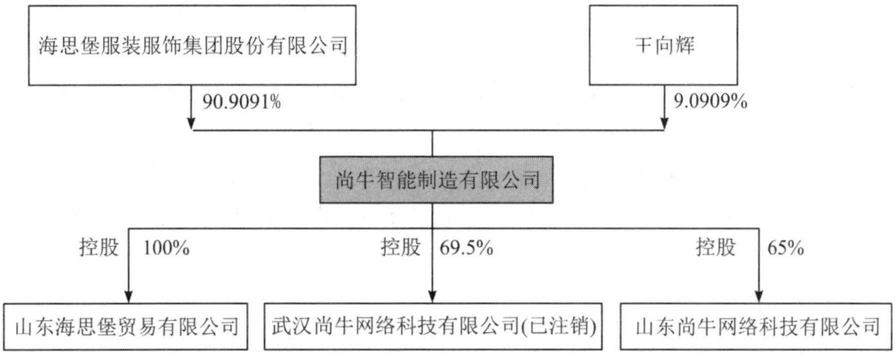

图 2-1-1　尚牛智造股权结构图

2.1.3　主营业务及产品

海思堡是一家具备全面研发、设计、生产和销售体系的高端牛仔服装代工企业，主要从事国际高端品牌和国内知名品牌的高端牛仔服装的 OEM（原始设备制造商）和 ODM（原始设计制造商）业务以及牛仔服装的高级定制服务，同时公司还从事自有品牌女装和制服成衣的研发、生产和销售。

海思堡长期致力于牛仔服装细分领域市场发展，在行业内具有较高的知名度和较强的市场竞争力。海思堡目前为淄博市牛仔服装行业联盟盟主单位。近年来，由海思堡直接或间接服务的国内外知名服装品牌包括"GAP""依恋""艾格""鸿星尔克""新郎""利郎""凡客诚品"等。随着公司市场竞争力的提高，海思堡将在巩固原有服装客户的基础上，进一步开拓国内外的高端牛仔服装客户人脉，并充分利用公司在牛仔服装行业积累多年的制造技术及经验，适时推出针对国内外高端客户的牛仔服装定制业务，以提升公司的利润水平。在做好服装制造业务的同时，公司通过全资子公司海思堡海洋新材料有限公司向公司上游服装服饰新材料行业进行延伸，以完善公司的产业链条，提高公司的综合竞争实力。

海思堡的产品主要包括牛仔裤、牛仔上衣、时尚女装和工装。

2.1.4　主要业务流程

1. OEM 模式流程

海思堡主要以国内外知名品牌的高端牛仔服装的 OEM 业务为主。其主要业务流程包括：① 品牌商提供图纸给公司；② 公司根据图纸制作确认样；③ 公司根据制作确认样中发现的问题提出修改意见给品牌商；④ 品牌商根据公司提出的修改意见进行图纸、工艺修改；⑤ 公司根据修改后的图纸制作修正样后提供给品牌商；⑥ 设计最终定型；⑦ 品牌商下订单；⑧ 公司根据订单组织生产并按时交货；⑨ 品牌商根据市场销售情况确定追加订单；⑩ 公司根据追加订单组织生产并按时交货。

2. ODM 模式流程

海思堡拥有自主的服装款式设计团队，同时从事高端牛仔服装的 ODM 业务。海思堡在款式设计的初期环节即与国际各大品牌商和设计师积极沟通，以准确可行的方式将客户和设计师的概念性构想与思路转化为直观的产品，并有效把握不同生产阶段的技术关注点，最终将产品推向市场。同时也密切关注消费者生活观念和品牌商销售理念的细微变化，在牛仔服装的色彩、款式、规格及品种等方面不断推陈出新，以适应不同客户的个性化选择。其主要业务流程包括：① 公司设计图纸；② 制作样品；③ 到品牌商处进行推荐；④ 品牌商初步选定；⑤ 品牌商提出修改意见；⑥ 公司制作确认样并提供给品牌商；⑦ 根据品牌商提出的修改意见对设计进行修改后制作修正样；⑧ 设计最终定型；⑨ 品牌商下订单；⑩ 公司根据订单组织生产并按时交货。

3. 自有品牌模式流程

海思堡目前自有品牌全部由公司自主设计、选定生产样板，自行采购面料和辅料，牛仔系列的生产在公司组织生产，非牛仔系列利用委托加工方式生产并对外销售。目前，公司"ASPOP海思堡"品牌的女装均采用此模式。其主要业务流程包括：① 目标市场调研、流行趋势分析、销售数据分析；② 公司根据调研确定市场定位；③ 公司根据定位确定产品生产计划，以产品线为对象，内容包括资金计划、产量计划、产品组合计划以及上市时间安排等；④ 制定开发主题；⑤ 设计师根据主题绘制款式平面图，主题确定后将进入具体款式设计环节，即在不同主题的框架下对面料、款式、颜色和细节等元素进行取舍使用；⑥ 款式开发最终定稿；⑦ 款式规格制定；⑧ 公司根据样衣进行成本核算；⑨ 品牌展示及客户订货；⑩ 公司根据订单组织生产并按时交货。

2.2　海思堡数字化转型过程

2.2.1　自身数字化能力构建阶段

2008年，马学强创立了海思堡服装服饰集团股份有限公司，主要从事高端牛仔服装的OEM和ODM业务，以外贸生产加工为主，服务于国外众多知名服装品牌。但随着东南亚生产成本优势日益凸显和制造能力的提升，国际产业分工调整，服装企业面临经营分化严重、生产成本上涨的困境，海思堡深受需求和成本的双重压力。2014—2015年，海思堡的国际订单大量流失，年销售量减少近半。在大环境、消费者需求、成本等多重因素变化的影响下，中国纺织服装行业创新速度加快，消费需求更加多元，智能制造深度融合，引入数字化进行战略赋能成为服装代工企业持续生存与发展的必经之路。在此形势下，海思堡坚持立足行业和自身实际，抓住移动互联网时代带来的新消费模式，引进新商业模式，寻求自身数字化转型的路径和方法，在维持原来外贸业务的同时，拓展新的国内市场业务。在转型初期，海思堡将定制化、个性化生产作为重要目标，明确转型方向——生产数字化助力产品个性化，并通过成立尚牛智能子公司、与酷特智能达成战略合作来努力提高自身的数字化能力。

1. 成立尚牛智能，培育自主能力

2015年，海思堡成立了自己独立、专门的数字化制造集团子公司——尚牛智能制造有限公司，逐步向智能制造和互联网工业企业转型。尚牛智能制造是海思堡的全资子公司，主要从事海思堡品牌服装的网络销售和国内海思堡品牌牛仔服装定制业务的网络推广、销售及货物进出口业务，从设计、采购、销售、生产及配送，围绕互联网智能化生产进行技术改造。2017年，海思堡和中科院软件所共同筹建了一家高科技服务公司——中科智尚，投资近600万元。通过中科智尚的研发、编程，一共完成了14个子系统，有针对性地根据海思堡的产品与业务系统进行重新升级和完善。

（1）建立智能定制生产线。尚牛智能建立牛仔服装个性化定制智能生产线，实现智能排版、自动剪裁等功能。同时，3D仿真系统通过三维建模在匹配模型库自动生成CAD版型与排料图，三维扫描技术将顾客的体型进行建模和仿真，确认穿着效果后，通过三维CAD生成二维排料图并与系统生成的纸样进行比对，判定确认后进行成衣生产。智能管理系统实现了生产订单排产的计划管理，每个订单都拥有标识数据信息的RFID（Radio

Frequency Identification，射频识别)卡。智能物流系统实现工业化流水线生产个性化产品，实现个性化定制产品缝制、生产全流程的单件流配送、智能驱动至个性化工站加工、产线自动平衡调节、自动配送返工等，全方位提高物流配送效率及准确性。智能吊挂解决了个性化订单连续单件流的智能调度问题。通过尚牛智能，实现了顾客线上、海思堡线下生产制造的联动模式，以顾客的需求为主导进行智能化生产加工。

（2）全力攻克拍照量体技术。远程 AI 拍照量体技术是服装互联网个性化定制的核心技术，2018 年海思堡已将这项关键技术的准确率提高到 50%，在未来力争将其准确率逐渐提高，实现零出错与零失误。这为推动服装产业转型升级、推动行业快速发展作出了更大的贡献。海思堡采用先进的拍照量体三维试衣技术，客户可以将所选款式、工艺的服装穿着在三维模型上，通过虚拟模拟现实的方式体验试衣效果，具有立体感、沉浸感，从而提升品牌的科技感和交互感，延长用户关注时间。三维试衣非常直观，不仅免除了插件安装，增强了用户体验，还可以与 VR 设备、智能量体设备进行对接，产生消费体验优化迭代升级的效果。利用 AI 量衣与智能数据库的匹配，消费者可以通过尚牛网、天猫等平台，按自己的创意或要求直接定制个性化牛仔服。

2. 寻援酷特智能，推进生产数字化

作为如今服装定制行业的佼佼者，酷特智能有着服装企业成功转型的经验，在 21 世纪初由成衣生产制造转型为个性化定制，建立数据驱动的智能系统，并自主研发个性化在线定制平台，工业化与信息化高度融合，实现了消费者需求驱动工厂有效供给。2016 年年初，海思堡与红领集团签订协议，正式与旗下定制平台酷特智能进行合作，引进红领的 MES 生产系统，从生产端的效率提升、成本下降开始数字化转型历程，开展自身生产线数字化。

海思堡与酷特智能启动合作的重点是提升自身工厂的数字化水平，依托酷特智能输出的定制生产能力和大规模定制解决方案，海思堡对工厂进行了智能化改造：投资 4000 万元新建两条智能化流水线，实现大数据驱动生产；依托互联网搭建在线定制平台和智能匹配系统，制造个性化定制产品。海思堡将酷特独有的 SDE 方法论引入工程改造，打造基于互联网的全球牛仔服装定制供应链平台和基于零库存管理的牛仔服装柔性供应链平台，为打造平台提供更强的赋能力量与吸引力。同时，海思堡成为红领-酷特智能牛仔服装品类唯一战略合作伙伴，负责酷特智能工厂牛仔服装品类的设计研发、生产及资源整合。这主要体现在以下几个方面：

（1）信息化制版环节。原先的打版模式是客户来样之后，海思堡根据客户意图进行制版，大概需要一天时间，然后还需要进行推版、缩水方面的测试。改进后取消了这一环节，直接根据客户提供的尺码，在既定的版式下，通过智能平台系统实现大数据分析进行自动推版、自动裁剪，省去了在裁床上准备面料、排版、切割等一系列环节。另外，通过人工导入生产线，进行流水线加工。这种基于全球定制智能制造平台的小批量订单，仅需两三天就能完成，比传统的生产模式缩短约 2/3 的制造周期，实现了牛仔服装下单、推版、裁剪、缝制、水洗、后整的全流程信息化。

（2）提供单件补单服务。海思堡探索几种新的经营模式，为品牌商提供单件补单的服务，同时为中小牛仔服装品牌提供 30~100 件柔性供应链生产，与深圳赢家等几家服饰公司展开了合作。品牌商销售一件服装产品，海思堡就为他们生产补单一件产品，这样品牌商也不用担心库存的问题，实现互惠共赢。另外，海思堡为品牌商提供单件定制服务。例如，当遇到客户非常喜欢一个款式，但是因为尺码因素而将放弃购买时，海思堡可以为店铺内客户提供大一码和小一码的单件定制服务。

（3）推出 300～500 件起订的快速补单模式。首先，每个款式可以先下 300～500 件试单，再根据实际销售情况下具体需求订单，为品牌商提供基于单件补单的库存管理服务。其次，品牌商可根据实际销售周期制定 7 天的安全销售库存，当销售至 7 天安全库存以下时，海思堡将补足安全库存差额，随时精准补货。最后，海思堡联合专业设计师和设计机构为品牌商提供专属设计，打造联营模式。海思堡为品牌商店提供设计和生产，品牌商负责渠道和销售，产生的库存由海思堡负责。

（4）建立品牌专属工业大数据。第一步，面辅料前置。品牌商在订货前 2 个月对海思堡合作牛仔面料供应商及辅料商提出研发需求，在订货前一个月确认面料和辅料，发出订单并进行样品制作修改。第二步，服装厂预留产能。品牌商与生产企业建立战略合作关系，品牌商根据自己以往的销售数据，通知生产厂家在具体的一段时间预留若干产能、一次货销售后预计何时预留多少返单产能。第三步，建立品牌专属工业大数据系统。海思堡为战略合作品牌商建立专属的版型数据库、款式数据库和工艺数据库，让这些专属数据成为驱动品牌商按需生产的原动力。第四步，通过大数据将碎片化的接单模式转变为批量生产。把相同面料、款式和产线的订单需求，通过数据库整合成人工辅助排版的小批量订单，直接下达到生产企业和生产班组的工位。

3. 阶段成果

海思堡成立尚牛智能制造子公司，建立了牛仔服装个性化定制智能生产线，凭借 14 个智能子系统实现前中后台一体化解决方案，实现了顾客线上、海思堡线下生产制造的联动模式，以顾客的需求为主导进行智能化生产加工。先进的远程 AI 拍照量体技术和三维试衣系统增加了用户的产品体验感和沉浸感，消费体验优化迭代升级。尚牛智能的成立让海思堡在生产数字化阶段成功构建了自主智能个性化定制生产系统，实现了企业数字化初步转型，为后续构建 ASPOP 服装工业互联网平台打下了很好的基础。

在与酷特智能合作后，海思堡掌控了牛仔服装版型、款式、工艺、洗水、消费者人体数据等工业大数据，完成了两条生产线的技术及信息化改造，新上了两条智能化吊挂流水线，打造出牛仔个性化定制智能标杆流水生产线"梦幻工厂"，年产量达 20 万件左右（日产量 500～600 件）。这种基于全球定制智能制造平台的小批量订单，生产周期仅需两三天就能完成，比传统的生产模式缩短约 2/3 的制造周期，海思堡服装生产工期由过去的 30 天缩短到 7 天，生产效率比传统制造提高 200%，设计成本、材料库存均下降 60%。

2.2.2 面向消费侧搭建个性化定制平台

早在 2014 年，海思堡便围绕"互联网＋直销"的牛仔服装平民化定制展开多层次网上直销业务，从设计、采购、销售、生产及配送环节围绕互联网智能化生产进行技术改造，重点发展电商业务。2015 年，海思堡意识到服装行业的发展趋势将会发生变化，C2M（Customer to Manufactory，是指用户直连制造商，强调制造商与消费者的衔接）模式或将异军突起，这更加坚定了海思堡打造消费端互联网平台的决心。于是，在原有的单件补单和 B2M（Business to Marketing，是指交易商面向执行贸易经理人的电子商务形式）模式下，海思堡加快了自身构建消费侧平台的步伐。2015 年，海思堡正式确立了面向 C 端个体用户的 C2M 模式战略，着手准备自建"尚牛网"消费者互动平台，并依托微信、天猫、京东及酷特智能的魔幻工厂平台，打造直接面向消费者的 C2M 牛仔定制模式，增加消费者设计乐趣及下单体验，以此来增加客户黏性。

1. 自建品牌并建立触达用户的 C2M 渠道

"海思堡"是一个于 1998 年起源于山东的品牌名称，主打都市时尚休闲女装。2017 年，海思堡成为国际自主品牌出口企业。海思堡自有品牌服装的销售采取互联网协同制造模式、为百货公司及品牌商提供个性化牛仔服装订制生产服务 B2M 模式及直接面向消费者的 C2M 牛仔服装定制模式。同时，海思堡也与其他知名服装品牌进行合作，直接与它们签订合同进行生产加工销售，包括"GAP""Lee""CK""NEXT""依恋""艾格""鸿星尔克""新郎""利郎""地素""E. N. C"等。

2015 年，尚牛智能制造有限公司成立。2016 年，海思堡通过自建"尚牛网"消费者互动平台及小程序来直接面向消费用户开展个性化牛仔服装定制生产服务。尚牛主打轻定制风，以"为消费者带来最绿色、舒适的个性化牛仔服装"为宗旨，倡导"每个人都是自己的设计师"的个性化理念，注重于让消费者在网页端或手机端人性化的体验下，通过定制界面引导逐项选择、确定、修改细节，凭借自身爱好和审美需求自主设计牛仔服装产品，让顾客享受到自我设计的乐趣和网络定制的方便快捷。

在建立个性化定制平台期间，海思堡为了更好地服务 C 端客户，选择充分发挥尚牛智能制造在个性化定制方面的优势，将"尚牛网"打造为主要服务于 B 端品牌商客户；对于人数多、单量少的 C 端客户，则主打"尚牛定制"微信小程序，在借助微信流量的基础上服务社群，以直达顾客端。同时也将海思堡品牌服装推向 C 端用户市场。

在前端销售环节，海思堡为用户搭建了自主个性定制服务平台，让用户可以在电脑端"尚牛网"和手机端"尚牛定制"微信小程序上实现 DIY 设计。用户可以凭借自身爱好和审美需求自主设计牛仔服装快时尚产品，参与到选款式、选面料、3D 量体的体验式消费中，成为自己服饰的设计师。在手机客户端选择确定产品款式、颜色、布料以及装饰等内容后，海思堡就可以在后台接单进行生产，不到一周，客户便能收到个性化定制的产品。

同时，通过海思堡建立的牛仔服装个性化定制智能生产线，系统可实现用户自主下单、智能排版、自动剪裁、AI 量衣与智能数据库的匹配。通过尚牛智能制造定制平台，制定了顾客线上、海思堡线下生产制造的联动模式，以顾客的需求为主导进行智能化生产加工。顾客可以实现自主下单，由系统自动排版、自动剪裁、MES 系统驱动各作业单元进行服装生产制造。凭借大数据、人工智能以及互联网等技术，尚牛智能尽力满足用户个性化、私人化定制需求，并为 ASPOP 服装工业互联网平台提供整体解决方案。2018 年，海思堡集团子公司尚牛智能制造入选年度工业互联网 App 优秀解决方案。

2. 与各大电商平台开展合作

对于直接面向 C 端的个体消费者而言，海思堡并无多少流量优势。为了增加销量、拓展下游渠道，海思堡选择与电商平台开展合作。

在国内市场，2018 年期间，海思堡通过新旧动能转换全面对接京东、网易、必要等国内外知名电商平台，开启生产销售新模式，并依托自身牛仔服装供应的优势联合电商平台共建店铺，平台负责店铺的日常运营，海思堡则掌管上游一系列的供应事务。

在国外市场，早在 2016 年 12 月，海思堡就与国际电商巨头亚马逊合作，成为亚马逊平台全球首批服装网络协同制造商，借助亚马逊网络，海思堡可以将自己生产的服装直接销售给全球各地消费者。亚马逊在纽约成立设计团队，利用云计算、大数据等技术，指导海思堡的产品设计、生产和物流环节，负责在亚马逊网站精准推送、营销产品。同时，海思堡借力亚马逊的销售全方位数据分析整合全球牛仔服装消费者的资源与需求，适时调整自身个性化生产定制，以此实现跨境电商外贸转型。从最初的每天十几件订单到最多时的每天上百件订单，海思堡牛仔服装在亚马逊的销售实现了稳步增长。

3. 阶段成果

介于当前国际外贸形势和"经济内循环"理论的提出，尚牛智能制造拥抱国内大循环主体，不断与国内主打轻奢服饰、精品牛仔服饰的商家签下订单，将发展重点聚焦于国内市场。通过自建"尚牛网"消费者互动平台及"尚牛定制"小程序，海思堡直接面向消费者开展个性化牛仔定制生产服务，提升了自身的自主定制能力。使用户可以凭借自身爱好和审美需求自主设计，参与到选款式、选颜色、选面料、3D 量体的体验式消费中。

同时，海思堡全面对接京东、网易、必要等国内外知名电商平台，开启生产销售新模式，增加销量、拓展下游渠道，实现了基于智能制造的小批量订单模式，生产周期仅需两三天，比传统的生产模式缩短约 2/3 的制造周期，与国外电商合作的海思堡产品出口价格也由传统外贸的平均 12 美元/件提升到平均 28 美元/件。

2.2.3　面向供给侧搭建服装工业互联网平台

海思堡作为牛仔服装行业的优势企业之一，其目标远远不止实现自身工厂的数字化。海思堡领悟到服装行业整体痛点与发展趋势，意识到自身在牛仔服装生产方面的丰富经验和初步成型的数字化能力，发掘到输出解决方案、赋能中小企业迈向转型的商业契机。于是，海思堡加快推进了面向 B 端的工业互联网构建发展。

1. 构建 ASPOP 工业互联网平台

在借力酷特实现自身工厂数字化转型的同时，海思堡并未忘记打造服装个性化定制百亿量级平台的目标。海思堡的成功转型得益于自身行业内的实力和最新打造的数字化利器，其不断增进同品牌商合作、完善自身补单能力，并在期望模式相对成熟后，向其他工厂输出数字化转型的整体解决方案。于是，负责服装制造数字化的海思堡子公司尚牛智造便以极快的速度，向构建工业互联网平台进军。

在平台构建的准备方面，从 2013 年开始，海思堡便联合中科院软件所等国家级科研机构，与中科数智共同筹建成立了一家高科技服务公司——中科智尚，为开启转型之路做足了准备，共同推进工业互联网与智能制造的研发应用，旨在利用云计算、大数据、物联网、人工智能等技术，共同打造服装工业产业链协同智能制造平台，致力于成为智能制造解决方案的领航者。在人才储备方面，海思堡在淄博当地深耕多年，不仅有着熟练生产技术的员工，也在数字化转型的合作过程中成立了专门的子公司吸纳相关技术人才。而作为区域牛仔行业的龙头企业，海思堡凭借自身积累的资金优势，加大实业的数字化领域投资，为海思堡的转型打好基础，为尚牛智造构建工业互联网平台铺好道路。

通过打造基于互联网牛仔全球定制的供应链平台和基于零库存管理的牛仔服装智能制造供应链平台，海思堡向智能制造和互联网工业企业转型，其服装工业互联网平台也初步成型。

ASPOP 服装工业互联网平台初步实现了全拼配、全产品生命周期的规模化个性定制，其核心技术是 14 个子系统的互相配合。其模式具体说明为：该平台让大众人群或以小批量多款式为主的服装创业者可以在电脑和手机上通过 COOTE YOLAN App 或官网界面实现 DIY 设计，亲自参与到选款式、选面料、3D 量体的体验式消费中，成为自己服饰的设计者。用户的个性化数据自动流转到后端的自动制版系统，系统迅速生成用户唯一的个性化版型及排版图，排版图通过网络传送到裁剪系统，选定相应的面料后，数据驱动激光裁剪机作业，用户独一无二的单件裁剪就此完成。随后，应用 MES 制造执行系统，作业人员通过在操作台显示屏上刷卡获取订单的工业信息进行作业，实现了人机互联、机物互联和机机互联。ASPOP 的智能系统中建成了版型库、款式库、工艺库、材料库等多个数据库，其中存储了涵盖中外的服装百万亿大数据。这不仅将客户需求的不满足率降到万分之一，更大大提高了制衣效率。ASPOP 服装工业互联网平台做到了以数据流动的自动化机制化解复杂系统的不确定性，实现资源优化配置，支撑高质量产品服务的个性化定制。

ASPOP 的平台模型显示出海思堡工业互联网平台的内部逻辑是 IT（Information Technology）和 OT（Operational Technology）的融合，其采用中国电信提供的混合云服务的方式将 IT 和 OT 充分融合，并采用平台模式，深化自身数字化转型的进程。这是大规模和个性化的融合，即通过大规模的高效率、低成本实现个性化定制的高精度、高品质。由此，海思堡逐步形成了自己独有的核心竞争力，掌控了牛仔服装版型、款式、工艺、洗水、消费者人体数据等工业大数据，实现了海思堡向智能制造和互联网工业企业转型，其服装工业互联网平台也初步成型。

2. 与海尔 COSMOPlat 平台开展合作

随着工业互联网平台的快速发展，ASPOP 服装工业互联网平台也逐渐暴露出一些阶段性问题。2018 年年末，海思堡正式发布终止新三板挂牌公告，企业尚未实现盈利。在此经营状况下，ASPOP 服装工业互联网平台反映了当时阶段的痛点：① 信息化不够，公司信息化系统过程无法有效控制及打通，信息流通不及时，各部门之间存在壁垒，无法进行有效的协同工作；② 精益化不完善，无法完善管理体系流程，效率低、质量差、无标准作业流程，生产、管理体系不够精益有效；③ 数字化不清晰，业务、技术、生产部门计划不清晰，容易出现错漏，无法取得工位数据，仓储管理混乱、数据不清；④ 自动化不足，占用大量人力资源，效率不够高、品质不可控，致使人工成本过高。再者，尚牛智造在构建平台之前便将对其他工厂数字能力的输出作为自身的发展目标，但仅靠它自身的能量无法辐射到大量中小企业。海思堡虽然在服装代工方面成绩优异，但终究还未达到龙头企业的影响力水平。

因此，为了继续完善自身平台模式，深化工业互联网的应用。在尚牛智造的引导下，ASPOP 服装工业互联网平台资源对接海尔 COSMOPlat，成为 COSMO 纺织服装平台的牛仔品类和休闲品类平台（子平台），双方携手推进平台发展和运营。自此，ASPOP 服装工业互联网平台便嵌入海尔的大平台之中，海尔主攻大规模定制，尚牛主攻个性化定制。嵌入海尔大平台后，尚牛主攻大规模个性化定制服装。

ASPOP 平台嵌套海尔 COSMOPlat，海尔也依据 COSMOPlat 智能制造标准，对 ASPOP 的现有工厂现状进行评估，在已有的数字化工厂基础上进行优化升级，如此一来，便能够解决快速发展背后的"三不"痛点。

（1）以大规模定制为工业互联网转型方向，解决"不敢用"。若智能的工业装备和软件并不能解决大多数企业与用户之间割裂、失联的问题，无法有效地跟踪用户的动态、满足用户需求，制造企业上云的意义就要打一个问号。海尔 COSMOPlat 不是简单的机器换人、设备连接、交易撮合，而是以大规模定制模式为核心，首先满足客户的需求，在顾客满意、愿意付费的前提下，实现各方共创共赢共享。COSMOPlat 创新的大规模定制模式首次将用户需求接入制造全流程，使得工业变革不再局限于企业和工厂体系，而是成为整个社会的变革，彻底颠覆了"工厂内"的制造逻辑，也为工业互联网转型明确了用户这一核心落"锚"点。大规模定制模式让海思堡对用户需求的理解再次深入，在该模式指导下，海思堡将用户需求放在首位，逐渐走向"精益化"。

（2）建立开放平台架构消除平台赋能路径同质化，解决"不会用"。工业互联网平台普遍采用一套思路来赋能不同行业，但不同的行业都有着独特的制造特点和流通属性，一个平台显然需要面对不同行业的运营方式。对此，COSMOPlat 构建了"1＋7＋N"的开放式平台架构，利用 1 个主平台和 7 个独立可复制的模块化方案，为 N 个行业打造定制化的垂直行业生态子平台。在"1＋7＋N"的工业生态体系下，COSMOPlat 为客户提供连接嵌套的平台生态服务，以微服务为架构，创新用户服务能力，赋能中小企业转型升级。模块化方案让海思堡在服装市场竞争中更具优势，成功提升了海思堡的自动化与精益化水平。

（3）拓宽工业互联网平台合作方式，解决"用不起"。工业互联网平台的发展渐渐从政府驱动走向市场驱动，单纯依赖政府补贴吸引企业上云的方式将在未来逐步失灵。因此，基于价值交互搭建价值共创网络，实现赋能企业、攸关方以及平台之间的共赢共享，进而降低企业上云门槛，才是未来驱动企业上云的优选路径。在此方面，COSMOPlat 搭建的不是简单的交易撮合平台，而是一个共赢增值的平台，包括企业、资本方在内的所有攸关方都可以围绕用户的场景体验，共同创造价值并分享价值。企业转型升级带动平台演进，并通过高增值、高分享产生生态收入，最终实现整个生态的生生不息。ASPOP 平台上的各生态攸关方进行或大或小的合作，依靠 COSMOPlat 庞大的数据库以及强大的数据支撑能力，使海思堡在信息化与数字化上更进一步。例如，海思堡的一个面料供应商通过个性化定制，仅仅一个品种的面料需要供货 30 多万米，是平常订单的 10 倍，企业也因此得以快速发展。

3. 阶段成果

自从尚牛智造创建平台以来，其运营成本降低 30％以上，产品研制周期缩短 90％以上，制品不良率降低 30％以上（出厂成品合格率达 100％），能源利用率提高 15％以上，库存周转率提升 20％，关键设备和典型工业系统接入比例超过 70％，产品追溯率达 100％，产品毛利率提升至 50％以上。此前，尚牛主要生产相对低端的牛仔裤，出厂单价只有 70 元左右，生产周期长，库存压力大。尚牛迅速建立起基于互联网的全球牛仔定制供应链平台后，不仅适应了市场的个性化需求，产品单价提高到 300 元以上，还摆脱了过去"做了再卖"的被动模式，实现了零库存，利润也大幅度提高。在规模定制的模式下，价值链上各方利润的"微笑曲线"甚至也发生了一定变化，如图 2-2-1 所示。尽管规模化定制的制作成本比传统模式提高了 10%，但其利润却是传统模式的两倍之多。

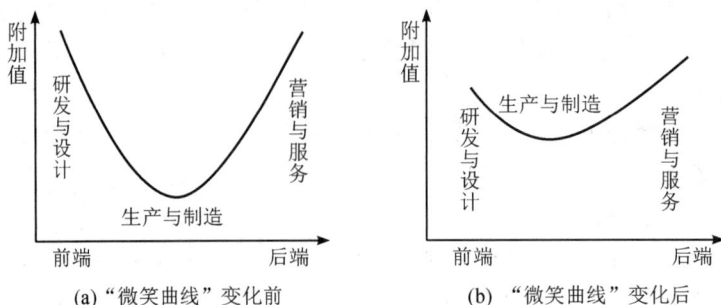

(a) "微笑曲线" 变化前　　　　　　(b) "微笑曲线" 变化后

图 2-2-1　平台模式下产业链利润率变化

在 COSMOPlat 的赋能下，海思堡的生产效率提高了 28%，交货周期从 45 天缩短到 7 天，库存降低了 35%，定制产品毛利率从 12.5% 提升到 40% 以上，是行业平均水平的 3.2 倍，ASPOP 大规模定制的发展道路愈加通畅。与此同时，ASPOP 也成为 COSMOPlat 服装行业数字化示范基地、智能制造服装标杆企业，这对二者来说都是双赢的结果。

表 2-2-1 为面向供给侧搭建服装工业互联网平台阶段汇总。

表 2-2-1　面向供给侧搭建服装工业互联网平台阶段汇总

阶 段 背 景	阶 段 策 略	阶 段 成 果
已完成自身工厂数字化，意在输出数字化转型整体方案，赋能其他企业，解决行业痛点	① ASPOP 工业互联网平台构建；② 与海尔 COSMOPlat 平台合作	运营成本降低 30% 以上，产品研制周期缩短 90% 以上，能源利用率提高 15% 以上，库存周转率提升 20%，产品毛利率提升至 50% 以上；对接海尔 COSMOPlat 平台，成为 COSMO 纺织服装平台的牛仔品类和休闲品类子平台

4. 海思堡数字化过程与重要事件表

这里从海思堡自身数字化能力构建、搭建消费侧个性化定制平台和搭建供给侧服装工业互联网平台三个重要阶段出发，整理归纳了海思堡在进行数字化升级过程中与红领酷特合作、搭上各大电商平台巨大用户量快车、嵌入海尔大平台等重要事件，如图 2-2-2 所示。

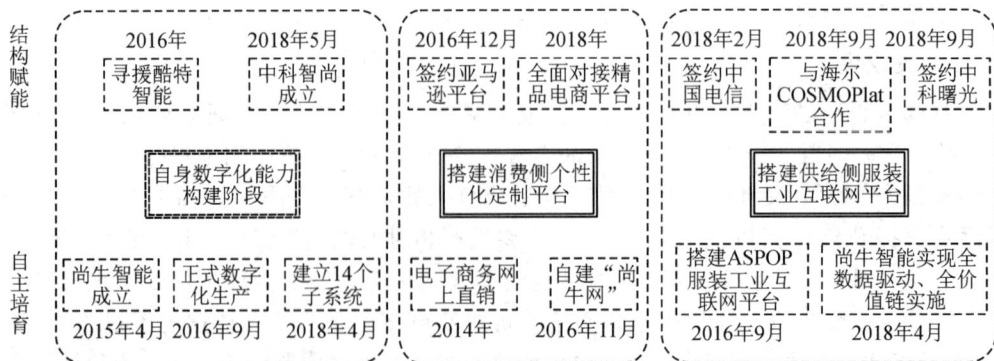

图 2-2-2　海思堡数字化转型重要事件汇总

2.3　海思堡转型的数字化跳板战略

2.3.1　引入跳板战略的可行性

在解释新兴市场企业的国际化现象时，Luo Yadong 和 Rosalie L. Tung 开创性地提出"跳板视角"，即"跳板战略思维"，指出来自新兴经济体的跨国公司把海外投资视为一个跳板，通过获得战略资源（如向成熟的发达国家购买或收购关键性技术）来更有效地与竞争对手进行竞争和降低自身在母国受到的制度限制。2010 年，吴义爽等人将跳板战略延伸应用于产业集群的升级，认为我国集群升级应该采取跨越式升级模式，而通过这种模式来实现集群升级需要选择和实施跳板战略，即依托龙头企业战略创业的"行动跳板"来搭建跨国混合网络的"结构跳板"。目前来看，跳板战略已经应用于制造产业的升级领域，因此，跳板理论已经成为分析制造业升级的一个重要理论视角。而数字化则是制造业的又一轮新升级，因此，将跳板战略引入制造业数字化领域，一方面便于探究跳板视角是否适用于制造业数字化，另一方面则是制造企业可以从高端嵌入头部企业，有助于制造企业突破技术难关，寻求数字化出路，能够帮助解决制造企业之间的不良竞争问题，帮助中小制造企业达到数字化赋能的目的，最终加速地区制造产业数字化的升级进程。此外，还可对跳板战略进行内容与应用领域的拓展。

海思堡的数字化转型过程本质上是通过战略努力实现企业在价值链上的跃迁，其本质是符合跳板战略的内涵的。但原有的跳板战略缺乏数字化情境，因此，本案例将跳板战略与海思堡的数字化转型相结合，提炼出海思堡的数字化跳板战略。

2.3.2　数字化跳板战略内涵

跳板理论是基于全球价值链（GVC）视角，通过聚焦知识距离维度（国家间在创造新知识以及创新能力上的差异，主要表现在国家间专利申请和科学创造的差距）来研究中国企业海外并购现象的重要理论之一。跳板理论认为，国际化是发展中国家跨国企业提升能力的跳板。企业跨国并购的目的可以总结为资产寻求和机会寻求两种类型。企业寻求的资产包括科学技术、经验、基础设施、人力资本、品牌、消费者、分发渠道、自然资源等；机会寻求包括先进市场中的待开发市场、跨越本国制度或市场限制、提升企业规模和声誉、避开发达国家市场的贸易壁垒、利用自身的低成本制造能力抓住机会等。通过国际化，后发企业可以获取所缺乏的战略资源以弥补自身不足，实现技术追赶。因此，寻求资产和技术中暗含的知识是新兴市场企业，特别是中国企业进行跨国并购的重要动因。

数字化跳板战略则是依靠跳板，巧妙地从代工制造的价值链低端环节跨越式迈入高价值领域的企业升级战略。跳板战略在国际化领域中高频率出现，在国内市场中却较少得到重视与应用，本案例分析数字化跳板战略的实现与成效，对于国内（本土）价值链（NVC）的转型升级具有重要意义。为了解决服装代工企业在数字化转型时所面临的困境，我们应该站在企业自身发展和与行业有机连接的立场上，建立两个层面的"升级跳板"：① 在企业内部进行数字化、网络化、智能化的转型跳板，以此推动企业自身数字化技术能力的提升；② 在自身探索数字化成果的企业与行业内龙头企业之间建立数字化技术获取和吸收的跳板，搭建代工企业嵌入行业龙头企业的发展模式。图 2-3-1 给出了产业集群跨越式升级模式与跳板战略示意图。

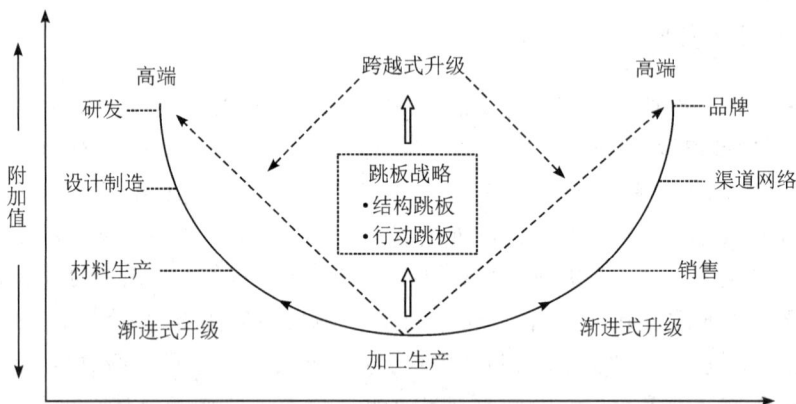

图 2-3-1 产业集群跨越式升级模式与跳板战略示意图

海思堡作为本土企业，其所合作、嵌入的企业大多都位于本土价值链上的各个环节，与全球价值链的联系相对较少。其次，海思堡作为国内服装纺织行业的生产加工企业之一，同全球价值链上部分中国企业一样，面临着巨大的竞争压力和知识鸿沟。因此，本案例选择借鉴跳板理论的"跳板"这一知识核心，从全球价值链视角转换为本土价值链视角，以探索海思堡在国内市场中如何通过借助跳板战略实现数字化转型的目标。

海思堡原本作为一个服装纺织加工、生产商，其价值链所在位置位于"微笑曲线"的中间部分，产品附加值低，像同一产业集群中的服装代工企业一样，亟待通过数字化转型升级。借助跳板战略，海思堡的跳板搭建主要从两个维度展开：一是行动维度，即内部行为变革，依托某个行动主体与行动模式，解决企业自身的行动问题，为建立结构跳板奠基；二是结构维度，简单来说，是指外部结构嵌入，从集群结构上来搭建上述跳板，强调企业要在生态结构中开展合作。结合海思堡这一案例，分析所提到的行为数字化跳板战略的内涵是依托自身服装生产经验，积极开发数字化相关技术，从而通过自建的方式实现自有产线、用户运营和集群制造生态的数字化。而结构数字化跳板战略是指在集群结构中，积极与数字化技术能力拔尖的龙头企业达成合作，以嵌入的方式吸收相关技术能力，在加快自身数字化能力提升的同时，相应的行业结构也不断得到优化。

1. 行为数字化跳板

企业集群往往依托某个行动主体与行动模式，解决企业之间的行动问题，建立数字化跳板。行为数字转型需要从企业文化、思维模式、管理模式、生产供应等多层次入手，不断转变企业的战略运作方式，借助自身在本地经济和社会中的特殊地位，通过企业集团化重构、产学研平台化合作、资源协作化拓展等方式，突破制度、资源等方面的约束，实现战略运作的转变。

海思堡公司为数字化转型而进行了自身数字化推进与改革和平台构建，从而实现了企业从传统的服装代工工厂向数字化服装定制工厂的跃迁。它的核心在于对自身行为的数字化变革，关键在于对数字化技术的恰当利用。它的行为数字化跳板战略分为三个部分：制造工厂数字化、用户运营数字化以及技术架构数字化。

2. 结构数字化跳板

从集群结构层面逐步搭建数字化转型升级跳板，可以促进多企业协同合作、建立信任、共享知识和资源，有效促进企业间知识的溢出、吸收和扩散，从而增加集群企业的创新能力。在结构数字化跳板战略下，企业转型不再是"单打独斗"，而是通过多样化的平台嵌套来建立数字化的结构网络。数字化混合网络能兼顾不同企业的战略需要，进行结构上的重塑或整合，利用工业互联网平台的相互嵌套，实现企业的跨越式升级。

海思堡公司在初步进行自身数字化后主动寻求行业内龙头企业，以合作者的身份或以子平台的身份嵌入各大知名企业或龙头企业的平台中，成为完善的平台生态圈中的一员。它的核心在于嵌入平台生态圈，关键在于利用平台生态圈中的各种资源完善自身平台以攫取更多利润，获取长久发展。它的结构数字化战略分为三个部分：制造工厂环节的结构嵌入、用户运营数字化的结构嵌入以及技术架构数字化的结构嵌入。

2.3.3 海思堡的行为数字化跳板

海思堡的行为数字化跳板通过制造工厂升级、用户运营转化、技术架构革新逐层跨越，依靠生产技术设备、柔性化供应链的方案升级，辅以现代互联网技术带来的大数据共享红利，构建了牛仔服装生产协同制造网络、C2M个性化定制服务平台、ASPOP服装工业互联网平台，并以此为跳板进行了低端制造工厂到高端数字化体验经济的全面升级。表2-3-1为海思堡行为数字化跳板构成与策略。

表2-3-1 海思堡行为数字化跳板构成与策略

跳板名称	跳板构成	跳板策略
行为数字化跳板	制造工厂数字化	① 优化柔性供应链提供数字化基础； ② 生产技术革新驱动数字化智能制造； ③ 大数据促进网络协同制造发展
	用户运营数字化	① 跨越中间渠道直触C(客户)端； ② 自建自有品牌并打造与销售端匹配的产线与销售模式
	技术架构数字化	① 培育自主能力、主动汲取各方知识进行技术支撑； ② 技术架构数字化与用户运营数字化互相促进成长

1. 制造工厂数字化

制造工厂数字化是通过生产技术革新、智能系统引进、自建个性化定制生产线来实现大数据驱动智能生产，辅助构建服装个性化定制平台。在市场倒逼转型的情况下，海思堡加强自身数字化进程，并以定制化、个性化生产作为数字化转型的重要目标，先与红领集团子平台酷特智能合作改造生产线，后自建尚牛智能制造培育自身自主能力，逐步实现了制造工厂数字化与信息化。表2-3-2为制造工厂数字化案例实施战略及具体措施。

表2-3-2 制造工厂数字化案例实施战略及具体措施

实施战略	具体措施
策略1：优化柔性供应链提供数字化基础	① 以先进的生产设备、精湛的制造工艺和从业多年的技术工人团队为基础，形成从裁剪、缝制、水洗到成衣制品的完整生产链；② 着重推出小规模起订的快速补单模式，联合设计师、品牌商打造先进的联营模式；③ 远程AI拍照量体技术成为个性化定制的技术支持，实现了标准化、信息化、柔性化生产
策略2：生产技术革新驱动数字化智能制造	① 设备上：引进先进的衣拿电脑化制衣吊挂系统、进口激光水洗设备，新上智能定制吊挂流水线，MES系统驱动各作业单元进行服装生产制造；② 技术上：实现了RFID卡自动录入信息、系统自动排版、机器自动裁剪加工，降低定制过程中的库存成本、原料成本和人工成本；③ 环节上：以数据驱动工厂执行的管理方式为核心，打造了牛仔服装个性化定制智能标杆流水生产线，实现了工厂制造数字化
策略3：大数据促进网络协同制造发展	① 集成前端设计和后端生产的信息，实现资源信息数字化，共同构建品牌专属工业大数据驱动企业按需生产；② 客户需求数据、销售引流渠道、产品生产设计等资源第一时间得到共享，筑成了平台数据生态圈

2. 用户运营数字化

在用户运营数字化方面，尚牛智能从销售渠道着手搭建行为跳板。尚牛智能为了实现"互联网＋直销"的C2M模式，主动开拓直触个体消费者的渠道，建立了PC端的"尚牛网"和相应手机App及尚牛定制微信小程序，正式进入培养自有个体用户并借助互联网等数字化技术运营的道路。海思堡依托上述服装生产线的升级，进一步打造并完善了C2M柔性制造产线，形成了从顾客数据上传到服饰生产加工的一系列在线化驱动模式，为用户运营的数字化打好了基础。同时，海思堡通过互联网协同模式销售自己的品牌"ASPOP"。表2-3-3为用户运营数字化案例实施战略及具体措施。

表2-3-3 用户运营数字化案例实施战略及具体措施

实施策略	具体措施
策略1：跨越中间渠道直触C端	开发在线自主下单平台，消费者可以在"尚牛网"或移动端App及小程序页面选择自己想要的版式、尺码、面料等
策略2：自建自有品牌并打造与销售端匹配的产线与销售模式	① 打造符合用户需求的生产线：系统自动排版、自动化裁剪、智能化吊挂流水线；② 海思堡自有品牌服装的销售采取互联网协同制造模式、为百货公司及品牌商提供个性化牛仔服装定制生产服务（B2M）模式及直接面向消费者的C2M牛仔服装定制模式

3. 技术架构数字化

技术架构数字化是企业在制造生产数字化基础上，搭建工业互联网技术平台的行动过程。在这个过程中，企业充分利用数字化技术，全面全局完善各项子系统，最终完成工业互联网平台的搭建。2016 年年初，海思堡开始进行技术架构数字化。海思堡在完成制造工厂数字化后，子公司尚牛智能制造成功搭建了属于自己的服装工业互联网平台。本案例选择在海思堡子公司尚牛搭建 ASPOP 工业互联网平台阶段所进行的实践进行整理，并作出理论提炼。

（1）培育自主能力，主动汲取各方知识进行技术支撑。

① 与众多国家级科研机构合作，成立高科技公司。早在 2013 年，海思堡就与中科院软件等国家级科研机构合作，成立中科智尚，利用先进的管理模式、云计算大数据技术和自动化能力，海思堡最终独立建成 14 个子系统，为打造行业内领先的服装工业互联网平台做足了准备。

② 依靠企业内部具有熟练生产技术的员工与具有相关技术的人才。海思堡企业内部具有众多经验丰富的服装生产员工，并在与科研机构合作的过程中招募、培养了许多具有互联网技术的专业人才，这些专业性极强的员工成为海思堡搭建技术平台的重要基础。

③ 采用中国电信的混合云技术服务。2018 年，在海思堡 ASPOP 平台初步建成的基础上，海思堡引入中国电信混合云服务，将 IT 与 OT 充分融合，进一步完善了 ASPOP 平台。

（2）技术架构数字化与用户运营数字化互相促进成长。

ASPOP 平台建成后，初步实现了覆盖服装产品全生命周期的规模化、智能化、个性化定制生产。ASPOP 服装工业互联网平台做到了以数据流动的自动化化解复杂系统的不确定性，实现资源优化配置，支撑高质量产品服务的个性化定制。海思堡 ASPOP 平台通过用户端子平台——云下单交互平台获取的订单详情，通过订单管理传输到智能制造系统。用户运营数字化则完善了用户端使用的定制平台，将各项订单数据以更方便快捷的方式记录传递。门店内服务人员用专业量尺度量用户身材后，数据直接上传，无须手动输入，除量体数据外，款型数据、面料数据也会同步上传。用户运营数字化完善了技术架构数字化的用户端，而技术架构数字化为用户运营数字化提供了稳定保障。表 2-3-4 为技术架构数字化案例实施战略及具体措施。

表 2-3-4　技术架构数字化案例实施战略及具体措施

实施战略	具 体 措 施
策略 1：培育自主能力，主动汲取各方知识进行技术支撑	① 与众多国家级科研机构合作，成立中科智尚，独立打造 14 个子系统；② 靠企业内部具有熟练生产技术的员工与具有相关技术的人才；③ 采用中国电信的混合云技术服务
策略 2：技术架构数字化与用户运营数字化互相促进成长	① 用户运营数字化完善了技术架构数字化的用户端；② 技术架构数字化为用户运营数字化提供了稳定保障

4. 理论提炼

下面根据前三小节的案例编码分析，分别从制造工厂数字化、用户运营数字化和技术架构数字化三方面整理提炼得出行为数字化战略的理论，如图2-3-2所示。

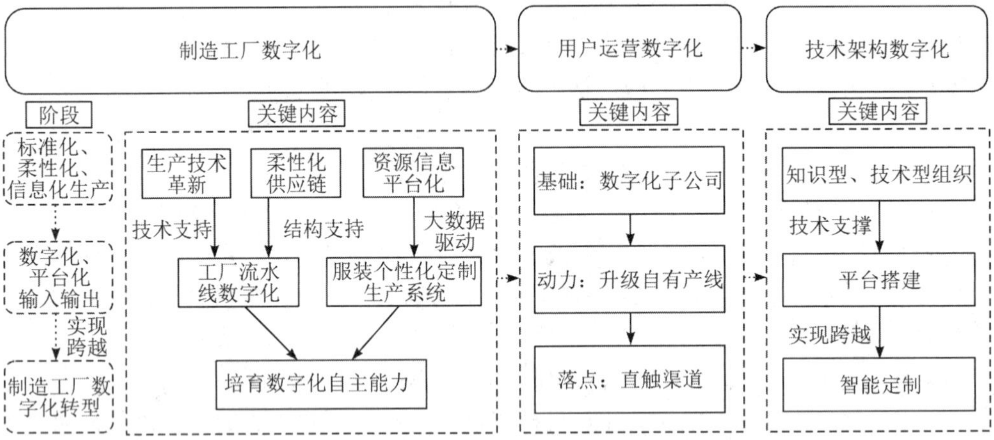

图2-3-2　行为数字化战略理论提炼

（1）制造工厂生产数字化的行为跳板。

海思堡将信息数据作为工厂驱动力，优化工厂生产的供应链关系，实现生产技术硬核革新、供应链柔性化、资源信息平台化，一方面成功打造数字化的智能工厂流水线，另一方面大数据驱动服装个性化定制生产系统成形，完成了制造工厂数字化的初步转型。通过构建按需生产、网络协同制造的个性化定制服务平台，海思堡实现了从传统代工制造到体验性经济的跨越式升级。海思堡按照精确的用户个性化数据，准确地执行多产品标准化适量生产，MES制造执行系统实现了工厂设备的互联互通和工业流水线的数据驱动，订单大数据、生产大数据和人员大数据不断促进生产系统迭代，提高了生产效率和产品质量，大幅降低了运营成本。转型成功的海思堡一跃成为企业集群中技术上处于领先地位的企业，在资源禀赋、创新能力、社会声誉等方面受到集群企业公认，也成为服装行业个性化定制企业集群下一步"结构转型"的行为主体。

（2）用户运营数字化形成C端渠道的行为跳板。

自建C端渠道是企业在C端消费者方面运用行为跳板战略的体现，其目的是使自身在本土价值链上最低端的生产制造环节向前端的销售环节"起跳"。用户运营的行为跳板战略以组建全新专业团队为实施基础，借助自有优势和相关能力，以技术和人才为支撑发力，最终打通渠道，连接个体消费者端。结合数字化跳板战略的内涵，海思堡的行为跳板主要搭建在销售渠道环节。首先，海思堡创立专门子公司，负责个性化定制的相关事务运营。一方面有助于海思堡减轻自身转型压力，另一方面更有利于海思堡吸引用户运营、数字化营销等方面的专业人才，不受公司其他业务束缚。这为海思堡的C端跳板打好了基础。其次，为了给海思堡的"跳跃"提供最重要的动力，即海思堡能给用户带来的价值和体验，海思堡积极与酷特合作，快速推进自有工厂的生产线升级。最后，海思堡凭借日益成熟的互联网技术和招揽的技术性人才，快速打造相关销售网站和自有App尚牛网，这给海思堡的"跳跃"提供了落点。通过上述三个步骤，海思堡完成了行为跳板的基础搭建，拥有了跳跃力，并准确地落在战略目标上。通过用户运营数字化跳板,海思堡在价值链右端的位置有所上升,产品附加值大幅提高。但介于C端业务的不熟悉和品牌力的缺失,再加上销售端头部集群企业的资源封锁,行为跳板对海思堡在价值链上的跃升并未达到理想的程度。

（3）技术架构数字化搭建的平台的行为跳板。

技术架构数字化的核心表现为搭建互联网平台。这一表现的基础主要体现在寻求各知识型、技术型组织的帮助、具备数字化能力的基础上,以知识与技术为支撑条件,实现平台的搭建,从而完成技术架构数字化。以搭建平台为核心的行为数字化跳板,跨越式地实现企业数字化转型,达成智能制造。海思堡搭建平台以实现技术架构数字化。海思堡通过个性化定制平台实现与中小制造企业的联通,接入中小企业产能,并为中小企业以及设计师与大型电商平台对接提供桥梁,实现与周边中小企业的业务、资源协同,实现生态化发展。

2.3.4 海思堡的结构数字化跳板

海思堡的结构数字化跳板通过制造工厂环节、用户运营环节和技术架构环节嵌入龙头企业的平台生态,依靠软件开发工程和C2M商业生态模式嵌入消费端与供给端头部企业平台,并以此为跳板实现了智能制造到智能定制的跨越式升级。表2-3-5为结构数字化跳板构成与策略。

表2-3-5 结构数字化跳板构成与策略

跳板名称	跳板构成	跳板策略
结构数字化跳板	制造工厂环节结构嵌入	① 运用SDE工程对工厂结构化转型升级； ② 制造工厂结构嵌入C2M商业生态模式
	用户运营环节结构嵌入	① 嵌入直触C端的国内头部电商平台； ② 国外为辅,全球范围的电商平台结构嵌入
	技术架构环节结构嵌入	① ASPOP服装工业平台嵌入海尔COSMOPlat平台； ② 海尔COSMOPlat赋能海思堡ASPOP平台

1. 制造工厂环节结构嵌入

在确定数字化升级的目标后,为进一步打造定制化、规模化、数字化生产的智能工厂,海思堡于2016年年初正式与行业定制化生产的佼佼者酷特智能开展合作,加快工厂产业链的数字化转型。

海思堡在实现制造工厂嵌入酷特智能后,通过SDE源点论数据工程进行了自身企业的结构化转型升级,并构建尚牛智能数字化在线个性定制平台,创新C2M商业生态模式,实现消费者需求驱动工厂有效供给。依托尚牛智能制造,海思堡逐步由大规模制造转型为大规模定制,由传统产品输出转型为平台式、理念式输出,实现将工业化与信息化高度融合,利用大数据驱动流水线与智能系统,制造个性化定制产品。在尚牛智能C2M互联网个性定制模式下,以用户需求驱动生产制造模式为核心,"预约购买,按需生产,即时制造",增加了用户的个人参与感,同时带动了购物满足度的提升。表2-3-6为制造工厂环节结构嵌入案例实施战略及具体措施。

表 2 - 3 - 6 　制造工厂环节结构嵌入案例实施战略及具体措施

实施战略	具体措施
策略 1：运用 SDE 工程对工厂结构化转型升级	① 吸收酷特的大规模个性化定制实践经验，实现原有流水线升级、优化，新建两条智能流水线；② 逐步形成以数据驱动企业现有内外部资源，以软件系统实现智能运行，用线上化、智能化的生产模式满足消费者的个性需求的生产制造模式；③ 将打造数据驱动的智能工厂和产业链协同的理念相融合，用工业化的效率和成本进行个性化产品的大规模定制，形成了标准化、一体化的解决方案
策略 2：制造工厂结构嵌入 C2M 商业生态模式	① 产品设计环节：设计师可以对客户订单进行样品分析，实施产品开发，在大数据共享设计师资源下，随时上传自己的作品，并能根据用户的反馈信息做到快速反应；②工艺生产环节：新上智能定制吊挂流水线，实现了系统自动排版、自动裁剪，每一件衣片都有一个记载定制信息的身份证（RFID 卡），MES 系统驱动各作业单元进行服装生产制造，提高了效率，降低了成本

2. 用户运营环节结构嵌入

在用户运营结构嵌入方面，尚牛智能采取了以国内为主、国外为辅的嵌入策略。在国内，由于自身对于 C 端吸引力不够，海思堡需要积极与京东、必要、苏宁等知名电商平台合作，嵌入并吸收这些企业庞大的流量池，以扩大自身直触 C 端的订单量，并积极推进品牌建设，提高自身用户的转化率。在国外，尚牛智能与亚马逊达成合作，借助亚马逊提供的设计、用料和营销等大数据信息的辅佐，海思堡的外贸业务也进行了升级，尚牛智能的用户运营端日益专业化、体系化、数字化，成功迈入跨境电商的行列，扩大了自身的个体用户量。表 2 - 3 - 7 为用户运营环节结构嵌入案例实施战略及具体措施。

表 2 - 3 - 7 　用户运营环节结构嵌入案例实施战略及具体措施

实施策略	具体措施
策略 1：国内为主，嵌入直触 C 端的国内头部电商平台	成为京东京造牛仔服装核心供应商 成为小米商城牛仔服装核心供应商 成为网易严选牛仔服装战略伙伴 与网易考拉共建 VMC 品牌网上销售 与必要商城共建 IOLANI 品牌 与苏宁极物共建 VMC 品牌线下无人售货
策略 2：国外为辅，全球范围的电商平台结构嵌入	与亚马逊共建男装 Quality durables 和女装 Peppered denim 品牌

3. 技术架构环节结构嵌入

技术架构环节的结构嵌入是在技术架构数字化的基础上，将搭建的工业互联网平台嵌入行业内极具影响力的大平台，进入该平台完善的生态系统中，跨越自身在进行技术架构数字化后所遇瓶颈。在这个过程中，企业搭建的平台依托完善的平台生态实现智能制造到智能定制的跳跃。2018 年年末，尚牛智造搭建的 ASPOP 平台遇到危机，由此嵌入行业内具有引领作用的工业互联网平台——海尔 COSMOPlat 平台，以应对危机。本案例将就 ASPOP 平台与海尔 COSMOPlat 平台合作的案例进行整理，并作出理论提炼。

（1）平台阶段性痛点促使平台进行嵌套。工业互联网平台快速发展的同时，也逐渐暴露出一些阶段性问题，ASPOP 服装工业互联网平台自然也不例外。信息化不够造成的信息孤岛、精益化不完善造成的效率低下与质量差、数字化不清晰造成的管理混乱与数据不清、自动化不足造成的成本升高都严重威胁着海思堡的生存。在自身无法解决平台阶段性困境的局面下，海思堡对其他服装工厂数字能力输出的发展目标不得不搁置，迫使海思堡不得不寻找行业内龙头企业的援助。2018 年海思堡对接海尔 COSMOPlat 大规模定制平台，试图解决 ASPOP 平台面临的窘境。

（2）海尔 COSMOPlat 平台赋能海思堡 ASPOP 平台。与海尔 COSMOPlat 平台对接后，其在用户资源、渠道资源和供应链资源等方面对海思堡全面赋能，加快并深化其从大规模制造向大规模定制的转型。COSMOPlat 对 ASPOP 平台的改造方法主要集中在三个方面：其一，帮助海思堡将一次性交易转变为持续交互，实现与用户零距离沟通。海尔 COSMOPlat 赋能海思堡，让用户全流程参与到从款式设计、面料选择到定制生产等所有环节。目前，每天有两千多件牛仔服装的个性化定制订单直接从海思堡的工厂直发到用户，大大降低了库存。其二，通过智慧"网器"与用户互联互通，实现场景体验迭代。随着人们生活水平的提高，用户也越来越追求对于产品的全流程体验，不仅仅是购买衣物，对服装的洗、护、存以及搭配也有更高的要求。COSMOPlat 通过将智慧洗衣机、智能衣柜试衣镜等智能设备与用户互联互通，实现了数据的流动，将厂、店、家联系在一起，完成了从服装定制到用户不同场景需求的定制和体验的迭代。其三，整合生态资源，实现生态攸关方的增值分享。COSMOPlat 平台在赋能海思堡的转型升级过程中，让海思堡与 100 多位优秀设计师以及 30 多家人工智能、大数据和物联网企业建立了共创共赢的生态，将所有生态资源进行了整合。表 2-3-8 为技术架构环节结构嵌入案例实施战略及具体措施。

表 2-3-8　技术架构环节结构嵌入案例实施战略及具体措施

实施战略	具 体 措 施
策略 1：ASPOP 服装工业互联网平台嵌入海尔 COSMOPlat 平台	① 平台阶段性痛点促使平台进行嵌套；② ASPOP 服装工业互联网平台资源对接海尔 COSMOPlat 平台，双方联合推进平台发展和运营
策略 2：海尔 COS-MOPlat 平台赋能 ASPOP 平台	① 一次性交易转变为持续交互，与用户零距离沟通；② 智慧"网器"与用户互联互通，体验场景迭代；③ 整合生态资源，实现生态攸关方的增值分享

4. 理论提炼

服装代工企业海思堡在实施结构数字化跳板战略时主要体现在制造工厂环节结构嵌入、用户运营环节结构嵌入和技术架构环节结构嵌入三个方面，如图 2-3-3 所示。

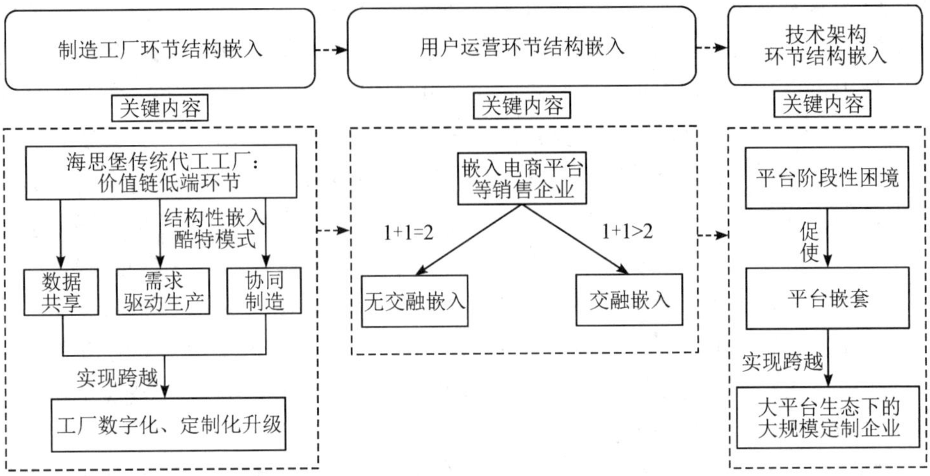

图 2-3-3　结构数字化跳板战略理论提炼

（1）服装代工企业嵌入形成的数据共享、需求驱动与协同制造的"跳板"。

海思堡在制造工厂环节结构性嵌入酷特模式，扩展了自身数字化转型的覆盖面，使得海思堡不仅有数字生产技术、智能工厂设备和全新制造流程的引入，而且突破了传统流水线的工作模式，重塑了部门科层的管理架构，成功助力企业制造链进行数字化转型升级。酷特智能作为海思堡制造数字化升级的第一跳板，在合作中将独有的软件开发工程方法论引入海思堡的工程改造中，为海思堡的工厂数字化升级和自身平台打造提供了强有力的赋能。海思堡吸取酷特的大规模个性化定制实践经验，成功对工厂进行了智能化改造，新建了两条智能流水线。

依托结构数字化跳板进行制造工厂向定制平台的升级，是海思堡在数字化转型时期的一个关键环节。海思堡寻援酷特，由此成功搭建起自己的在线定制平台和智能匹配系统，并建成了面向客户端、设计师、上下游企业及员工的牛仔服装设计共享、协同制造的数字化平台，不断向牛仔服装的全智能大规模个性定制靠近，一定程度上反哺酷特智能以个性化定制为核心的产能分享模式。

（2）服装代工企业嵌入龙头企业有无交融模式与知识吸收的"跳板"。

嵌入 C 端龙头销售企业是企业用户运营结构跳板战略的体现。其主要模式有二：一是简单将自身加工生产优势和销售企业的流量优势叠加，属于无交融嵌入；二是发挥自身优势的同时，同销售企业共创品牌或店铺，逐步吸收销售方面的知识、技术和人才，增强自身的销售能力，属于交融嵌入。

由于海思堡 C 端较弱的流量态势，C 端的"起跳"虽然让海思堡在价值链上的位置有所提升，但少量的个体消费者订单并未让海思堡发挥出 C2M 模式的优势。因此，海思堡与多家电商平台合作，以连通大流量渠道及扩大个性化定制订单的规模，再次在价值链上朝 C 端跃升。结合数字化跳板战略的内涵，海思堡的结构跳板主要搭建在了平台嵌入环节。在面向 C 端个体用户的产业集群中，像京东、苏宁等 B2C、C2C 的电商平台拥有极大的流量池，其有力的品牌效应、较好的信用保证、入驻的便利性和完善的物流与售后服务对于海思堡来说具有很大的吸引力。于是，海思堡为了搭建结构与跳板实现二次跃升，与各个电商平台展开了合作。海思堡结构跳板的跃升模式主要分为两种：一种是无交融嵌入，即简单的供应商模式，权责分明，充分发挥已有优势，直接给电商平台的自建或他建店铺供货，间接实现"互联网+直销"的模式；第二种是交融嵌入，即合作共建模式，联合电商平台，习得一定能力弥补弱势，并依托自身牛仔服装供应的优势共建店铺，平台负责店铺的营销，海思堡则掌管上游一系列的供应事务和运营事务。直接供应模式为结构跳板的搭建提供了最基础的"力"，其本质是仅通过嵌入大平台的某个经营环节，借力大平台优势，弥补自身缺点，从中获取共赢的利润分配结果。而共建模式则为海思堡的结构跳板提供了"持久力"，其本质不是嵌入大平台并只负责自己擅长的环节，而是在嵌入并发挥自身优势的基础上，承担部分自身相对弱势的任务，通过嵌入后的合作，不断吸收价值链头部的专业能力，进而反哺自身，实现跳跃。二者的结合，不仅使结构跳板拥有相对稳固的基础，保证一定量的订单需求，还能让海思堡不断吸收相关技术与知识，进一步弥补和缩小知识差距，为结构跳板提供更加可靠的力量。

（3）服装代工企业嵌入以解决平台阶段性困境与知识运用的"跳板"。

进入结构嵌入阶段的最主要原因是自建的平台发展遇到瓶颈，自身无法解决该困境，由此寻求援助。结构嵌入具体表现为：为解决企业平台困境而嵌入完善的头部平台的生态系统，大平台以自身稳固的用户基础、技术基础以及完备的数据基础、人才基础帮助平台跨越困境，实现企业由智能制造向智能定制跨越的目标。海思堡 ASPOP 工业互联网平台在这个阶段遇到了平台固有的阶段性难题，而为了让前期企业吸收的知识在这个阶段发挥作用，使其在企业内部有效扩散，并加以创造性运用，在寻求海尔帮助的同时，海思堡也将前期企业制造数字化、自身搭建平台所学到的知识与技术利用起来，与海尔赋能有机结合，跨越海思堡平台的阶段性困境。

（4）服装代工企业与大平台的深度合作与知识反哺的"跳板"。

制造企业嵌入完善的平台生态系统后，与平台进行深度合作，从平台中吸纳的新知识会推动企业自身进行知识创新，形成"知识回流"效应，而企业在进行知识扩散与知识创新后，可以对大平台进行知识反哺，从而增加大平台自身的技术水平、社会声誉、资源能力等。海思堡嵌入海尔 COSMOPlat 平台，并与其进行深度合作，海尔对海思堡的资源、技术等进行赋能，海思堡在这个过程中实现了诸多愿景，旗下的 ASPOP 工业互联网平台也成为海尔 COSMOPlat 平台一个优秀的牛仔服装制造子平台。另外，海思堡的目标之一就是以技术赋能来共建产业生态。通过嵌入海尔 COSMOPlat 平台，海思堡获得了极大发展。与此同时，海思堡通过个性化定制平台实现与中小制造企业的互联互通，接入中小企业产能，并为中小企业以及设计师与大型电商平台对接提供桥梁，实现与周边中小企业的业务、资源协同，实现了生态化发展。

2.3.5　行为数字化跳板与结构数字化跳板的关系

1. 海思堡案例总结

海思堡早在 2013 年便与中科院合作，2015 年向同行业先进企业学习转型升级经验，2016 年前往欧洲学习德国工业 4.0 技术，这为成立尚牛智造子公司奠定了数字技术基础。2015 年成立了尚牛智能制造子公司，此时的海思堡已经初步具备服装代工企业进行数字化转型的基础、管理人员与基层工作人员的数字化转型思维和数字化转型初步所需的数字化技术与人才。在此基础上，海思堡为提升数字化能力，寻求酷特，酷特也正是看中了海思堡具备的数字化思维与能力，才决定与海思堡共同搭建基于互联网的全球牛仔定制供应链平台和基于零库存管理的牛仔柔性供应链平台。

与酷特合作后，极大提升了海思堡的数字化能力，海思堡的服装生产和销售得到了很大程度的改善，逐步形成了自身的核心竞争力。而其子公司尚牛智造也正从消费侧与供给侧两端展开进一步的数字化探索。在消费侧，尚牛智造构建了"尚牛网"网站以及"尚牛定制"小程序，搭建了 C2M 消费定制平台。此时尚牛智造凭借自己在用户消费端的优势，成功搭上了与国内外各大电商平台合作发展的快车。在供给侧，尚牛智造自主研发了 14 个子系统，实现了智能子系统的连通，成功搭建了 ASPOP 服装工业平台，尚牛智造也凭借在工业互联网的成就成功嵌入海尔 COSMOPlat 平台的海织云子平台。在消费侧与供给侧，海思堡凭借自身搭建的平台优势，成功与电商平台和龙头企业达成合作。同时，海思堡也在消费侧与供给侧得到了更进一步的发展，实现了生产线信息化的改造，极大降低了生产运营成本，大幅提升了产品毛利率，最终打造出牛仔服装个性化定制智能标杆流水生产的"梦幻工厂"。

2. 理论提炼

我们将海思堡案例中行为与结构数字化跳板战略二者的关系提炼总结为两点，即行为数字化跳板的搭建为结构数字化跳板的搭建提供了适合的行为主体，而结构数字化跳板的搭建又充分反哺行为数字化跳板，如图 2-3-4 所示。

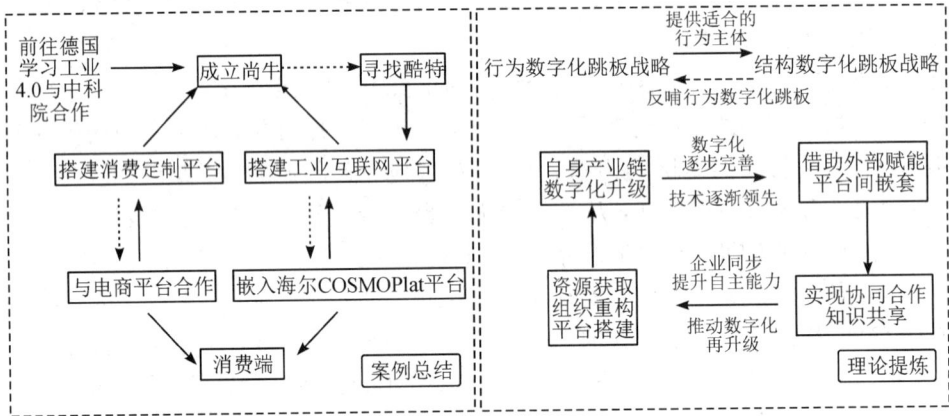

图 2-3-4 行为数字化跳板与结构数字化跳板的关系

海思堡通过学习先进企业和国外先进工业技术，获取技术资源，建立尚牛子公司进行组织重构以及搭建消费侧与供给侧平台，实现自身产业链的数字化升级，使得自身的数字化逐步完善、技术逐渐在服装代工企业中领先。此时海思堡凭借自身在服装代工领域更加突出的数字化优势，借助外部龙头企业酷特赋能，同时嵌入外部头部平台企业（如海尔），进行平台之间的合作，与头部企业实现协同合作、知识共享与价值共创。在这个过程中，海思堡同步提升了数字化自主能力，推动了海思堡的数字化再升级，使得海思堡积累了充足的数字化经验与能力，以对外输出，赋能其他中小服装代工企业。

2.4 总结与启示

数字化跳板战略是指企业依靠跳板，巧妙地从服装代工制造的价值链低端环节迈入高价值领域的企业升级战略。本案例围绕运用数字化跳板战略进行转型升级的选择实施问题进行提炼，开展纵向案例分析，提炼出企业数字化转型"双环动力模型"（见图2-4-1），从而得到行为、结构跳板的总体结论和战略启示，并进行了数字化跳板战略的适用边界探讨。

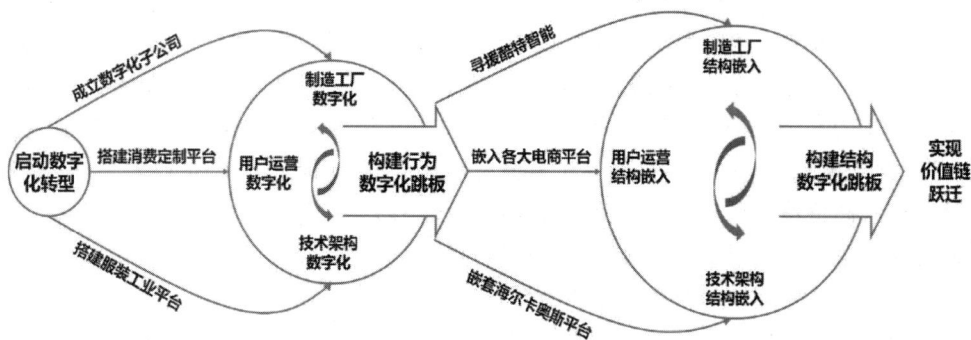

图2-4-1 双环动力模型

"双环动力模型"的要点如下：

（1）数字化跳板战略分为行为与结构两个维度。

海思堡的数字化跳板搭建主要从两个维度展开。一是行为维度：聚焦企业内部发展。依托自身服装生产经验，积极开发数字化相关技术，建立数字化、网络化、智能化的转型跳板，从而通过自建的方式实现自有产线、用户运营和集群制造生态的数字化，推动企业自身数字化技术能力的提升。二是结构维度：立足于行业间的有机连接。在集群结构中，积极与数字化技术能力拔尖的龙头企业达成合作，搭建代工企业嵌入行业龙头企业的生态模式，建立数字化技术获取和吸收的跳板，在加快自身数字化能力提升的同时，不断优化相应的行业结构。

（2）自身全产业链数字化是行为数字化跳板战略的核心。

实现、运用行为数字化跳板战略的前提与核心是企业自身的数字化转型升级。在全球数字化浪潮的大趋势下，对于服装代工企业而言，数字化转型是必不可少的，其核心内容就是全产业链数字化，这也是传统服装代工企业借助跳板转型的前提。在数字化环境多因素（如成本、消费者需求等）影响下，海思堡的传统运营模式已无法适应当前环境，因此，海思堡在行为数字化上选定"个性化定制"作为未来重点攻关方向，开启了企业数字化转型之路。按照小批量、个性化、大规模生产的差异化战略，从传统的产品经济向体验经济转型，对服装生产线开始"互联网＋"个性化定制改造。最重要的是，海思堡面向C端、B端用户分别建立了"尚牛网"与ASPOP服装工业互联网平台等个性化、定制化平台，力求实现智能供应链平台整合等。在行为数字化转型下，海思堡借助自身的行为数字化转型跳板，使得服装生产个性化、定制化成为可能，迈入了服装代工生产的高价值领域，也成功对接京东、网易、必要等国内外知名电商平台，开启了生产销售新模式。因此，要想运用行为数字化跳板战略，自身全产业链数字化是核心。

（3）平台间嵌套合作是结构数字化跳板战略的核心。

结构数字化跳板战略指在行业生态领域里与同领域企业合作，其实现方式有平台赋能、平台镶嵌等。平台镶嵌是结构数字化转型最常见的形式之一，也是结构数字化跳板战略的核心。在陷入个性化定制转型困境时，海思堡寻求酷特赋能，借鉴酷特 C2M 商业生态模式，与酷特展开合作，开启数字化、个性化定制转型之路。在海思堡结构数字化转型中，最重要的一点就是将自身建立的 ASPOP 平台与海尔 COSMOPlat 平台展开合作，并嵌套于海尔的 COSMOPlat 平台，实现优势互补，突破 ASPOP 平台的局限，这对海思堡发展具有战略性意义。借助于结构数字化跳板战略，使得海思堡在升级自身智能工厂、提高工厂智能化水平、不断增强自身赋能优势的同时，还不断拓展下游渠道，尝试直触 C 端、扩大客户流量。同时，由于嵌套于海尔，海思堡不仅适应了市场的个性化需求，还摆脱了过去"做了再卖"的被动模式，实现了零库存，利润也大幅度提高。因此，一个企业要想通过结构数字化跳板迈入高价值领域，平台嵌套是其发展的核心内容。

通过对该案例的分析，可获得以下三点启示：

（1）数字化转型要利用外部赋能和培育自主能力并举。

制造企业在进行数字化转型的初期阶段，由于自身数字化能力不足、数字化经验欠缺，企业可以寻求外界援助，依托头部企业或行业内领先企业进行数字化转型，能够帮助制造企业更明朗地进行数字化转型。与此同时，制造企业应该提升自身的数字化、信息化、智能化能力，培育自主能力，做到自主学习、自主创新。具体来说有以下两方面：

一方面，要培育自身市场竞争优势并为用户提供多样化体验。头部企业进行数字化赋能，必将为企业带来数字化生机，有助于服装代工企业实现大规模定制，但头部企业或行业内领先企业为实现互利共赢与效益最大化，同时会赋能同行业内多家相似企业，如果不培育自主能力，进行价值创新创造，那么企业之间的数字化技术与能力就会过于接近，甚至重合，这不仅导致企业在与同类企业的竞争中缺乏优势，同时也由于缺乏自主创新而难以形成较高的用户体验。因此，需要企业培育自主能力，在接受外部赋能的基础上提高创新与研发的自主能力，培育自身的竞争优势，从而避免企业之间的同质化。

另一方面，要适应外部赋能所带来的生产制造技术的提升与思维方式的转变。由于知识创新不仅取决于是否有新的信息和知识，还取决于企业既有的知识基础。如果这二者之间存在过大的"技术落差"，即便有获取前沿性知识的机会，集群企业也无法有效吸收，更谈不上在此基础上进行创新，以至于集群升级仍然无法实现。数字化跳板战略本身就要求企业围绕数字化展开一系列后续动作，如果企业有着良好的数字化基础（数字化能力与数字化思维），其行为跳板的搭建便相对容易，也有更大概率能够进一步提升数字化相关能力，提高自身的核心竞争力，为结构跳板的搭建减轻一定压力。对于数字化基础相对较差的企业来说，如果只是数字化能力相对较弱，可以积极联合相关工业互联网平台或方案输出企业进行行为跳板的搭建，逐渐弥补数字化能力。

（2）数字化转型可以采取组织结构分离的方式加快进程。

数字化时代进程加速，组织管理的逻辑也已发生许多改变，不能再简单复用工业时代的逻辑。对于工业经济中的服装纺织行业来说，组织结构的调整分离也是数字化转型进程的灵活手段之一。其中，设立专门转型项目组、事业部或子公司等措施不仅可以缩减生产转型的过渡周期，也能提供更加灵活自由的数字化转型工作环境，提高转型效率。其具体启示主要有以下几点：一是调整内部组织架构，设立专门项目组或事业部。服装纺织企业的组织架构多维持在传统工业时代的水平，简单的职能制或事业部制组织结构只能维持日常的传统业务，保证传统服装生产的正常运作，其能耗、业务量和人工占用等问题使服装企业无法兼顾大跨度的工厂数字化。而成立专业项目组或分离专门数字化转型职能部门以构成矩阵式组织结构，不仅能够使服装企业具有更强的环境适应能力，快速应对服装市场外部的波动，还能搭建出一个更加专业的现代数字化服装企业，加快企业数字化转型进程。二是分离数字化转型组织，成立附属子公司。针对日益动荡的市场环境，企业的抗风险意识和能力也不断受到挑战。对于服装企业的数字化转型历程，成立专门的转型子公司负责改造项目，既能具备柔性化的抗风险能力、更加宽松的转型环境，还能借助子公司的契机引入专业合作伙伴，增强数字化转型的专业性和快速性，更易采用滚动式数字化转型方式升级。

(3) 行为跳板与结构跳板的有机结合是战略实施成功的重要保障。

对于正处于数字化转型的企业来说，行为跳板与结构跳板的有机结合是其成功实施跳板战略的基础保障，为企业实现全产业链数字化升级并迈入高价值领域维度奠定了坚实基础。具体来说有以下两方面：

一方面，行为数字化跳板战略为结构数字化跳板战略提供了适合的行为主体。通过组织重构、平台合作以及资源拓展等方式，行为数字化跳板战略帮助转型企业突破原有的制度资源限制，形成基于数字化技术的新型管理运作模式，最终实现自身产业链的全面技术升级。而在当下企业激烈的竞争格局下，越是技术上处于领先地位的企业就越适合充当搭建结构跳板的行为主体。因此，技术层面的转型升级成功使得企业有能力，也有基础实施结构跳板战略，激励并促使企业嵌入更加高端的数字化结构网络。

另一方面，结构数字化跳板战略为行为数字化跳板战略提供持续创新的可能性。通过多样化的平台嵌套，结构数字化跳板战略帮助转型企业嵌入大平台或龙头企业的数字化结构网络，从而在完善的平台生态内相互协同合作，共享知识资源。而在该数字结构网络的知识扩散、吸收过程中，企业自身的知识创新能力和资源利用能力也得到极大的提升，进而反哺行为数字化跳板，推动企业数字化技术进一步升级与变革，并最终形成知识吸收、技术创新的良性循环过程。因此，结构数字化跳板战略为企业搭建起数字化技术的持续创新机制，使其真正立足于高端价值领域。

综上所述，结构数字化跳板战略与行为数字化跳板战略是相辅相成、密不可分的，在实施过程中不能割裂二者之间平衡、互补的关系。

【案例点评】

我与海思堡创始人马学强先生相识于一场服装行业的闭门研讨会。会上马总介绍了他们在牛仔定制领域的数字化转型探索及成效，给我留下了深刻印象。2020 年浙江省经济管理案例分析大赛如期举行，刘盈伶同学带领团队找到我，我脑子里就马上蹦出海思堡，建议他们联系这家企业，剖析他们的数字化转型历程，应该会有所启发。刘盈伶同学带领团队自行与海思堡总裁王丹琦建立了联系，王总十分支持这项研究，对本科生的学习精神表示赞赏。受疫情影响，研究团队采取线上访谈的形式，获取到比较丰富的一手资料。

我感觉这个案例的重要意义在于，它是一个行业中大家都在探索的问题，海思堡的做法又有一定的独特性，能够对其他企业有所启发。

首先，中国服装代工企业随着"人口红利"的消失，面临成本高企、海外订单流失的压力。部分代工企业转向国内市场，但由于缺乏品牌和用户运营能力，因此面临着库存积压的极大挑战。大数据、云计算和人工智能等技术的广泛应用，标志着制造领域的数字化浪潮来袭。尽管实践界和理论界均已关注到数字化的重要性，数字化转型被认为是服装代工企业降本增效、减少库存的重要方向，但是企业如何推进数字化转型仍有许多待解决的问题，值得深入探讨。

其次，海思堡在行业内率先行动，开展数字化转型，成为智能定制的牛仔生产企业，在全行业普遍经营维艰的背景下，海思堡实现了自救。通过采取初步的编码分析，研究团队将海思堡的数字化转型过程提炼为数字化跳板战略。数字化跳板战略包括行为数字化跳板战略和结构数字化跳板战略，前者强调企业自身做出变革行为，后者则强调企业要在生态结构中开展合作和借力，构成企业数字化的"双环动力模型"。

最后，数字化跳板战略对其他企业具有一定的启示意义。第一，数字化转型要使利用外部赋能和培育自主能力并举，即行为跳板与结构跳板的有机结合是战略实施成功的重要保障。制造企业在进行数字化转型的初期阶段，由于自身数字化能力不足、数字化经验欠缺，企业可以寻求外界援助服务转型需要。与此同时，制造企业应提升自身的数字化能力，培育自主能力才能可持续发展。第二，数字化转型可采取组织结构分离的方式加快进程。海思堡成立了尚牛智能，尚牛智能一方面服务海思堡的数字化转型，另一方面可对淄博当地的卫星工厂进行赋能，帮助构建产业集群的协作体系。这一做法与红岭服装-酷特智能、三一重工-树根互联等做法具有异曲同工之妙，体现了海思堡高管团队的探索勇气。

此外，研究团队的同学通过案例分析得到了很好的锻炼，项目负责人刘盈伶同学跟我一起又将这篇案例开发为教学案例，并且获得了2021年度全国百篇优秀管理案例奖，这也助力她成功保研到西南财经大学，继续攻读企业管理专业研究生，很好地实现了赛教融合、以赛促教。

点评人：王节祥(浙江工商大学副教授)

案例三　镇海石化物流与产业融合的智慧供应链服务体系①

化工品运输要求高、风险大、利润也高，所需的物流设备的专业化、标准化程度都远远高于普通货物，因此，石化产业的发展依赖于合理高效的物流，推进物流业与石化产业融合发展是完善石化产业链和产业供应链以及推进结构调整的重要战略。物流业与石化产业相互融合需要双方信息共享、技术互通，物流业可以通过技术升级为石化产业提供针对性的、个性化的物流服务，将运输过程中的货物状况与石化企业共享，增加双方对在途货物的可控性；石化产业需要为物流业提供技术指导，使物流业更具专业性，更加高效化。

镇海石化物流有限公司作为现代物流企业，在产业融合视角下围绕供应链体系中的运输智能化、仓储自动化、信息共享化和供应链金融的运作流程，着力推进产业融合，打造智慧供应链服务体系。公司以物资配送为核心，整合优化工作流程，通过对业务层实施自动化、管理层实施数字化、决策层实施智能化等手段，实现整个供应链环节的智慧化。

3.1　镇海石化物流公司简介

镇海石化物流公司是宁波地区领先的综合型物流企业，成立于2005年1月，是中国石化镇海炼化分公司的改制企业，国家综合型5A级物流企业，中国物流与采购联合会危化品分会副会长单位，浙江省和宁波市重点物流联系企业，浙江省和宁波市危化品运输龙头企业。经过十多年的发展，公司现以"为能源化工企业提供公路、仓储、水路综合性服务，助力能源化工企业物畅其流"为使命，采用集团化运作，公司及旗下了公司是集危险化学品道路运输、普货道路运输、货物专用运输、大件运输及吊装、海运、大型仓储、客运、汽车维修、商品混凝土产销配送、大宗商品贸易等业务于一体的综合型现代物流企业。经过十余年时间的发展，镇海石化物流公司已成为我国石化物流龙头企业、国家5A级企业、全国供应链服务的试点企业。

---

① 该案例获得2019年浙江省大学生经济管理案例竞赛一等奖。作者：陆赟、金露、凌徽军。指导教师：王任祥。

3.1.1 公司经营业务体系

镇海石化物流公司作为综合性化工物流企业，突破了单一的公路汽车货运模式，集危化品道路运输、普货道路运输、海运、客运、仓储、商品混凝土产销配送、大宗商品贸易等业务于一体，近年来实现了铁路、内河航运等多式联运。图3-1-1所示为镇海石化物流公司业务体系图。

图3-1-1 镇海石化物流公司业务体系图

镇海石化物流公司的道路运输业务范围主要以江浙沪地区为主，辐射中国华东、华南和华北地区，公司在化工企业间享有较好的服务口碑，是大型化工企业专业的第三方物流承运商。公司主要为供应链上下游承运环氧乙烷、环氧丙烷、丙烯、液化气、C4、工业己烷、苯酚、苯乙烯、重芳烃、纯苯、甲醇等50余种化工品。

3.1.2 公司经营业务流程

镇海石化物流公司从2008年开始实施信息化建设，经过十年的研发、搭建、试运营及改进，2018年其信息化平台已达到了一个相对完善、稳定的框架状态。镇海石化物流公司的经营业务流程如图3-1-2所示。

办理业务时，客户根据自己的需求，选择是否需要供应链金融服务。若需要，则综管部将客户需求输入物流信息管理系统，形成新的供应链金融条款，客户通过管理系统进行下单；若不需要，则客户直接通过管理系统下单。管理系统将订单整理后发送给综管部，同时制订装载计划和运输计划，发送给物流部。物流部将根据计划表进行相关工作。在运输期间，客户可在管理系统上实时查看运输进度。货物抵达目的地后，将反馈信息发送给综管部。综管部核对订单信息和反馈表确认无误后，发送至财务部，财务部再同客户进行财务结算。

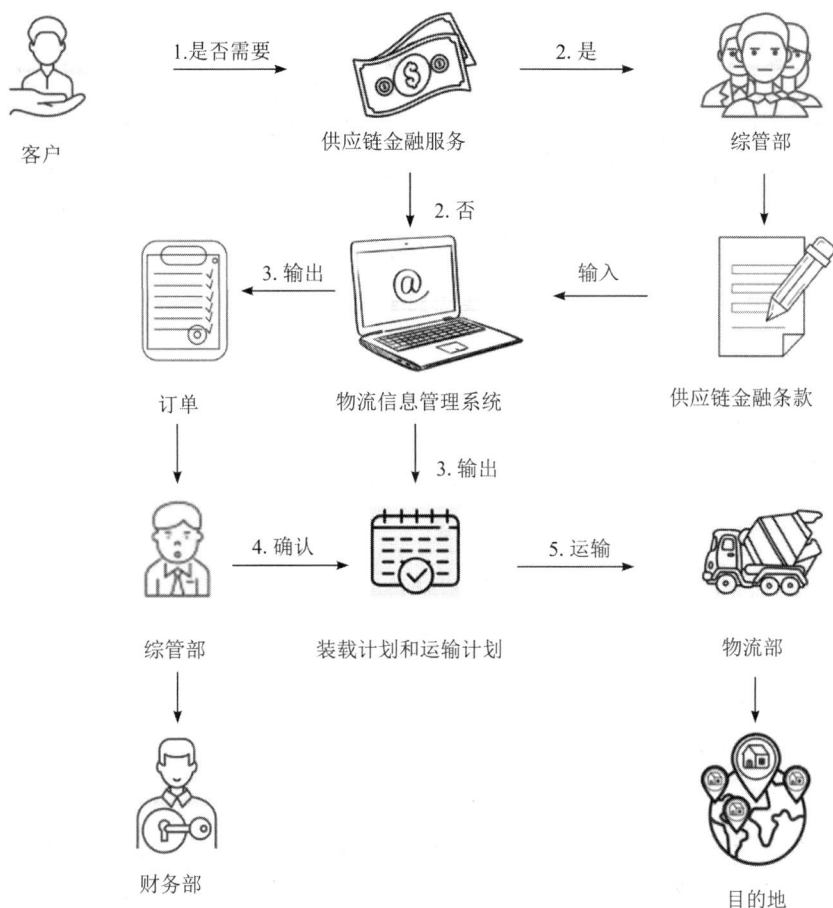

图 3 - 1 - 2 镇海石化物流公司经营业务流程图

3.2 镇海石化物流的智慧供应链服务体系

3.2.1 转型背景

镇海石化物流公司经过十余年的发展，大力促进其服务范围内的产业融合，构建了一条完整的智慧供应链，登上了宁波乃至江浙沪地区的行业龙头地位，拥有不可撼动的竞争优势。如今，多数石化物流企业依然是传统型的，对于这些物流公司来说，经营的困难性和转型的必要性与五六年前镇海石化物流公司面对的困境几乎是一样的，但近年来新出台的扶持政策和新兴技术的研发，使这些公司比五六年前的镇海石化物流公司更易转型。分析企业当前面临的经营环境可知，其所面临的经营困难大致有以下几点：

（1）政府的支持力度有待进一步加强。政府的支持是传统石化物流公司运营发展的重要支撑，尽管近年来关于石化物流行业的支持政策陆续出台，但支持力度有待加强。在加大财政支持力度方面，传统石化物流企业的发展有赖于增力减负政策；在转变政府职能方面，石化产业是我国基础性产业，政府有责任在政策上予以倾斜，促进石化物流产业发展。

（2）高昂的成本给石化物流行业带来了运营困难。社会物流总费用与 GDP 的比率一直是衡量物流成本的重要指标。如图 3-2-1 所示，我国社会物流总费用与 GDP 的比率为 14.5%，虽然这一比率近年来呈现连续回落态势，但仍高于全球平均 13% 的水平。如果我国物流成本占 GDP 比例从 14.9% 降至 8%，那么一年就可节约几万亿元的物流成本，但是目前单个企业如果不进行自动化普及，则很难把物流成本降下来。

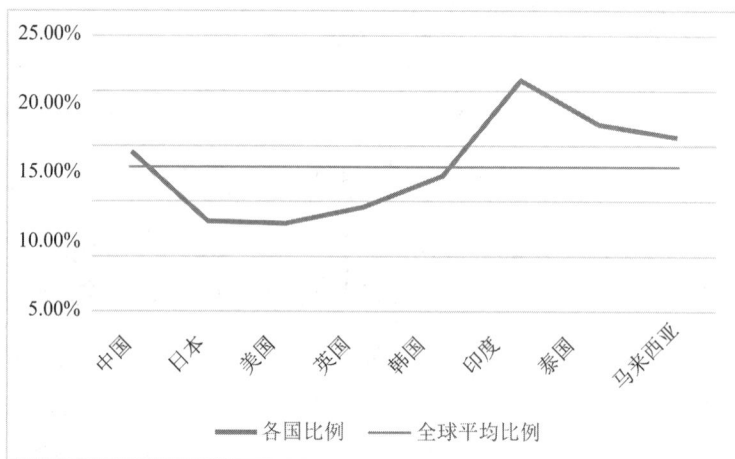

图 3-2-1　2019 年前两季度部分国家物流成本占 GDP 的比例示意图

（3）智慧供应链主导公司瓜分了大部分市场份额。随着科学技术的迅速发展，各行各业的智慧化革命开始出现，突出表现在先于其他公司进行供应链智慧化升级的石化物流公司瓜分了近六成市场份额。以宁波市为例，宁波镇海石化物流公司的市场份额占比最高，达到了 63%，其中在托盘共享领域建设、安全监管系统建设、智慧供应链体系建设等方面领先于其他竞争企业。

传统石化物流公司在当前的经济发展中所处的尴尬地位是现实存在的。比上不足比下有余，高昂的成本和薄弱的竞争力使这些公司常常处于收支勉强平衡甚至入不敷出的境地，转型则在于从整体上改变不利因素，走出发展的困局，使中小型企业有可观的利润可得，促进国民经济发展，提升整个行业的智慧化程度，总体进入供应链智能化新时代。

3.2.2　镇海石化物流公司的物流与石化产业融合之路

镇海石化物流公司深刻认识到物流产业缺乏与制造业、金融业等产业链环节的充分融合已经成为我国物流业普遍产能过剩、竞争力不强的重要原因之一，这也是制约物流产业供给侧改革深入推进的重要瓶颈。现代物流业的发展已经不是单纯的扩大规模，而是需要转变经济增长方式，增加其附加值。在这种发展势态下，物流企业纵向产业链融合发展，对于转变物流发展方式、调整物流产业结构、促进降本增效和产业转型升级具有重要意义。物流与石化产业融合示意图如图 3-2-2 所示。

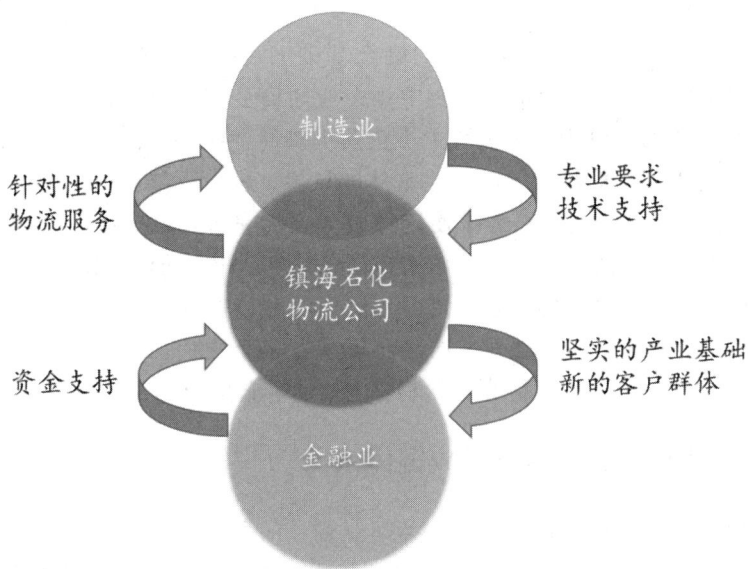

图 3-2-2　物流与石化产业融合示意图

1. 物流与制造业融合

制造业为第二产业，物流业则属于第三产业，两者之间具有相互服务、共同发展的关系。制造业是物流业实现高速发展的业务前提，而物流业则为制造业发展奠定基础。倘若物流业服务水平较低，那么制造业也会受到一定限制，不利于制造业实现产业机构优化升级，而制造业发展受限又会进一步对物流业造成不利影响。由此可见，两种产业之间具有互动发展关系，实现两者之间产业融合、互动发展，是推动制造业与物流业共同发展的有效途径。

镇海石化物流公司为石化制造业提供专业的物流服务，这种物流服务是区别于一般货物的物流服务，它需要专门的罐体、量身定制的车辆来保驾护航。石化制造业为了得到镇海石化物流公司提供的更具针对性及安全性的物流服务，就会对物流的规模、技术和服务能力提出新的更高要求，并为其提供先进技术和现代化的设施装备。镇海石化物流公司针对其特殊需求，结合石化制造业提供的技术帮助，升级车辆和人员，促进物流业的进一步发展。与此同时，物流业服务能力和发展规模也对制造业的成本、效率和投资具有反馈作用，制造业能用较低的物流成本来取得良好的物流服务，实现制造业产量的提升。

镇海石化物流公司利用制造业提供的先进技术和现代化设施装备，对接制造业专业化需求，扩大物流市场和创新物流服务模式；制造业通过与物流业融合，优化自身内部结构，促使制造业向高端化、数字化和服务化发展；二者融合后将提高整个产业链的效率。

2. 物流与金融业融合

时代飞速发展逐步打破了金融业和物流业的界限，金融业和物流业融合发展模式日趋成熟，金融物流产品及服务方式呈现持续多元化发展的趋势。金融机构与物流企业间的合作越来越普遍，除了传统的存贷款、担保、租赁等金融产品基础服务，保险保理、参股融资等方式也进入物流行业，推动了货币资金在物流产业中的流动，保证了物流业务顺利开展。

镇海石化物流公司在上述与金融业的融合基础上，打造了属于自己的供应链金融服务。这种服务的出现就是为了解决上下游中小企业向商业银行借款困难的情况。镇海石化物流公司以核心企业的身份为其上下游中小企业提供商业担保，将商业银行借款给单个中小企业的风险转化为了借款给供应链企业整体的风险；风险下降，有利于商业银行借款给中小企业，促使供应链正常运行。为了使这种服务更加完善，镇海石化物流公司建立了自身的信息化平台，使链上的各个企业基本实现信息共享，产业的信息化、自动化、网络化程度大大提高。供应链金融服务的实现，使得物流企业和商业银行双方获利，推动了二者进一步发展。镇海石化物流公司与金融业的融合体现在多个方面，二者的融合既推动了镇海石化物流公司的物流服务向价值链高端移动，也推动了金融业的市场发展。

3.2.3 镇海石化物流公司智慧供应链体系

镇海石化物流公司基于上述两种物流与产业融合的手段，构建了适合自身发展的智慧供应链体系。镇海石化的智慧供应链以安全、专注、高效为目标，通过对物流、信息流和资金流（简称"三流"）的控制来实现最终目标，如图3-2-3所示。

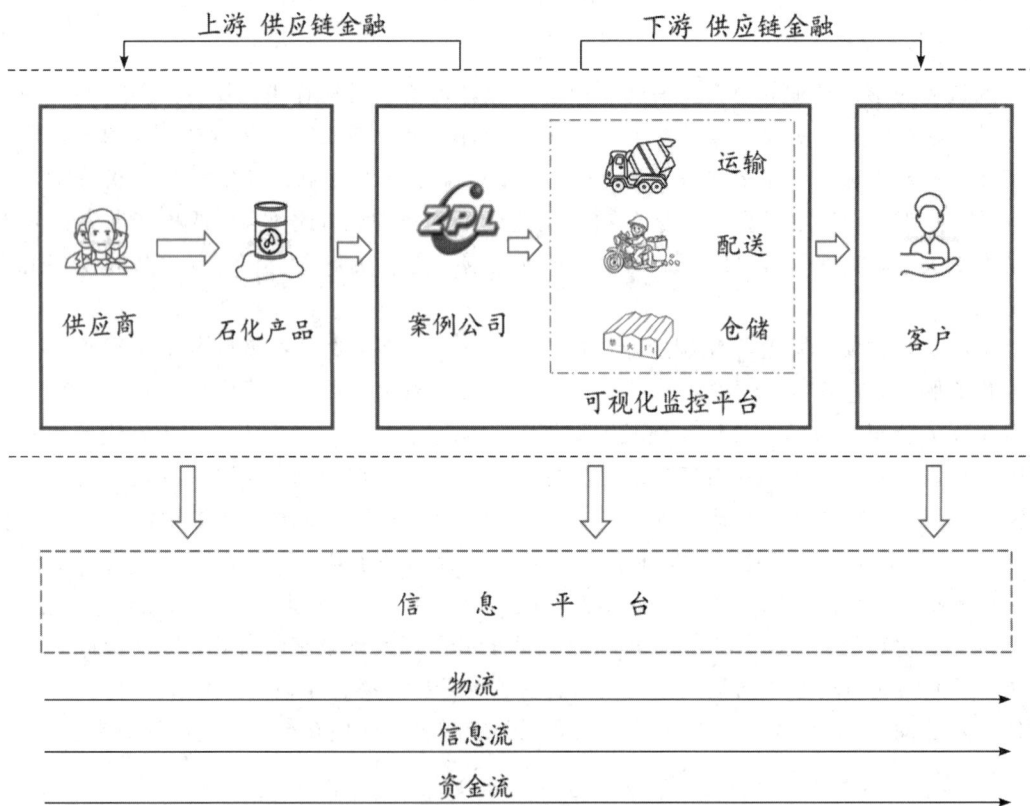

图3-2-3 "三流"示意图

1. 智能物流——安全高效的本质保证

伴随国民经济由高速增长阶段转向高质量发展阶段，发展智慧物流在物流业内已经形成共识。发展智慧物流不仅是国民经济转型发展对物流产业提出的要求，也是我国物流业从速度规模型向质量效益型转型的必然要求。智慧物流目前依然是 B2B 的主战场，B2B 模式相较于 B2C 模式而言，具有降低物流业务风险和信用风险，降低企业运营成本，提高企业运作效率，促进企业间形成长期、友好的合作关系等优势。

镇海石化物流公司作为宁波地区领先的综合服务型物流企业，秉持为石化产业提供安全、可靠、高效、优质的物流服务的经营方针，努力开发并使用智能化设备，以使物流过程透明化、可视化，保证运输过程的安全并实现仓储方面的实时调度，从而减少库存。智能物流示意图如图 3 - 2 - 4 所示。

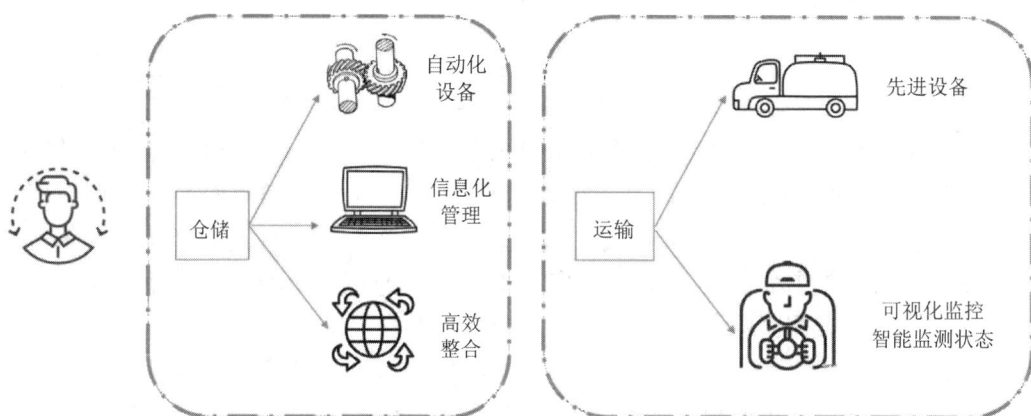

图 3 - 2 - 4　智能物流示意图

1）运输环节

在货物运输途中存在很多不可控因素，特别是危化品货物运输，所以运输过程的透明化、可视化、智能化就显得尤为重要。镇海石化物流公司从提升车辆本质安全和监测管理驾驶员行为两个方面来提升运输过程的安全性。

（1）提升车辆本质安全。传统车辆一般就是基于车辆的运输功能，没有车辆主动管理的智能化技术，所有运输途中的信息都处在一种不对称的状态。为了获知车辆运行信息，对车辆进行实时控制，镇海石化物流公司在每辆车上都装载了智能化设备，以监测路况及车辆运行状态。这种智能化设备连接着镇海石化监控中心的系统，设备首先采集道路、罐体和车辆状况数据，然后将这些数据通过网络传输到监控中心的系统，系统再通过大数据分析进而判断运行过程是否安全，如果存在安全隐患，如罐体泄漏、行驶路线偏差等，系统会同时给驾驶员和监控中心的管理人员发送警告信号，从而避免安全事故的发生。

（2）监测驾驶员行为。目前危化品运输安全事故中，由于驾驶员疲劳驾驶、酒后驾驶等不正确的驾驶行为而造成的安全事故，是最主要的类型之一。因此，在运输车辆上安装一种实时的、准确的、有效的驾驶行为监测系统成为保障运输安全的重要举措。镇海石化物流公司已经率先使用这种智能化设备来管理驾驶员出车途中的行为。镇海石化检测中心管理人员可以通过这种智能化设备实时观察驾驶员行为，对驾驶员的不正确行为及时予以提醒警告。

因为检测中心的实时监控只能观察到驾驶员外部的不正确驾驶行为，无法监测到驾驶员内在的不易被发现的错误行为（如疲劳驾驶），所以智能化系统还会对驾驶员内在状态进行监测。其主要方式有三种。第一种是在驾驶员出车前监测其生理信号，包括脑电信号EEG、心电信号EGG等，来判断驾驶员的生理状况是否适合出车。第二种是通过监测驾驶员的个体特征来评价驾驶员的疲劳状态。数据表明，当人处在疲劳、瞌睡的状态，瞳孔会缩小、眨眼时眼睛的闭眼时间会延长、点头频率会增加，因此可以通过测量以上三个特征来判断驾驶员是否疲劳驾驶。第三种是监测车辆参数来评价驾驶员的疲劳状态，主要参数就是方向盘的运动情况。当系统通过设备发送的数据分析得出驾驶员处于疲劳状态时，就会立刻向驾驶室发出警告信号。结合监测中心的实时监控和设备的智能监测，可大大降低发生安全事故的概率。

2）仓储环节

仓库是镇海石化物流公司自己内部的一个中转站，其作为供应链上的节点，起到了不可或缺的作用，优化智慧仓储可为智慧供应链的形成奠定基础。智慧仓储可以加快物资流动速度、降低成本、创造时间价值，并实现对资源智慧性控制和管理，具体通过以下四个方面来建设：

（1）强化自动化作业水平。传统仓库作业硬件设备相对落后，空间上的布局不科学，很多库存物资使用的是平面堆垛的存储方式，存储空间利用率低。其拣选与搬运都是人工操作，人力成本较高，作业效率低下，制约了物资配送响应速度。为提高仓库运营水平，镇海石化物流公司引进了先进的物流设备，使用立体货架、堆垛机、直行穿梭车（RGV）、托盘等设备来开展自动化作业，减少人力需求，提高工作效率，降低仓库运营成本。

（2）提升管理信息化水平。镇海石化物流公司对仓库进行实时全面监控，通过仓储控制系统（WCS）与物资管理系统（WMS），对某时期内库存物资出入库种类、频率、库存量等数据进行及时分析，提高资源配送效率，增强用户体验感。

（3）加强资源整合能力。镇海石化物流公司从统筹规划角度考虑，以实现物资供应链全业务管理功效最大化为出发点，规范精简典型设计方案，精简储备物资，融合仓库的物资存储功能，在原有物资仓库的基础上引入现代化物流设备，提升仓库储存资源高效整合。

（4）加强物流与产业融合。镇海石化物流公司应用信息技术采集相关企业供需、库存等信息，使用仓库控制系统与物资管理系统进行企业库存管理。将企业的库存信息、物料信息、运输信息等分散的作业模块整合成一个有机整体，实现了物流产业与信息技术产业的融合，降低了物流成本，激活了流动资金的使用效率，提升了镇海石化智慧供应链的竞争力。

2. 信息平台——无缝衔接的核心技术

信息平台的建设既是促进物流业与制造业相互融合的重要手段，又是打造智慧供应链的必要措施，打造信息平台一直是镇海石化物流公司的重点建设工作。镇海石化物流公司目前正在打造"能化链"供应链平台，建设目标是实现全面信息化。图3-2-5是镇海石化信息平台开发的总体规划图。

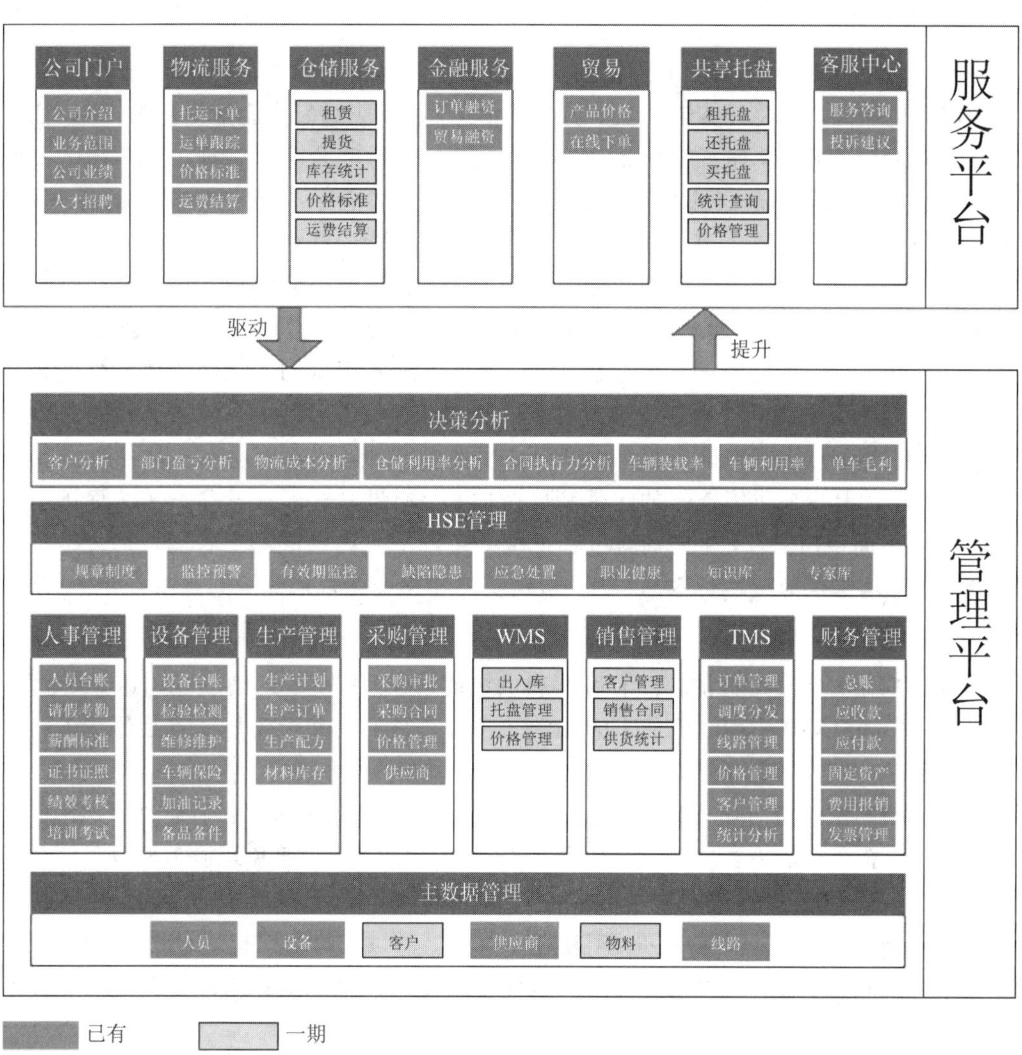

图 3-2-5　镇海石化信息平台开发的总体规划图

　　镇海石化建设的这个信息平台包括服务平台和管理平台两部分。服务平台是对外开放的，方便合作企业在线了解企业业务及自主下单；管理平台是面向企业内部人员的，主要是完成企业各部分业务的在线平台建设。目前，镇海石化物流公司已经完成了管理平台监控预警和财务管理中的总账、应收款、应付款及固定资产这些部分的建设，正在建设的包括服务平台的仓储服务、共享托盘服务和管理平台的 WMS 与销售管理。镇海石化开始把 TMS、WMS、安全管理系统、主动安全防御系统进行融合，让数据流通，把原来的信息孤岛连接起来，形成数据链，更好地利用大数据服务与物流行业，打造一个数字化的物流企业。

　　镇海石化物流公司要打造的信息平台能通过信息共享强化企业核心竞争力，压缩整个供应链的响应时间，强化企业智慧供应链竞争优势。

　　信息平台的作用主要有以下几方面：

1）联合库存管理

联合库存管理需要的信息主要包括供应商的上游信息、顾客的下游信息和现库存信息。镇海石化物流公司将逐步连通上下游企业信息，将上下游货主企业内部的 ERP 管理系统与信息平台进行连通，掌握合作企业的库存信息，进行联合库存管理。镇海石化物流公司与上下游企业制订库存信息共享、订单处理、供应链中库存物流运作相关的各种规则，保证供应链上各节点企业相互合作的良性循环和生产经营的顺利进行。

实行联合库存管理是为了解决供应链系统中由于各节点企业的相互独立库存运作模式导致的需求放大问题，提高供应链同步化程度的一种有效方法。联合库存管理强调双方同时参与，共同制订库存计划，供应链中的每个库存管理者都从相互之间的协调性考虑，使供应链相邻两个节点之间的库存管理者对需求的预期保持一致，从而消除了需求变异放大问题。任何相邻节点需求的确定都是供需双方协调的结果，库存管理不再是各自为政的独立运作过程，而是变成供需连接的纽带和协调中心。通过联合库存管理，可以使制造商和销售商的生产周期相一致，生产商就可真正做到按订单生产及零库存管理，大大提高企业的经济效益，增加供应链运行效率，为供应链上的相关企业带来经济利益。

2）运输策略制订

运输策略制订需要掌握的信息有顾客和供应商、运输线路、运输成本和运输时间信息等。供应链中的运输成本占物流成本的 40%左右，合理的运输策略能节省物流成本，进而节省供应链运行成本，提高供应链效益。

在运输策略的制订方面，TMS 发挥了主要作用。镇海石化物流公司通过 TMS 系统连接生产、衔接企业和最终客户。客户通过 TMS 在线预约装车，避免运输车辆盲目等待，节约时间资源。TMS 还可以规划运输路线和安排行程，管理人员可以根据 TMS 的计算结果来决定运输路径以及送货的先后顺序，这样不仅能缩短运输的路程和运输时间、减少运费，而且能避免送货延误。客户可定时查询配送计划的完成进度及货物的最终状态，增强客户的体验感。

3）促进物流与产业融合

制造业的发展需要物流业的推动，物流业的发展建立在制造业的基础上，物流业与制造业之间的协同发展，需要二者有效地交换与共享信息资源。完善的信息服务平台可以让物流与制造业的信息有效地衔接，实现信息共享，共同创造出更高的经济效益。信息平台的应用实现了物流系统的开放，改变了物流业及制造业处于独立、封闭的状态，推动建立区域、部门、行业间的物流信息共享机制，使产业结构优化及产业创新能在企业内部和外部同时实现，增进了物流产业与制造业的相互联系及融合。

3. 供应链金融支持——降本增效的有效手段

物流业与金融业是我国经济运行中两个重要的服务行业，两者相互促进，相互影响。物流业的发展离不开金融业的支持与保障，金融业也需要借助物流业开拓新的服务方式与服务对象。两个行业需要相互协同，才能实现共同发展。

在整个供应链中，镇海石化物流公司处于核心地位，其上下游配套企业大多是中小企业，很难通过传统的信贷方式获得银行的资金支持，造成其资金链十分紧张，直接导致后续环节的停滞，甚至出现"断链"现象。镇海石化物流公司为维护其所在供应链的生存，提高供应链资金运作的效率，降低供应链整体的管理成本，为上下游企业提供在途供应链金融。镇海石化物流公司将资金有效注入产品在供应链上的、处于相对弱势的上下游中小企业，解决中小企业融资难和供应链失衡的问题，促进双方建立长期战略协同关系，提升供应链的竞争能力。镇海石化物流公司从以下六个方面来建设供应链金融。

（1）提升信用水平和运营状况。

镇海石化物流公司要打造的供应链金融是由其自身作为核心企业，向上下游配套企业直接或间接提供资金支持的模式。镇海石化物流公司在整条链中既是核心企业，又是供应链金融服务的重要组成部分，因此，提升其信用水平和增强其运营状况至关重要。首先是提升企业信用，通过诚信经营的方式来提升企业的整体形象。基于供应链金融的要求做好企业的征信管理，同时丰富供应链金融的提供方式与服务水平。镇海石化物流公司作为核心企业，其企业信用与上下游配套企业的贸易风险、效益直接挂钩，关系到整条供应链的运行。良好的企业信用获得了上下游企业的充分信任，增强了中小企业对镇海石化物流公司的归属感和忠诚感，提升了供应链的运行效率与收益。其次，提高镇海石化物流公司的运营状况也是不容忽视的。镇海石化物流公司要为上下游中小企业提供资金支持的前提是自己本身具有良好的资金实力。只有企业本身的运营情况稳定良好，才能成为上下游企业强有力的后盾。

（2）转变经营理念及培养物流人才。

镇海石化物流公司之所以能在其他企业未弄清供应链金融是什么、有什么作用时就率先建立属于自己的供应链金融，其中转变企业经营理念和培养物流人才发挥了关键作用。先进的经营理念不仅仅决定企业的发展模式，更会对未来一段时间的发展产生很大影响。镇海石化物流公司的经营理念是围绕客户需求开展各项生产经营工作。在供应链的发展中，资金周转问题日益突出，成为阻碍上下游企业发展的关键问题。镇海石化物流公司基于客户需要，转变原先的传统供应链思想，将供应链金融融合到智慧供应链中，为上下游企业提供除物流服务外的增值服务，提升客户体验感，提高供应链的运行效率。供应链金融对于人才数量与质量都有很高的要求，镇海石化物流公司为了更好地适应供应链金融这种模式，进一步提升了公司的物流人才培养能力，在做好技术引进的同时完善培训管理环节，培养人员的物流知识，增强人员的供应链金融建设能力，满足阶段性的发展要求。通过多环节、多模式相互促进的方式来提升员工的综合素质，为企业智慧供应链的发展奠定人才基础。

（3）增强采集与探析信息的能力。

镇海石化物流公司作为核心企业与资金供给者，需要主动参与全过程，详细、深入掌握相关节点企业实际运营情况。由于供应链金融的特殊机制，相关风险可能导致蝴蝶效应，这会给整个供应链造成破坏，对在链企业造成损失。因此，镇海石化物流公司需要对相关企业的资信、经营情况有一个全面的了解，不断深入挖掘数据，明确相关企业隐蔽性问题，严格核对并审查其担保信息，有效监督和管理运营情况，为决策提供强有力的支持。

（4）加强与商业银行的合作。

镇海石化物流公司要想把供应链金融做大，单靠它自身为上下游企业提供资金是不能长久的，还需要与商业银行合作。上下游中小企业在供应链金融征信评价方面不具有优势，一般不能获得商业银行贷款；而镇海石化物流公司作为大型企业，往往很容易获得商业银行的认可。于是镇海石化物流公司就为上下游中小企业做商业信用担保，以此帮助他们获得银行的资金贷款。这个策略对于商业银行而言降低了向上下游中小企业放款的风险，获得了更大的定价溢价空间，利于小微金融业务的发展。商业银行对中小企业的融资，不再单独考虑中小企业本身，而是基于整个供应链。对镇海石化物流公司而言，对外开放供应链金融服务，既可以解决上下游供应商的融资问题，降低上下游供应商的融资成本，也可以使自身的经营按计划进行，是双赢的战略。

（5）加强企业抗风险能力。

有效的风险管控是供应链金融的核心能力。镇海石化物流公司从供应链结构管理、流程管理和要素管理等入手，运用信息技术提高风险管控能力，降低操作成本。镇海石化物流公司利用信息系统进行供应链金融业务，实现一站式综合管理，及时获得全面的企业交易数据，建立全面客观的风险预警管理机制，提高实际风险控制效果，加强企业的抗风险能力。

（6）加强物流与金融产业融合。

金融业可以为物流业提供投融资渠道和资金支持；物流业能为金融业提供坚实的产业基础和实业支撑。物流业与金融业的相互促进、协调发展是我国物流业转型升级的必然趋势。镇海石化物流公司不断加强自身的资信状况，提升公司的抗风险能力，利用相关政策推进物流与金融产业的融合。

3.2.4 转型成效

镇海石化物流公司所采取的上述措施有利于企业的转型发展及降本增效。从镇海石化物流公司2012—2018年运输成本率变化图（见图3-2-6）中能直观地看到2015年的运输成本率较上一年有了很大幅度的下降；从镇海石化物流公司2012—2018年的净利润增长图（见图3-2-7）中又可以看出，公司2012—2014年处于亏损状态，且亏损额逐年增加。但是2014—2015年的净利润额迅猛增长，此后各年的净利润一直处于增长趋势。

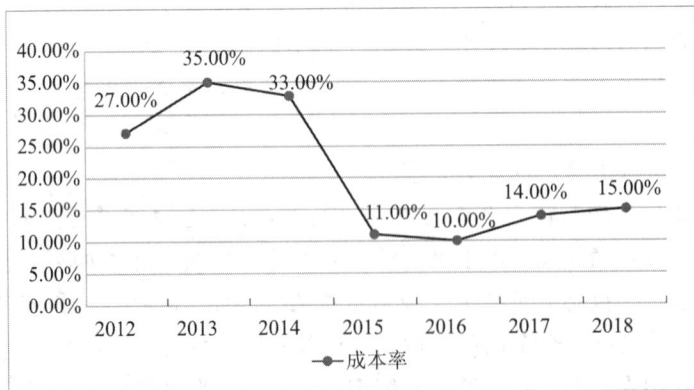

图3-2-6　镇海石化物流公司2012—2018年运输成本率变化图

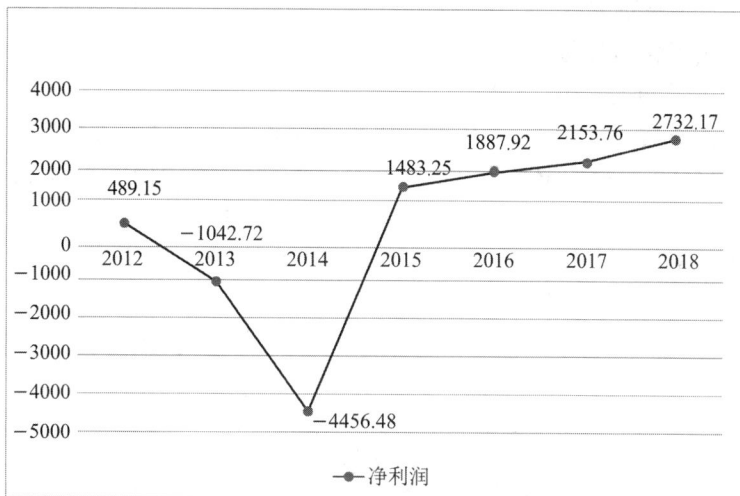

图 3 - 2 - 7 镇海石化物流公司 2012—2018 年净利润增长图

我们了解到，2012—2014 年公司不盈利反而亏损且运输成本居高不下是因为当时镇海石化物流公司与其上下游公司的信息不流通，彼此之间处于相对封闭的状态，上游制造商找不到需求，下游经销商找不到货源，供应链上的各个企业处于独立分散的状态，因此，处于运输环节的镇海石化物流公司自然没有订单可接。

在此期间，公司的决策层为改变这种信息不对称的状态，进行了很多尝试，如建设信息平台、打造智慧供应链等。2014 年，镇海石化物流公司开始投资打造信息平台，与此同时着手智慧供应链体系的构想与建设。这些举措在 2015 年就颇有成效，当年公司净利润迅猛增长，达到 1483.25 万元，此后各年的净利润都保持着 25％的增长速度。其间，宁波的其他一些物流公司，如宁波富吉物流有限公司、宁波大地物流联运有限公司等镇海石化物流公司原先的竞争对手，没有像镇海石化物流公司一样高瞻远瞩建立信息平台，更没有采取任何打造智慧供应链的举措，因此，他们的市场份额远小于镇海石化物流公司，净利润也都徘徊在 10％左右。

由镇海石化物流公司近十年的财务数据以及对比同行近几年的发展情况可以直观地看到，构建信息平台与打造智慧供应链为公司带来了巨大的经济利润，促进了企业的成功转型。

3.3 物流与产业融合的智慧供应链

3.3.1 石化全产业链与供应链

1. 石化全产业链图谱

石化全产业链是指石化产品从原材料到最终产成品，再销售到消费者手中的产业链全过程。从最初的原料开采，到各种化工原料的基础加工，再到化工产成品，经历了无数的生产和加工过程。从整体来看，整个化工产业链大致由上游原料行业、中游加工行业和下游终端消费品行业这三大环节贯穿而成。

上游是整条产业链的基础，其中主要包括烯烃、芳香族（三苯）、甲醇和乙醇等；中游包括大宗可直接应用于各领域的化工产品（如大宗化肥）以及可用于再加工的初级化工产品（如初级塑料、医药中间体等）；下游可以理解为产业链的终端，即中游初级化工品深加工形成的附加值最高产品，以及之后到消费者手中的销售运输等环节都属于下游。上游一般是石油的勘探开采企业，由上游企业将石油原料运输给中游的炼化企业，由炼化企业进行一系列的蒸馏、分馏操作，变成化工原材料，然后到下游的精加工企业，对中间化学品进行进一步加工，制作成橡胶、纺织品等最终到消费者手中，形成一个回路，使石化全产业链趋于完整。石化全产业链图谱如图 3-3-1 所示。

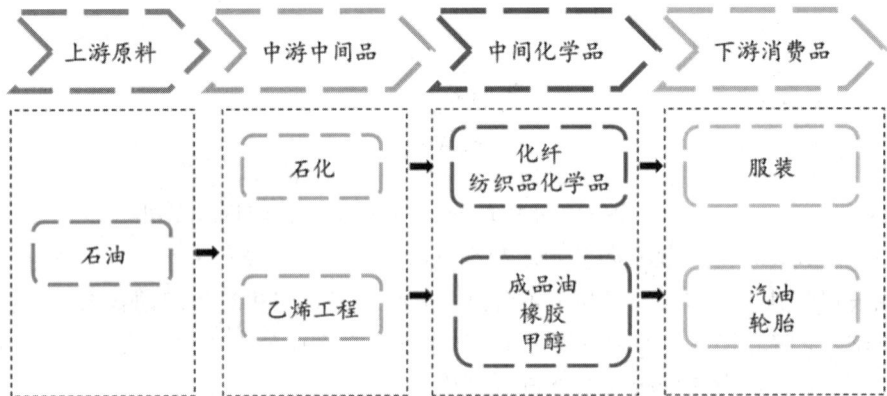

图 3-3-1   石化全产业链图谱

2. 石化供应链的内涵与特征

石化供应链是以客户需求为导向，以提高质量和效率为目的，围绕石化核心企业对信息流、物流、资金流进行控制，从原材料的采购，到有机中间体等中间制成品的生产以及最终石化产品的形成等全过程高效协同的组织形态。石化供应链由原料勘测与开采企业、石油炼制企业、精细化工企业、贸易商、物流商以及客户所组成。

石化行业原料、材料、辅助材料品种繁多，生产工艺复杂、多样，生产过程中产生大量的废水、废渣和废气，石化原辅材料、产品具有易燃、易爆、有毒和腐蚀性强等特点。因此，石化产业供应链也具有特殊性，其特征体现如下：

（1）复杂性。石化供应链层次众多、产品价格波动大，链条上的企业众多，供应链结构复杂。

（2）连续性。石化产品是流程化生产，要求生产在时间、空间上连续进行，原材料连续投入，产品连续产出，除定期的设备检修及维护外，生产线不会停工。

（3）高污染、高能耗。石化产业具有高污染、高水耗、高电耗、高资金投入等特点，需要通过技术创新、降低能耗和减少污染来提高生产率，增加经济效益。

（4）储运条件高。石化产品通常具有易燃易爆、毒性和腐蚀性等高危的物化性质，运输量巨大且运输距离一般较远，涉及多种运输方式的联运（船舶、铁路、公路、管道运输等），因此对石化供应链各节点上的仓储运输要求很高。

3.3.2   物流与产业融合

在信息技术、管理理念、科学技术高速发展的现代社会，单一的传统物流企业早已没有竞争力，通过与其他产业融合可以使物流业的仓储运输技术得到发展，将物流服务渗透进其他产业链后还可以融合打造供应链，增强企业间的联系，最终增强在同类型企业中的竞争力。

1. 石化物流与产业融合的效用

依据现代物流的要求，对现有物资采购供应管理业务进行重组，以物资配送为核心，以 ERP、互联网等技术为辅助，利用网络平台和信息技术将企业的各项物流活动连接起来，对各环节进行实时跟踪、有效控制与全程管理，达到整合优化工作流程的目的，最终实现企业内部与外部、各环节之间的无缝连接。石化物流与产业融合的效用主要体现在以下三方面：

（1）有助于促进传统产业创新。由于产业融合容易发生在高技术产业与其他产业之间，产业融合过程中产生的新技术、新产品、新服务在客观上提高了消费者的需求层次，取代了某些传统的技术、产品或服务，造成这些产业市场需求逐渐萎缩，在整个产业结构中的地位不断下降；同时产业融合催生出的新技术会融合更多传统产业部门，从而改变传统产业的生产与服务方式，促使其产品与服务结构升级。市场结构理论认为，如果有限的市场容量和各企业追求规模经济的动向相结合，就会造成生产的集中和企业数目的减少。而在产业融合以后，市场结构会发生更复杂的变化。产业融合能够通过建立与实现产业、企业之间新的联系而促进更大范围的竞争。产业融合使市场从垄断竞争向完全竞争转变，能大幅度提高经济效率。

（2）有助于产业竞争力的提高。产业融合程度与产业竞争力的强弱具有内在的动态一致性。不同产业内企业间的横向一体化加速了产业融合进程，提高了企业、产业的竞争力。同时，产业融合对企业一体化战略也提出了新的挑战。产业融合中企业竞争合作关系发生变革，融合产业内的企业数量不断增加，企业间的竞争加剧，企业创新与灵活性被提升到新的战略高度。在这场技术革命与产业变革中，创新能力弱、灵活性差的企业会以更快的速度被淘汰出局。

（3）有助于推动区域经济一体化。产业融合能够提高区域之间的贸易效应，加速区域之间资源的流动与重组，打破传统企业、行业之间的界限，特别是地区之间的界限，并利用信息技术平台实现业务重组，产生贸易效应。产业融合将促进企业网络的发展，使其成为区域联系的主体，有助于打破区域之间的壁垒，增强区域之间的联系。产业融合扩大了区域中心的扩散效应，有助于推动区域经济一体化。

2. 石化物流与产业融合的供应链体系构建

物流与产业融合更有利于构建供应链体系。供应链是一种使整个产业链高效运作的组织形态。在物流与产业融合的基础上，供应链主要通过以下三方面进行打造。

（1）搭建信息平台。物流与石化全产业链融合打造供应链首先需要的就是信息共享。在物流业与石化产业相融合之后，企业间的关系变得更加密切，信息可以共享。企业通过信息化平台的构建，将产业链上的众多合作商纳入其中，保证信息的及时性和准确性，解决了由于另一方的信息化水平较差而不能够消化分解信息，导致全产业链各环节出现偏差，影响到企业之间的协同发展，致使生产效率低下，从而增加全产业链上企业成本的问题。

（2）构造竞争优势群。所谓竞争优势群就是具有不同诱因、可持续性和作用空间的竞争优势所构成的持续演进的竞争优势系统，其构成要素随着时间的推移不断发生变化，有的竞争优势逐渐丧失，也有新的竞争优势不断产生。典型的竞争优势群包括主导优势和支撑优势。竞争优势群的动态发展包括竞争优势的创造、维持、增强、权衡和创新诸环节。企业在融合打造供应链时，要分析、辨明所需的支撑优势，并在市场上寻求具有这些优势的潜在伙伴，与之组成战略联盟，共同构筑竞争优势群。竞争优势群系统建立起来以后，有一个动态发展的过程。产业融合成员要相互督促、强化各自的竞争优势，同时还要共同创造新的竞争优势，必要的时候要吸收具有新优势的新成员或者清除有碍竞争优势群保持的成员。

（3）培养供应链专业人才。在产业融合之后打造供应链不仅需要技术方面的支持，对于供应链的具体构建方法和运行模式以及构建完成以后的管理也都是需要有专业的人才进行设计和管理。相较于国外，我国在供应链的全产业链管理方面发展时间较短，没有系统的知识框架，这方面的经验还不足。对于这方面的培训比较欠缺，导致具有扎实理论基础和丰富专业经验的高端复合型人才供给不足。对此企业需要进行供应链方面人员的培养，比如联合高校培养专业性的人才或者由企业组织有能力的人员进行系统学习和更新知识体系，从而助力产业融合下供应链的打造。

3.3.3 智慧供应链构建

1. 智慧供应链的概念

对于智慧供应链的定义，许多学者有着自己的见解。早在 2012 年张予川教授就提出，智慧供应链是以物联网、大数据、云计算等信息技术为依托，运用智能化、协同化管理手段，集成供应链各企业的信息系统，实现信息共享和整个供应链智慧运营。2015 年刘志刚提出，智慧供应链是将物联网技术与供应链管理相结合，实现整个供应链所有环节识别和监管的一种新供应链模式。

图 3-3-2 所示为智慧供应链的概念描述。

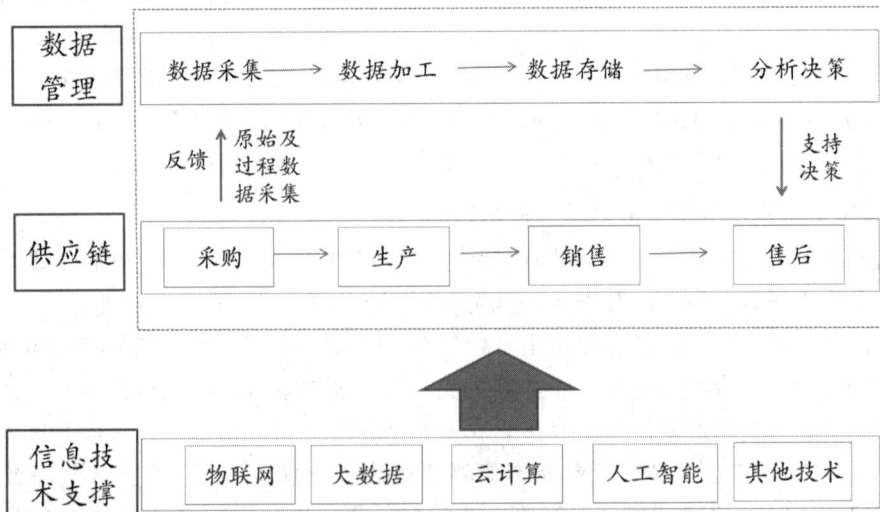

图 3-3-2 智慧供应链的概念描述

基于学者们对于智慧供应链的理解进行概括，可以看出智慧供应链就是依托物联网、大数据、人工智能等先进的现代信息技术，解决各系统之间的异构性问题，实现供应链成员间真正的信息共享，提高供应链整体的运作效率。智慧供应链本质是以信息流为基础，实现物流、资金流、商流、知识流的无缝衔接，在最大程度上消除信息不对称以及信息在传递过程中的失真等问题。智慧供应链的核心思想就是转变传统供应链，利用企业外部的资源，更好地满足终端用户的需求。以信息沟通作为供应链管理的核心思想，从根本上解决了传统供应链信息不对称的问题。

2. 智慧供应链的作用

虽然目前石化物流行业总体呈现小、散、少的格局，但是已经有很多传统石化物流企业在谋求转型之路，他们的首选都是构建智慧供应链。智慧供应链的构建利用了物联网、大数据、人工智能等先进的现代信息技术，这些先进的科学技术能够为传统石化物流企业带来以下作用：

（1）优化供应链进程水平。智慧供应链主要是利用先进的互联网、大数据、人工智能等现代信息技术所构建的智慧供应链，主要体现在对数据的采集、加工、存储以及决策分析方面，帮助公司实现供应链的动态可视性和绩效管控，增强整个供应链的透明度，进一步优化进程。

（2）加强供应链内企业联系。通过智慧供应链的构建，强化企业内部系统的相互联通、企业与企业系统之间的相互联通以及系统与人之间的相互连通。它实现了公司、客户、供应商、销售商之间的要素整合，通过要素整合发现新的合作领域，促使新的合作关系产生，强化企业间的联系，保证供应链稳固发展。

（3）帮助供应链智能决策。智慧供应链是将供应链的所有成员和所有环节都涵盖其中，采集所有的原始信息和过程信息，把结构化、半结构化以及非结构化的数据信息加工处理为可以利用的标准数据，既可以为供应链整体提供智能决策支持，又可以对决策执行过程进行信息采集并反馈给数据管理系统，为供应链的更优决策提供数据支持。

3.3.4　构建基于融合协同智慧供应链的架构

镇海石化物流公司的智慧供应链体系是在物流与产业融合基础上打造而成的。物流产业作为现代服务业的重要组成部分，通过与其他产业融合发展，得到了很大的升级，主要体现在和金融业、制造业的融合方面。物流与制造业的融合可以根据个性化需求为企业量身打造一套运输方案，发送车辆、货物、库存的实时数据给制造端企业，消除制造企业生产的盲目性，增强企业的用户体验感。物流与金融业的融合，可以为供应链注入有效资金，推动供应链的运转。另一方面，金融业与制造业也因与物流业的融合，扩大了业务范围，提升了盈利能力。相关产业的融合将供应链上的各个环节凝聚成一个整体，有利于提升整个供应链的竞争力。镇海石化物流公司智慧供应链的构成可以在上述产业融合的基础上从三个方面进行分析，其示意图如图 3-3-3 所示。

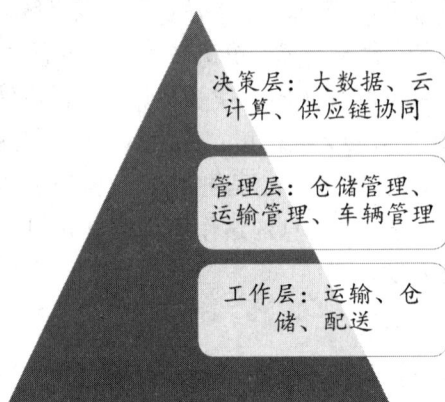

图 3-3-3　决策三层示意图

1. 工作层的自动化

（1）自动化监测运输车辆及人员。为保障运输途中的安全，镇海石化物流公司打造了全新的途中监测系统。镇海石化物流公司为了保证能够实时检测到运输车辆及运输车辆所行驶路段的安全状况，利用先进的物流信息技术，建立途中监测系统，并且在每台车上都装备了与监控系统相连接的设备，利用自动化数据传导，将公司想要了解的情况传输到计算机中，然后利用大数据判断运输过程是否安全。若可能有危险，系统便会自动向相关人员发送危险预警，比如路线的偏差、运输车辆的自身状况以及所运输货物的安全状况等，可以避免危险发生。在监控车辆的同时，在车辆驾驶室内部会设有对驾驶员的提醒系统。该系统通过三种方式来判断驾驶员是否处于适合驾驶的情况，分别是检测驾驶员的生理状况、监测驾驶员的个体特征和监测车辆的行驶参数。若是有任何不适合驾驶的情况发生，系统就会立即向驾驶室发出警报，提醒驾驶员注意安全驾驶。通过这一套自动化监测系统，从 2005 年镇海石化物流公司创立以来，从未发生过重大的运输事故，保证了运输过程的安全性，这也是镇海石化物流公司在危化品物流运输行业内名声远扬的原因之一。

（2）仓储自动化。为提高仓储自动化水平，镇海石化物流公司采用了特殊的托盘，一方面是为了配合使用先进的物流设备，使用自动化堆垛机、自动导向车（AGV）等，另一方面，自制的托盘可以更好地装载货物，也可以更充分地利用整个仓库空间。同时引进先进的仓储控制系统（WCS）与物资管理系统（WMS），对进库货物数据进行实时分析记录，保证在货物出库时可以顺利找到记录的存放地点，提高运输效率。图 3-3-4 所示为托盘使用流程图。

图 3-3-4　托盘使用流程图

2. 管理层的数字化

信息平台的建立是数字化管理的一个重要手段。为了实现数字化管理，镇海石化物流公司依托自身优势，联合上下游企业打造了一个"能化链"供应链平台。这个供应链平台主要由服务数据、管理平台和主数据构成，如图3-3-5所示。它的运营模式是对人员、设备、路线等一系列数据进行分析之后，利用人力资源（HR）、设备管理（PM）、销售管理（SD）、运输管理（TMS）、健康安全环保管理（HSE）、采购管理（MM）、仓储管理（WMS）等系统管理服务于供应链金融、石化物流以及石化贸易。

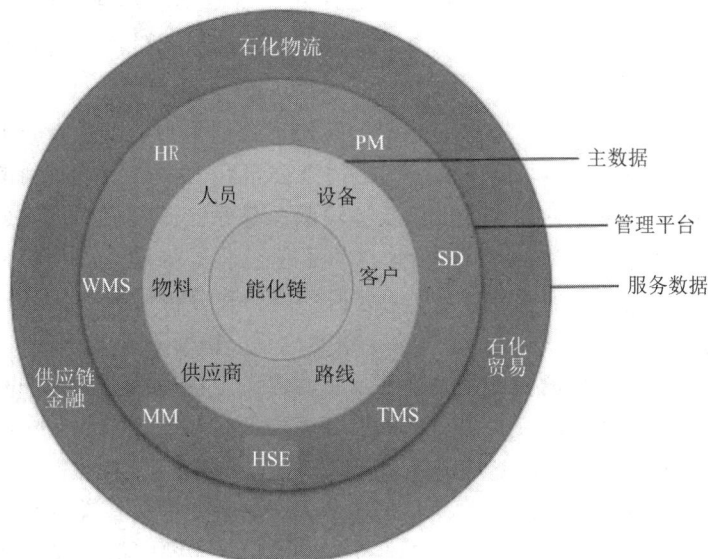

图3-3-5 "能化链"示意图

3. 决策层的智能化

（1）供应链协同的构建。供应链协同是供应链中各节点企业实现协同运作的活动。镇海石化物流公司在平时的经营活动中存在许多资源浪费的情况，比如运输车辆在装货地点等待而浪费时间，装货车辆运输能力未完全利用，运输路线存在往返运输等问题。如果能够将需求、库存、产能等一系列数据共享，镇海石化物流公司就可以根据供应链的供需情况实时地调整计划和执行交付。通过构建供应链协同可以将其与上下游的客户联系起来，使信息实时共享，合理准确地调度运输，使客户能够了解货物的运输情况，针对运输状况提前制订合理的生产销售活动，使全部供应链上的企业都能提高效率、降低成本，促进石化全产业链共同发展。

（2）供应链金融模式的构建。供应链金融作为智慧供应链协同的一部分，起到了决策层智能化的协同辅助作用。镇海石化物流公司为了构建供应链金融，从提升信用水平和运营状况、转变经营理念及培养物流人才、增强采集与探析信息的能力、加强与商业银行的合作、加强企业抗风险能力及加强物流与金融产业融合这六个方面入手，凭借自身的资金优势以及在行业中优秀的口碑，打造供应链金融模式。供应链金融的优点在于它是相对于整条供应链来说的，涉及供应链上下游几乎所有的企业。同时，供应链金融的具体方案也是站在整条供应链的高度来制订的，要考虑整条供应链的利益和相关物流、资金流的分配，而不只考虑单一企业的情况和利益。因此，供应链融资具有整体性，而且它可以随着供应链周期一并运转，具有一定的稳定性。

3.4　总结与启示

随着石化产业的发展,行业中竞争的加剧、市场不确定性的增加、顾客期望的提高等促使石化供应链上的各个企业重点考虑柔性生产和交付产品的速度。因此,高效、实时获取数据,并以数据驱动和数据共享为依托发展信息化的推动式供应链管理模式,成为许多企业的选择。

在这样的大环境下,镇海石化物流公司积极构建数据平台,以自身企业为核心,主动联系上下游企业进入信息平台,促进镇海石化物流公司和上下游企业进行数据共享,然后在数据分析的基础上,打造一系列石化物流运输服务体系,提高装卸运输效率,降低整个链条的运输成本。镇海石化物流公司灵活地运用了信息化的推动式供应链管理模式,以自身众多的优势进行信息平台的构建,并利用数据的搜集和分析结合石化运输的特点达到了降本增效的目的。自 2014 年利用了智慧物流平台之后,镇海石化物流公司的成本从 33% 直接降到了 11%,并在之后的四年里一直在 4% 的浮动范围内变化,说明在数据化、信息化基础上的推动式供应链管理模式确实可以大幅度降低运输企业成本,降低企业乃至整条石化产业链成本,进一步靠近智慧供应链。

随着新一代物联网技术的广泛采用,尤其是人工智能、工业机器人、云计算等技术迅速发展,信息流、资金流和物流"三流"得以高效连接,传统供应链发展到智慧供应链新阶段。智慧供应链与生产制造企业相连接,通过供应链服务提供智能的仓储服务和精准的物流配送,生产企业可以专注于制造,不再需要考虑后续的物流服务问题,这将改变制造业的运作流程,提高管理和生产效率。

为了能够更好地构建智慧供应链,镇海石化物流公司从工作层、管理层和决策层"三层"出发,打造自动化的工作层、数字化的管理层和智能化的决策层。通过基础设施设备的改进和创新,比如运输车辆、报警系统等工作层的设备改进,以实现工作层的自动化,然后构建了"能化链"供应链平台,通过平台的各个管理系统和监测系统实现管理层数字化。最后通过前面两层数据的积累,同时利用"能化链"供应链平台和其他公司企业进行数据共享,结合大数据、云计算等一系列的智能化手段为公司实时决策提供科学依据,实现决策层的智能化。通过对"三层"的优化,作用于整个镇海石化物流公司,从最基础的工作层,到中间的管理层,再到最终的领导决策层,逐层逐级地进行优化,紧贴智慧供应链的发展需求,结合石化产业特色,构建智慧供应链。

通过对该案例的分析,可获得以下三点启示:

(1) 两业融合是基础。

专家基于大量的公司样本研究石化产业和物流业发展融合情况发现,欧洲和美国在这方面很具代表性。欧盟石化产业本身发展良好,但是物流业现状有待改善。对比欧洲和美国可以发现,美国的物流业分布非常合理,为石化产业提供了很好的服务。而在欧洲这些服务还没有整合得很完善。他们指出,如果欧洲的两业融合水平与美国相当,那么他们的GDP 将会比现在高 15% 左右。由此,可以看出物流业与石化产业融合对经济增长具有显著效果。

化工品运输要求高、风险大，利润也高，所需的物流设备的专业化、标准化程度都远远大于普通货物，因此，石化产业的发展依赖于高效的物流。合理高效的物流，通过对企业生产和流通进行协调与完善可以给企业带来新的利润增长点。而物流业的发展同时也需要石化产业的稳定发展，发展势头良好的石化产业可以直接带动物流业的刚性需求。推进物流业与石化产业融合发展是完善石化产业链和产业供应链，推进结构调整的重要战略。

两业融合要以物资配送为核心，整合优化工作流程，最终实现物流各企业、各环节之间融合一体。物流业与石化产业相互融合需要双方信息共享、技术互通，物流业可以通过技术升级为石化产业提供针对性的、个性化的物流服务，将运输过程中的货物状况与石化企业共享，增加双方对在途货物的可控性；石化产业需要为物流业提供技术指导，使物流业更具专业性，更加高效化。

（2）供应链协同发展是关键。

供应链是一种使整个产业链高效运作的组织形态，而供应链协同发展则是利用信息平台、大数据等手段使产业链的上下游企业信息联结，实现同步计划，达到链上企业无缝连接、高效运转的状态。

产业链上的各个产业部门不是分散的个体而是息息相关的整体，上下游产业的不配套发展会削弱产业链的整体竞争力，只有双方紧密配合才能实现全产业链的共同发展。供应链协同发展是产业链共同发展的必要条件，只有做到供应链协同发展才能使上下游企业了解到用户的真实需求，实现各企业之间快速响应，最终向零库存状态靠拢。

对于石化产业链而言，位于产业链上游的原料供应商需要在油气勘探开发方面探索实施更高水平的资源优化机制，根据中下游企业需求进行原料供给；而位于中下游的物流商需要为上游产业部门提供高效、安全、符合需求的运输服务，解决上游产业部门的后顾之忧，经销商需要为上游产业部门提供相关客户、市场的信息，使上游对客户末端情况了如指掌，更具针对性地进行原料开发。

石化供应链的协同发展经验可以推广到各个产业链的管理中。上中下游产业部门只有把自身融入整个产业链，以产业链的整体效益为决策出发点，应用供应链协同发展的思想，才能促进全产业的发展。

（3）智慧化发展是趋势。

供应链智慧化发展是指供应链在网络、大数据、物联网和人工智能等技术的支持下，所具有的能动地满足各环节企业需求的属性。智慧化发展已经成为各领域当前和未来发展的目标引导，是实现供应链运作、管理透明化、共享化、高效化的基础和原则。

企业的智慧化发展需要从技术、信息、管理等多方面去加强。通过技术创新增强设备的自动化水平；通过建立信息平台，实现供应链环节信息共享，消除信息的不对称性，促成各环节无缝连接；在管理方面需要改变原来故步自封的思想，紧跟时代发展，用现代先进的思想，将供应链上的企业作为一个有机整体去考虑，作出对整体最优的管理方案。

【案例点评】

本案例主要来源于指导老师的科研项目。小组学生充分结合所学专业（物流管理），利用在企业参观实习的机会选定案例企业作为参赛对象。在案例作品撰写过程中，团队开展了超过 5 次的企业观察、访谈、研讨等调研活动。通过研读国家、省市关于制造业产业链、供应链和物流服务链等发展政策文件，特别是地方重大产业（宁波市绿色石化万亿级产业）规划文件，全面了解行业发展背景，深入调研、剖析案例企业的现状、困境与发展策略，提出参赛案例的主题与研究目标。

案例从石化物流企业视角，推进制造业与物流业融合，打造智慧供应链服务体系。这一主题紧紧抓住了我国经济社会发展的重点，突出了物流业推进数字化转型发展的难点，其鲜明且具有时代使命感。

案例研究目标一是探寻物流业与产业融合发展的经验，二是分析产业供应链内涵及构建模式，三是研究数字化智慧供应链及服务体系创新与应用。研究目的明确，专业实践性强，内容充实，有深度有价值，较好地体现了参赛的意义。

基于理论思路即石化全产业链与供应链分析——物流业与产业融合模式——数字化智慧供应链体系建立。案例围绕主题阐述了近 20 年来行业龙头企业的发展之路与成功之路，指出了案例企业和行业的使命担当与未来发展方向。最后归纳揭示出的观点具有参考价值。

本案例呈现的价值在于：一是制造业与物流业两业融合是促进制造业高质量发展的方向；二是供应链协同发展是现代制造业发展的关键；三是制造业与物流业供应链的数字化、智慧化发展是趋势。

点评人：王任祥（宁波工程学院教授）

案例四　威芸旗袍"单件流＋数据"双轮驱动柔性化制造①

　　提及"旗袍",映入我们脑海的是一种文化概念,亦是女子曼妙形象的体现,蕴含着中国独特的审美与价值取向。我国现代旗袍品牌普遍继承了传统的复杂制作工艺,从最初设计的确定到最终产品制作完成,需要投入大量的人力和物力,这导致现代旗袍的价格普遍较高,制作时间长。传统的生产模式已经不再适应如今需求多元化的旗袍市场,旗袍行业需要寻求一种新的生产模式。

　　杭州威芸实业有限公司(以下简称威芸旗袍)是一家集设计、制作、销售为一体的旗袍制作企业,公司拥有专业的旗袍设计师、高素质的管理销售人员和生产员工以及有30年深厚中式服饰设计与制作经验的叶氏孪生姐妹,公司综合实力雄厚。威芸旗袍现在使用的是一种新兴的双轮驱动模式——单件流与数据驱动。单件流也叫One Piece Flow,简称OPF,指的是通过合理地制订标准生产流程并安排好每个工序的人员和设备,使每个工序耗时趋于一致,以达到缩短生产周期、提高产品质量、减少转运消耗的高效管理目的。不仅如此,威芸旗袍拥有三代积累下来的庞大体型数据库,利用数据分析大大提高了生产效率,使得数据分析与单件流模式双轮驱动,真正做到了效率最大化。

4.1　威芸旗袍公司简介

　　由叶氏孪生姐妹创办的威芸旗袍坐落于风景优美的西子湖畔,公司以"传承东方服饰精粹,演绎时尚生活情韵"为理念,不断推出品质高雅,又具现代审美的时装新款,公司推出的众多产品赢得了消费者的认可,产品深受中国、美国、日本、新加坡、韩国等国消费者的青睐。公司还为一些国内外知名人士长年定做服装。此外,公司还承接了G20杭州峰会、金砖五国会议所用旗袍,受到业界及大众一致好评。如今在高端旗袍市场威芸旗袍占有率已高达2%。

---

①　该案例获得2018年浙江省大学生经济管理案例竞赛一等奖。作者:吴佳佳、吴文浩、李洁、王雪丽、廖武鹏;指导教师:禹献云。

4.1.1 公司经营现状

1. 主营产品

威芸旗袍主营产品分为两类，一类是旗袍，另一类是中式服装。在产品理念上，威芸旗袍本着"服装从业者要紧跟时代精神、社会文明"的理念，在现有的基础上不断创新，改良旗袍传统工艺和旗袍材质，以符合现代人的审美，达到用旗袍更好地装扮人的目的。威芸旗袍以"东方服饰精纯演绎时尚生活情韵"为设计理念，结合传统文化与现代文明，不断提出新的设计思路，走出了一条旗袍多元化的道路。

威芸旗袍以其版型好、包容性强的产品特点，在旗袍行业迅速占领了一席之地。威芸旗袍依托其庞大的版型数据库，生产出了一批批针对不同身形顾客的旗袍。较之其他品牌的旗袍，威芸旗袍能更好地满足多种身材的顾客需求。

2. 经营现状

威芸旗袍目前正处于生产转型时期，由于前期收缩了大量的成衣店铺，放弃了低端旗袍的市场份额，正处在整体利润下降的阶段。虽然整体利润由于公司业务收缩导致下降，但生产转型使威芸旗袍每单利润得到了提升。相信成功转型后的威芸旗袍其营业利润较之以前会有很大的提升。

3. 创新理念

威芸旗袍以数据为基础，引进单件流模式的生产制造模式，进一步推动智能化转型发展。其生产、供应、设计不再依据经验，而是将所有生产原料量化、数据化，在此基础上更好地发挥单件流生产模式精益生产的优势，利用数据和单件流推动公司智能制造进一步发展。

在转型为现代智能服装制造的同时，威芸旗袍清楚地认识到绣花的样式与色泽是决定一件旗袍精致与否的基础，出色地将传统绣花工艺保留下来，使之与现代化设备有机结合，在工业化普遍的服装行业，鲜有地开创了属于自己的旗袍文化，并致力于发扬旗袍文化。在保留文化以及智能化的基础上打造线上智能服装制造平台，通过个性化定制与计算机模拟技术，让每位女性都有适合自己的旗袍。

4. 公司特色

（1）生产数据数字化。威芸旗袍由手工成衣店发展而来，其三代积累下来的版型数据是宝贵的财富。庞大的身形数据为威芸旗袍的设计提供了强有力的支持。但纸质数据容易丢失、磨损，并且在传递过程中容易出错，也不易与现代由计算机数据驱动的设备相结合。为了解决此类问题，威芸旗袍建立了自己的数据库储存此类旗袍版型与身形数据，同时利用这些数据开发了"柔智云"软件，其将设计、裁剪、缝制、转运、仓储等生产内容以数字化和信息化的形式保存在"柔智云"软件中，以此打通从制作经验到数据再到实体成衣的通道，为单件流智能生产设备——智能吊挂流水线的应用打下了坚实的基础。

（2）数据是单件流的根本。有精确的数据才能实现单件流精益生产的目标，只有将一件旗袍所需物料的数量及制作时间精确化，才能作出精确的生产计划与生产预估。在数据的指导下进行工序分配，以实现每个工位生产效率的平衡，才能使单件流发挥最大的功效。

威芸旗袍现阶段的生产决策、采购决策和设计决策不像传统的服装制造行业仅凭往年的经营经验来决定一次性产量与采购物料的多少。在引进单件流设备之前，威芸旗袍做了大量的工作，其将每一款旗袍所需的物料数量做成档案储存在计算机中，便可使计算机作出准确的预测，从而进行物料采购。其生产不再是大量生产，而是根据门店的反馈数据和缺货量进行精准的补充生产，减少了库存积压带来的生产浪费。在设计上，威芸旗袍不再盲目地跟随潮流或经验，而是收集客户和大众的喜好，进行点对点的设计。单件流本就是智能制造的一部分，由数据驱动的单件流模式，在做到精益生产的同时，也推动了威芸旗袍智能制造的发展。在数据的作用下，生产更加灵活，可以随意插单生产；生产日益精准，改变了物料与成衣大库存的积压状况；旗袍款式越来越受顾客喜爱；旗袍版型更加多元化，使得顾客拿到的成衣便是贴合身形的样式。这无疑是威芸旗袍智能制造发展的体现。数据和单件流生产模式好似两个驱动轮，带领着威芸旗袍在智能制造领域越走越远。

（3）融合传统工艺与现代工艺。智能吊挂流水线大大降低了旗袍的生产时间与出错率。在运用现代化设备的同时，威芸旗袍也不忘传统的绣花工艺。三代制作旗袍的经验，使得威芸旗袍深知绣花带给旗袍的增色作用。目前威芸旗袍不仅保留了传统的手工绣花工艺，也使用了机绣设备，将花纹样式录入计算机，使计算机驱动的机绣师傅可以达到零出错率，大大提高了绣花的速度与质量。运用现代智能化设备代替不变的工艺手法，减少人力成本，以便将资金投放在旗袍改良、数据收集整理分析和生产系统维护整体升级方面。传统工艺与现代智能制造相结合，使得威芸旗袍成本下降、制造效率提升，并且将传统手工艺数据化，也方便了旗袍文化、技法的继承与传播。在标准化概念普遍的服装行业，威芸旗袍也不忘旗袍私人定制这一文化需求。威芸旗袍"柔智云"软件配有线上平台，让顾客在工业化的今天也能享受到私人旗袍定制的服务。只要依据系统要求的着装拍摄形体，系统便可读取个人的形体数据，设计师可以根据其数据进行精准设计，大大缩短成衣时间。

（4）强大的员工技术力量。威芸旗袍目前员工稳定，多数为经验丰富的老员工，对于新员工的招聘，威芸旗袍有着自己的一套标准。人员稳定带来的就是技术稳定，凭借着几年员工工作积累下来的宝贵旗袍制作经验与技法，公司员工能很快地接受并且熟悉单件流生产模式，没有出现不适应的情况。另外，威芸旗袍对员工的培养更是亲力亲为，凭借着三代人积累的经验与生产数据，威芸旗袍会定期为员工开展培训会，讲解技法上的不足或生产上的缺陷，抑或是对于新潮流的解读或对单件流模式提出新要求。由此培养出一批又一批技术能力强的人才。

（5）旗袍的文化大讲堂。威芸旗袍在将旗袍做成其价格可以被大众普遍接受的商品时，不忘旗袍本身蕴含的民族文化价值。线上的虚拟设计平台追求旗袍着装的真实性，采用专业设备扫描再进行计算机模拟，而非直接由计算机模拟布料的着装效果，力求带给顾客最好的体验。威芸旗袍深知旗袍绣花工艺所蕴含的艺术积累与文化底蕴，一针一线均为艺术，一红一蓝也是文化。威芸旗袍为了不使传统技法丢失，特意开设旗袍讲堂，传授其掌握的绣花工艺以及旗袍制作过程中所要注意的事项，使旗袍蕴含的民族文化在人群中迅速地传播开，使得更多的人关注到旗袍，关注到这正在走向新发展的民族服饰。在工业化产品普遍的服装市场，威芸旗袍以其特有的公司文化和大胆的转型创新走在了行业前沿。

4.1.2 公司发展趋势

  威芸旗袍从 2017 年开始进行转型，在原先传统生产模式的基础上引进了生产新模式，开发柔性化制造，做好员工培训，将手工与现代智能相结合，使得成本下降且制造效率提升。不仅如此，威芸旗袍利用数据驱动单件流模式，使得产品更加多元化，并运用公司自身开发的"云服装智能平台"，让威芸旗袍得以转型成功，走在了旗袍市场最前线。威芸旗袍并没有就此停下转型的步伐，未来威芸旗袍会将大数据融入其中，扩展线上店铺，同时完善"云服装智能平台"，使得计算机能够根据客户的身形和喜好自动模拟出客户的穿着效果，真正让客户的满意度得以提升。威芸旗袍未来会将"单件流＋数据驱动"生产模式一直延续下去，并在技术上不断完善，让威芸旗袍始终走在服装行业智能道路的最前端。

  (1) 数据深层次运用。威芸旗袍不仅将顾客购衣喜好样式、所提出的需求等数据融入其生产、设计决策中，生产出更加贴合大众的旗袍，还运用大数据分析威芸旗袍的客户来源、客户喜好以及客户身形，针对不同收入、不同职业的人群生产出符合其喜好的旗袍，更好地做到点对点成衣销售。

  (2) 联通网店与智能平台。威芸旗袍开展线上销售，弥补现阶段威芸旗袍网店的缺失。威芸旗袍运用"云服装智能平台"，使客户在输入自己的身形数据后，就能看到由计算机模拟出的穿着效果。"云服装智能平台"与网店联通后，顾客便能在计算机中欣赏模拟着装效果后下单，既方便了客户选衣，又提高了网购旗袍的满意度，增强了顾客的购衣体验感。

  (3) 供产销一体化。目前威芸旗袍只在生产与销售之间建立联系，还未与第三方供货商建立联系，威芸旗袍旨在打造供产销一体化的商业圈，使得供货商预制威芸旗袍所需物料，对于物料运输作出需求预测。威芸旗袍日后也会将物流环节纳入这个系统，使得顾客可以亲眼看到自己喜爱的旗袍或者定做的旗袍制作进程，并可以对生产进度进行实时把关。

4.2 威芸"单件流＋数据驱动"生产模式

4.2.1 单件流生产过程分析

  威芸旗袍积累了三代的数据与经验，在针对不同人群、不同体态的旗袍制作方面拥有非常丰富的经验。2016 年下半年，威芸旗袍开始收缩时装与中低档旗袍的份额，把精力聚焦在制作高端旗袍上。

  如果威芸旗袍同时做中低档的旗袍，将会占据其制作高端旗袍的资源，同时也会使一些销售商压低大批购货价格，降低公司的利润。由于威芸旗袍掌握高超刺绣工艺和针法，能够满足其产品作为礼品出现在大型外交活动当中的要求。如果再采用原有的生产模式，不仅成本过高，而且制作时间太长，不利于公司的发展。

因此，威芸旗袍开始转型，采用单件流的生产模式，再辅以"柔智云"软件将生产的前置步骤全部打通，做到下单、物料出库、生产一体化。为了适应单件流的生产模式，威芸旗袍将市场缩小到个性定制与小批量旗袍市场，并且将目标市场定为高端女性旗袍市场。这样既可以降低成本，加快生产速度，提高品牌档次，也可以通过生产模式对目标市场快速反应以赚取利润。

以单件流为核心，用"柔智云"软件把威芸旗袍所积累的不同人群、身形的旗袍数据存入数据库中，并且在下单时就能快速读取相似版型，将纸质数据转变为数字数据与单件流生产设备——"智能吊挂流水线"联通，把之前相互独立的旗袍经验和现代化的智能制造系统联系到一起，形成了一个整体。从款式建立到订单录入再到物料分配，所有的记录都保存在"柔智云"软件中。

从订单录入到成衣出产，可以分为订单录入、物料分配和生产加工三大步骤。

1. 订单录入

（1）档案建立。在客户订单导入之前会有衣服款式档案建立的环节。每一款旗袍都有对应的档案，档案包括款式编号、所需布料（物料、面料和辅料）、制作工艺以及款式工艺分配、工艺流程、工序分配工作表和流水线衣架线路图。当接收订单时，只要输入款式编号，就可提取上述信息。如果客户有特殊需求，再输入客户的个性化需求即可完成下单。然后将工艺分配导入编辑好的工序详情表中，就完成了一款旗袍的生产指导书制作。在生产线上，工人即可读取自己对应的生产指导书部分，按照指示完成旗袍生产，可节省大量的工人上岗前培训的时间。

（2）订单导入。订单分为个性化订单和小批量订单，个性化订单中含有客户对衣服的特殊要求。除基本的三围形体数据之外，还有对旗袍领口、袖口、裙长、臀高点等特殊情况记录，另外还可以通过上传形体照片，使得设计师更直观地了解客户的形体特征，并对旗袍作出相应的调整。小批量订单也称小单快反订单，通常是成衣门店直接对公司下单，公司根据其需求录入订单。不论是个性化订单还是小批量订单，只要是以前录入过的订单，客户信息都会存储在数据库中。再次输入客户基本信息，系统会自动筛选，不用再次手动输入全部信息，做到"只用输一次"，大大提高了下单的效率。

2. 物料分配

（1）技术部制版，类似于零件模具，为布料裁剪做前置准备工作。

（2）检查生产所需文件及数据是否缺失。

（3）检查衣服所需物料是否齐全，若缺少则填采购单购买。

（4）确认衣服工艺顺序无错误。

（5）在计算机中进行排料，合理安排布匹如何裁剪，将布匹利用率最大化，减少布匹裁剪的损失与浪费。

（6）旗袍所需物料也由仓库及时准备好，制作好生产卡片，放至吊挂上，运送至裁床。物料出库时，会附带一个专门的生产卡片，上面有衣服的款式信息，卡片内有衣服的工艺工序流程，在最后生产时刷卡即能让智能吊挂流水线控制系统识别出做哪套旗袍，并给工人们显示出相应的生产指导书。

（7）技术部排料、制版完成，将制版置于布料上，在裁床上按照制版裁剪，过程大部分由计算机控制。裁片结束后，进行绣花工艺，可采用手推绣或机绣，并且进行裁片处理。经过处理后的裁片再由人工比对制版，有轻微变动的地方则进行修片。绣花与裁片的顺序要根据款式要求来确定。

3. 生产加工

（1）将裁片运送至智能吊挂流水线工位一；工位一的工人进行熨烫后会将裁片挂在架子上，再由系统智能进行分拣，运送至相应的工位。

（2）在工位一对裁片进行熨烫工作时，车间主任会拿到生产卡片，了解旗袍款式后，在流水线系统中调出生产工艺流程。若无生产工艺流程，则自己建立，建档时已有工序文件依照文件建立即可。在生产工艺流程建立或者读取完毕后，车间主任会进行合理的工序分派，保证每个工位所需时间大致相同。分派好工序，赋予系统指令，将系统中的工位所需物料、工艺分派到现实的工位上，工位上的生产指示器会显示所要完成的操作，依照提示，工人进行生产即可。

（3）若在最后进行衣服质检时发现问题，则会直接送至出生产问题的工位上，并且不占用正常生产时间，由工人抽空进行返工。

威芸旗袍的完整生产顺序如图 4-2-1 所示。

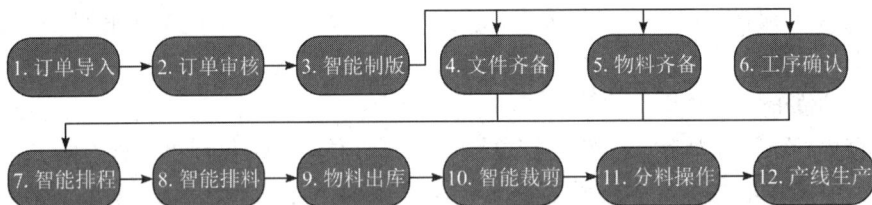

图 4-2-1 客户数据录入平台到成衣生产的运作顺序

4.2.2 数据驱动的过程与改进措施

1. 变"领"为"配"

转型之前，威芸旗袍主要采用"领"的管理模式，即下一级向上一级登记领取材料，这样的模式凭借的是员工的"感觉"来领取材料，而这往往容易造成某个环节的产品生产超过实际需求或者少于实际需求，造成挤压或者短缺，不够灵活。

转型之后，公司的新生产模式单件流主要采用"配"的方式，即配发所需的材料与数量。使用自主研发的 iC-MES 软件进行数据分析，经过统筹计算得出的数据更加精确合理，不仅可以减少库存，也可以节省材料，更加科学合理。

单件流变"领"为"配"，可节省对材料的使用，降低库存积压。通过系统数据分析得出合理的材料与数量，对各环节进行配发，不仅可以节省材料，提高工人效率，而且可以减少存在某个工位的工人闲暇时间过多的情况。

2. 不会出错的优秀机绣师傅——数据驱动的进步

三代人的经验使威芸旗袍积累大量的绣花样式、针法存储在计算机系统中，通过储存的数据驱动，将这些数据进行编程，由计算机完成相应工作，所以威芸整件旗袍的绣花工艺基本上由绣花机完成，其余部分由同一工人制作完成。计算机大大提高了绣花效率，一台机器可以同时绣 10 件旗袍的花纹，一般款式旗袍的机绣速率可达到 20 000 针/小时，而复杂一点的样式更能设置调节至 100 000 针/小时。并且机绣的出错率极低，大大降低了返工率，既保证了质量也提高了效率。机绣与手工绣的结合保证了一件旗袍的整体性与高质量，符合威芸旗袍的自身定位。机绣效率是人工绣花的三倍，便于威芸旗袍小批量生产的快速反应。

3. "大库存"到"零库存"

在供应模式上，威芸旗袍真正做到了利用数据驱动单件流模式，一改之前大量生产不顾成衣店销量的供应模式。威芸旗袍建立了与布匹供应商的联结系统，将自身的生产数据导入，可以使得在布匹储量不够时，供应商会提前了解，准备布匹运输至威芸旗袍。同时，客户在下单时，"云服装智能平台"可以根据客户的喜好与身形模拟出穿着效果，Ic-MES 计算好材料分配的数量，这时旗袍才会开始生产，这种数据驱动的单件流模式最大限度地做到了零库存、零积压。不仅如此，在销售模式上，威芸旗袍还在原有成衣店的基础上，开发了安卓系统的线上平台。

从"大库存"到"零库存"的过程中，数据驱动的单件流模式起到了不可或缺的作用，从下订单开始，公司就可以从生产数据中预知需求的物料与制作时间，并加以单件流的生产模式，准备好相应的物料与工期安排，真正做到了生产零浪费、销售零积压。

4. 数据驱动下的单件流

与其他同类型的服装公司相比，大部分公司使用的是宽槽流水线，无系统可以用来计工时、分配，也不可以进行跳线，只能严格按照生产排序进行大批量生产。而反观威芸旗袍的单件流新模式，其使用吊挂流水线，可以进行插单，更机动、灵活，甚至可以实现"多款式单件流"。不仅如此，威芸旗袍使用"柔智云"软件进行联通，利用自身原有的女子身形数据库，建立了工艺、工种、工序的联系，利用数据驱动单件流模式，不仅让单件流模式的优势完全体现出来，也让公司节约了成本，减少了浪费。

在数据驱动的单件流模式下，工人在生产线上即能预知自己一天的产能，并且威芸旗袍可以根据工人的产能进行订单生产时间预估，可以做到相对的无缝生产。相比传统生产模式，产能提升为每人每天六件，效率比原先提升了近 30%。单件流模式下，一单生产结束后，会有另一订单及时发布，力求在合理工作时间实现产能最大化，加上数据分析得出预估的时间，使得威芸旗袍极少出现延期交货的情况，供应能力稳定。在数据驱动下，单件流模式使得生产节奏紧凑了许多，时间更能有效地利用起来，生产效率也随之提升。

5. 高度匹配的设计——基于数据分析

运用"云服装智能平台"，客户在输入自己的身形数据或按照要求拍摄平台所需的形体照片后，就能看到由计算机根据客户形体和旗袍材质模拟的穿着效果，方便客户选衣，提高网购服装的满意度。设计师在设计旗袍款式时，便会参考这些身形数据，根据不同身形的顾客设计出适合她们的旗袍，使之在个性化定制或销售时更有针对性，更好地做到点对点销售。

威芸旗袍拥有三代积累下来的大量身形数据，可以在没有具体的客户身形数据时，针对不同体型、不同身形特征作出相应的设计。如今，威芸旗袍的计算机系统中拥有将近2000个旗袍版型与绣花样式，可以根据数据软件系统对客户的偏好进行分析，制订搭配方案。

4.2.3 "单件流＋数据驱动"双轮驱动的成效分析

与单件流生产模式相比，传统的整衣流生产模式成本高且容错率小，一包出现问题整包都需要返工，浪费了大量的生产力，提高了成本，同时也拉长了生产周期。在此基础上，威芸旗袍顺应潮流，在尝试单件流这个新兴生产模式的基础上，配以数据驱动，正式迈进了智能化时代，在双轮驱动模式下，一改之前生产模式下库存积压、衣物滞销的不利情况。同时以智能吊挂流水线作为智能制造的核心，对整个系统进行合理升级。威芸旗袍积累三代的数据应用于生产，让数据驱动生产，提高了生产效率，销售额相比原先提升了近30％，确保了威芸旗袍在旗袍产业的地位。

1. 生产效率进一步提升

与之前的生产模式即整衣流相比，威芸旗袍刚引进单件流生产模式时，生产效率只比原先高出30％～40％。现在通过"柔智云"软件连通各环节，打通工艺、工种和工序，使用"单件流＋数据驱动"的双轮驱动模式可以将生产效率约提升至原来的150％，不含绣花工艺时，可在两小时内生产出一件旗袍。未来威芸旗袍还将继续提高生产效率，为公司带来更高收益。

2. 双轮驱动带来的成本降低

双轮驱动带来的成本降低主要表现在以下三方面：

（1）威芸旗袍的制版、绣花、裁剪等工序大部分由计算机操作完成，并且由数字化的形式在生产系统中流通，保证了数据的完整性，不会丢失与出错，在根源上避免了因为生产数据出错或者丢失而造成的浪费。

（2）威芸旗袍采用计算机制版、裁剪和排料，计算机制版、裁剪可以保证版型、裁片的准确性，杜绝了由于裁片的不准确造成因重新生产带来的浪费情况，而计算机排料可以充分有效地利用布匹，做到每一寸布皆有所用。

（3）威芸旗袍采用大量的机绣设备，工人只需确定好花纹的样式和颜色搭配并录入与设备搭配的软件中，系统便会自动编程，驱动设备进行绣花。机绣设备可以一次性绣10件旗袍的花纹，并且机绣不会出错，相当于10个优秀的绣花师傅同时进行工作，只不过如今只需要付一个人的费用，便能得到10个人才能完成的优质绣花工艺。

3. 虚拟设计适应旗袍个性化定制

威芸旗袍转型为双轮驱动生产模式后，更适合个性化定制。但有一个突出的问题，即客户不知道自己的个性化需求是否真正得到满足，如果效果不理想，那么个性化定制无疑是失败的。基于这个问题，威芸旗袍开始使用"云服装智能平台"，让计算机模拟的数据可以真正结合客户所需，此平台可以由软件模拟生成根据客户需求制作出的旗袍实际穿着效果图，软件中旗袍的材质均由专业设备对实物进行扫描后，转变为数据再由计算机软件百分之百地还原，可以保证最大限度的真实性。虚拟化设计的兴起，无疑解决了威芸旗袍个性化定制的问题。

4. 旗袍设计符合大众体型和审美

威芸旗袍转型为数据驱动的单件流生产模式后，更加注重于个性化订单与小单快反订单，加以计算机的数据分析，威芸旗袍从中提取出了当今的趋势潮流与购买旗袍客户的大众形体数据，基于这些威芸旗袍便可设计出更加符合潮流和大众形体的旗袍，一改之前盲目设计的方法，更有针对性，使得威芸旗袍这一品牌快速在人群中传播开，并且越传越广，建立起了自己的品牌名声。多次重大会议所需的旗袍、多位明星穿着的旗袍便出自威芸旗袍之手，而且都是拿到即穿，穿了也非常合适。这种数据驱动下的单件流模式使得威芸旗袍制作设计的旗袍更加合理，更符合现代潮流，这也成为威芸旗袍的独特优势，使其在旗袍市场上越走越远，发展越来越超前，成为行业领头羊。

4.3　"单件流＋数据驱动"的柔性制造

4.3.1　"单件流＋数据驱动"管理与决策理论

1. 单件流的模式理论

威芸旗袍现在使用的是一种新兴生产模式——单件流。单件流也叫 One Piece Flow，简称 OPF，是指通过合理制订标准生产流程并安排好每个工序的人员量和设备量，使每个工序耗时趋于一致，以达到缩短生产周期、提高产品质量、减少转运消耗的一种高效管理模式。单件流通过工序细化与工序重组合缩短生产周期，提高产品质量，是时下一种优越的生产方式。单件流实际上就是一种为了实现适时适量生产，从而做到以订单为需求，以需求为拉动，以工艺流程为导向，以最小化批次为目标，达到连续生产并实现在线零库存。

在国外早已开始将单件流应用于服装缝制流水线，甚至出现了同一条生产线上同时进行多款式单件流。将几个款式打包成一个整体单件进入流水线生产，这样每个生产单位即可生产出多个款式，而且各个款式合理搭配，能取长补短，更有利于单件流流水线的平衡。我国从前几年开始陆续有不少服装企业开始试行单件流，但是大部分企业都以失败告终，威芸旗袍是为数不多的成功企业之一。

在当前的大数据环境下，威芸旗袍也希望能将大数据融入其中，利用新模式推动大数据的发展应用。威芸旗袍扩展线上店铺，运用大数据来分析其客户来源、客户喜好及客户身形。通过大数据分析得出的结论结合单件流的生产方式，根据客户的来源与定位及喜好来选择旗袍的款式，使旗袍最大化地贴合大部分客户的需求，达到销量最大化，以此实现利润最大化。

与传统模式相比，单件流在各方面都有巨大的改进，主要体现在以下三方面：

（1）车位排布不同。单件流要求车位按"丰"字形自上而下排布，在生产过程中严禁交叉倒流、回流情况的发生，使生产线流线化生产。而在传统生产模式的生产线上，有时车位的排布会使某些工序之间出现交叉回流的现象。威芸旗袍的衣服如果出现需要返工的情况，会直接送至出问题的工位上，并且不占用正常的生产时间，由工人抽空进行返工，提高生产效率。

（2）生产线建立方向不同。单件流要求建立弹性化的生产线。根据订单的数量和客户的交货期随时更改款式、日产量及作业人数，对员工的技能要求更高，需要加强多技能培训。而传统的生产模式则没有上述要求。

（3）由水蜘蛛控制。单件流中裁片是严格按照节奏时间，由水蜘蛛（生产线上专门从事生产看板、物料准备和传递的人员）来发放的。传统生产模式中裁片发放有车位或指导工，各个工部之间车缝完成的量也不一致，容易堆货。在单件流生产线上，由水蜘蛛按节奏时间准时发放裁片，员工无故不得离开岗位。而在传统生产模式生产线上，通常是配料员每两个小时按看板的目标产量一次性将裁片放到裁片台上，既浪费时间又没办法掌握裁片的发放尺度，容易形成包流，出现工序不平衡、堆货等情况。在单件流生产线上，则是由水蜘蛛完成裁片的配置、整理和修剪工作，减少了员工的非标准动作，降低了工作站节奏时间，提高了效率。在传统生产模式生产线上，一般是由员工自己来做上述工作，造成员工过多的非标准动作，增加了工作站的节奏时间，降低了生产效率。

2. 数据驱动管理与决策理论

当前中国处于大力发展科学技术的时代，新兴技术的快速发展和应用为社会经济生活注入了新活力，也进一步丰富和拓展了大数据应用创新领域。大数据驱动的管理与决策呈现出蓬勃发展的势头。管理与决策的下达与制定并不需要像从前那样对多种影响因素进行分析，而是用数据说话，用结果引导生产，其中数据的收集与分析是数据驱动管理与决策的关键内容。

（1）数据的收集。近两年来，服装行业的发展有了很大变化。服装行业想要有更好的发展，就要依靠大数据，通过数据的分析结果来合理进行管理与决策的制定。数据的收集是进行大数据分析的首要一步。在像旗袍这样的追求个性化定制的企业中，数据管理就显得尤为重要。将数据与智能制造一体化，通过收集积累而来的数据推动人体数据库建设和服装号型标准制定，提高三维人体测量、服装 3D 可视化及模拟技术的精准性和实用化，这些正在威芸旗袍的云服装智能平台上逐步实现。数据的收集来源主要有三个层面：首先是用户，如用户的体型、三围等数据；其次是公司运营中各种会产生数据的业务应用系统，如ERP、CRM 等企业应用软件；最后是各种数据收集平台，包括各种社交平台、App 等。

（2）数据的分析。数据分析是指从数据库的大量数据中揭示出隐含的、先前未知的并有潜在价值的信息。大数据之大并非数量之大，而是价值之大。数据的分析即是由专业的数据分析人员或数据分析团队从数据显示的表象中分析出其有价值的部分，作为一个经验总结或对未来发展的预测，通过分析结果引导企业进行管理与决策，发挥大数据的作用。数据分析是大数据应用中最核心的部分，企业可以通过数据分析的结果，对生产、管理、采购、销售等各个方面进行把控，合理安排生产要素，提高生产效率，实现利润最大化。

4.3.2　企业文化构建灵魂

1. 敢于创新的企业文化

企业文化既是企业成员共同的精神支柱，也是企业可持续发展的潜在生产力和内在驱动力，是企业保持长久竞争优势的源泉。企业文化创新具有丰富的内涵。威芸旗袍可以成功运用数据驱动单件流模式的重要原因之一是其企业文化。威芸旗袍的企业文化中蕴含着敢于创新，不断拓宽看世界的视野，不囿于埋头制作的一方天地的精神。

威芸旗袍窥见到了大数据应用的重要性和单件流这种新型生产模式的高效性与可行性，抛弃了整衣流这种传统的生产模式，转而使用单件流这种新兴生产模式，以达到实现适时适量生产的目的。威芸旗袍以订单为需求，以需求为拉动，以工艺流程为导向，以最小化批次为目标，达到连续生产并实现在线零库存。其车位也严格按照单件流要求排布，车位按"丰"字形自上而下排布，严禁在生产过程中发生交叉倒流和回流情况，将生产线流线化生产。

威芸旗袍在颇有前瞻性的文化熏陶下，果断选择放弃传统生产模式转而追求单件流生产模式。同时秉持"工匠精神"，在运用单件流的同时，将自己传承多年的绣法与针法融入数据系统进行旗袍制作，并开设线上线下的培训班，意在将中国传统工艺不断传承下去。威芸旗袍成功运用数据驱动单件流模式生产，不仅提高了生产效率，而且保证了旗袍的高质量，提高了客户满意度。

威芸旗袍之所以能够实现以数据驱动单件流，是因其敢于创新的企业文化驱动，这就好比阿里巴巴开发阿里云运用大数据分析客户偏好以提供更好的客户体验。威芸旗袍领先于其他服装产业，率先应用数据控制生产，此方法尤其适用于单件流的生产模式。这一点也证明，企业要想长久地发展下去，就必须不断创新，在秉承传统的同时保有自己的创新精神，强化武装自己。企业只有拥有创新意识，才能不断开辟新技术，优化已有的模式，把握整个产业的动向。

2. 提升企业创新能力

（1）营造创新的文化氛围。

员工创新积极性的发挥，既要靠内在的动力，也离不开外在环境的支持。内在的动力主要来自训练创新性思维和培养创新品格，外在环境则在于企业的天时地利人和，在于企业的文化氛围建设。企业文化的激励功能就是要形成一种有利于发挥企业员工的创造性，倡导创新意识，运用创新思维，精通创新之道，敢于创新竞争，鼓励尝试风险的企业文化环境。

敢于创新的企业文化主要有三方面作用。首先，有利于"学习型组织"的创建。威芸旗袍通过形成内部重视学习、善于学习的文化氛围，使员工在为企业作出奉献的同时，通过适应性和创造性的学习不断提升自己的文化素养、行为修养和业务技能，不断自我超越。其次，有利于培育创新的价值观。敢于创新强调以一种创新的思维，把员工对个人价值的追求纳入企业整体价值创造活动的轨道，真正做到以人为本，不断激发人的积极性和创造性，使企业保持活力。最后，有利于培育团队精神。现代企业的创新，个人冒险和探索精神固然不可缺少，但塑造一个以集体主义精神为核心，以集体智慧和共同努力为基础的文化环境更为重要。

创新的文化氛围能够为威芸旗袍创新营造有利的软环境，良好的创新环境有利于发挥人才的创新性。大力营造敢于创新、尊重创新和激励创新的文化氛围，是推动思想观念、体制机制创新的必然路径。思想观念创新是提高创新能力的先导。思想决定行动，创新型企业文化的实质是思想大解放。只有牢固树立科学技术是第一生产力、自主创新是第一竞争力的思想，把提高自主创新能力作为落实科学发展观的重要内容，坚决冲破一切束缚创新的思想观念，使一切有利于企业进步的创造愿望得到尊重，创造活动得到鼓励，创造才能得到发挥，创造成果才能得到肯定。

体制机制创新是提高创新能力的动力。发展企业文化创新，培育创新精神，需要观念的支撑，更需要体制机制的创新作保障。只有发展企业文化创新，推动体制机制创新，为创新活动创造良好的法治环境、政策环境、市场环境和舆论环境，保护创新的积极性和主动性，吸引社会资源要素不断投入到创新活动之中，才能推动企业不断发展。

推进创新实践，既要鼓励创新，更要宽容失败。任何创新，都意味着从无到有、开风气之先，总要伴随风险，挫折和失败在所难免。创新活动不可能有百分之百的成功率，科学探索也从来就没有绝对的成功者和失败者。对创新失败的宽容，体现了一种文明与进步。只能成功，不容失败，必然导致不求作为、无所作为。宽容失败，善待失败，才能使失败变为成功之母，培育出勇担风险、勇攀高峰的价值观。

（2）调动员工的创造力。

敢于创新的企业文化有利于促进威芸旗袍人力资源的开发与管理，企业人力资源的开发与管理又直接影响企业创新机制的形成。以敢于创新为导向的人力资源管理有利于充分调动广大员工的创造力，促进企业技术创新。人力资源管理主要通过具体的措施与方法作用于员工，当这些措施和方法符合员工基于企业文化创新所形成的价值观与思维方式时，就会收到预期的效果，从而促进企业发展。同样，当企业文化的价值观融入人力资源管理的具体措施与方法时，就会与员工现有的价值观念发生反应和磨合，从而巩固和加强原有的企业文化，丰富、完善和升华新建的企业文化，而一旦企业文化内化于员工身上，将对企业的技术创新产生积极的影响。因此，企业文化创新作为企业的一种意识形态，是最能通过发挥员工的主观作用来影响企业技术创新的一种软性资源。

敢于创新的企业文化有利于实行人性化管理。创新的本质就是坚持"以人为本"的人性化管理。人性化管理是一种把"人"作为管理活动的核心和企业最重要的资源，把企业内部全体员工作为管理主体，围绕如何充分利用和开发人力资源，服务于企业内外的利益相关者，从而实现企业目标和企业成员个人目标的管理理论与管理实践活动。其核心价值观是尊重人、关心人、激发人的热情，满足人的合理需要。首先，人性化管理体现了员工在企业创新活动中的主人翁地位。在企业创新过程中，每个员工都是创新的参与者，只有充分发挥全体员工的积极性和聪明才智，才能促进企业创新顺利进行。其次，在企业创新过程中，不仅要在物质、精神、企业价值等方面综合满足员工的需求，还要将奖励和制约适度结合，使员工和企业成为真正的命运共同体和利益共同体。最后，在人性化管理中，必须要求员工不断加强学习，不断增强员工的综合素质。只有尊重广大员工的创造精神，重视调动一切积极因素，鼓励和支持一切创新活动，创新才能凝聚人心、群策群力、开拓奋进，成为企业持续获得强大动力的源泉。

4.3.3　数据管理夯实基础

1. 威芸旗袍现阶段数据库应用

威芸旗袍之所以能够成功运用数据驱动单件流生产模式的又一原因，便是它完美地运用了其庞大充实的数据库。但是我们发现，企业在进行管理与决策的每个步骤都会运用大数据。威芸旗袍能成功运用数据驱动单件流模式，就是依赖其庞大的数据库。

一手创办威芸旗袍的叶氏姐妹俩从祖辈开始便是旗袍裁缝，姐妹俩受长辈的影响也选择走制作旗袍的道路，并将针法、绣法等一直传承下来，而且将绣法、针法等手工工艺进行数据编程，再输入计算机系统进行操作，充实了威芸旗袍的数据库。

威芸旗袍的前身是手工作坊，通过多年的实践，积累了大量的制版与客户身形数据，也知道不同身形客户的大体尺寸，如胸围、腰围、臀围等。大量的制版和经验积累使得威芸旗袍对于成衣制作十分得心应手。威芸旗袍将这些数据应用于单件流生产模式，可以应用这些数据进行模拟制版，并通过数据得知需要多少用料，也可以明晰知道选用哪些材料。威芸旗袍不仅拥有中国女性的数据，甚至有全球女性体型的大致尺寸数据，这是威芸旗袍的又一大优势，使得威芸旗袍被指定为中国外交中赠予女性的礼物，提高了客户满意度。

数据的收集一方面来自客户，三代积累的版型与客户身形数据，让威芸旗袍能够接受各地域乃至各国女性的旗袍订单制作。另一方面是从企业应用软件而来的数据，比如威芸旗袍自建的"柔智云"软件，可以根据制单数据进行跳页，提高旗袍制作的生产效率。在企业的管理模式中，应用系统数据精准地算出下一级应该配发何种材料及多少材料，最大限度地合理分配生产要素，降低生产成本。威芸旗袍配有自己的数据分析团队，开发"柔智云"软件与改"领"为"配"的管理模式，都是基于数据分析作出的决定。威芸旗袍通过数据分析看到了线上商城的热度，同时开展线上模式。

2. 数据库经验及改进方向

威芸旗袍颇为远见地意识到人体体型数据在旗袍设计生产中的重要作用。作为服装设计制造中号型归类和规格设计的重要依据，建立数据库平台实现人体体型大数据的数字化存储和检索，为企业生产制造提供必要的数据和技术支撑。威芸旗袍将三代累积的人体数据和刺绣技巧通过数字化存储形成了企业独立的数据库，在设计与生产方面有得天独厚的优势。

在实施数据驱动之前，企业领导者应具有收集数据的广阔视野，收集多种类型的数据，而不是仅仅收集旗袍相关数据，用以满足旗袍设计要求。因为当涉及日常生产管理问题时，单件流服装生产作为精益生产理论在服装行业的典型应用，其本身需要收集大量的数据并对数据进行定量分析，从而实现生产过程持续改进。仅靠单件流生产模式，不能对旗袍生产过程进行持续的优化和改进，无法充分发挥单件流生产模式的优势。威芸旗袍拥有独立研发的单件流生产线信息管理系统，收集生产要素的具体参数后录入软件，再由软件自动计算分析得到最合理的生产要素配比，以达到最低生产成本和最高生产效率。例如，订单插件充分证明了数据的效果，通过查看数据库中工人在各生产流程的工作时间和工人工作情况，计算插件时间和配对相应工人，在不影响工人正常工作时间和效率下完成插件。

威芸旗袍在数据收集和数据分析方面仍有改进空间。国内外人体数据库以三维扫描为主，辅助以手工测量的方法来采集数据。威芸旗袍在数据收集上还是采用较为复杂的手工测量为主，且没有对旗袍外的信息进行采集，在此方面，威芸旗袍可以利用国内规模较大的数据库。现存人体数据库的功能大都集中在数据统计、体型分析、人体建模和生成报告等四大功能上，其中体型分析符合服装行业对人体数据库的特殊需求。此外，威芸旗袍可以在进行人体测量时，直接在数据库中实现对人体体型数据统计报告的生成，省去借助其他单独统计软件进行分析的烦琐程序，提高对体型数据的利用效率。

数据库及其管理系统是对样式信息进行存储和管理的模块，通过对目标元素检索进行排列组合，实现智能化设计。一个完善的旗袍数据库要有明确的数据库结构，存储样式风格名称、样式曲线形态、样式图案定义、针法和绣法定义等内容。数据库内容可以不断更新和扩充，保证存储的样式信息与流行同步。数据库管理系统负责对数据库进行组织、检索与维护。系统从数据库中提取符合客户描述的元素集合，进行排列组合后构成数量庞大的样式库集合。为了达到相同选择、无穷变幻的效果，数据库内容必须丰富，使用户在选择计算机随机生成的样式时，呈现的效果多元化，体现其智能化。

3. 生产和营销上的进一步应用

未来，威芸旗袍可以通过"云服装智能平台"进行数据库的扩充，实现一种互动式营销，通过数据分析选出最受欢迎的款式与样式，由顾客自己进行设计。也可以将"云服装智能平台"做成一个品牌平台，作为合作商或者加盟商合作平台，为旗袍企业制定行业标准与目标展望，推动旗袍企业的发展。不论是威芸旗袍单件流生产模式的运行还是威芸旗袍本身的发展，庞大的数据库都是必不可少的，也是其最突出的优势之一。现在企业正处于品牌生命周期的成长期阶段，旗袍制品本身发展成熟，品牌化道路也正处于上升阶段。因此，威芸旗袍应该抓住杭州国际地位提升之机遇，积极响应国家号召，加速平台的开发与上线运营，进一步完善自有数据库，再将数据库数据与单件流生产模式相结合，根据数据分析结果优化生产。威芸旗袍可以成立企业专门的数据分析团队来系统科学地对数据加以分析，还可以搭建企业内部管理信息系统，将相应的数据与环境情况相结合，得出相关信息指导企业的管理与生产。

同时，大数据还可应用于威芸旗袍生产方向。在生产制造阶段，大数据技术可以帮助威芸旗袍实现生产过程的以下六个方面。

（1）生产异常发现。传统方法容易破坏信息完整性，不利于发现设备异常。在大数据模式下，基于制造数据的分析对关键参数进行提取以发现设备异常模式，优化设备控制。

（2）提高产品的质量控制。在产品的质量控制过程中，传统模式主要就是进行数据的筛选和参数分析，这个过程介入了人工分析进行质量预测，数据筛选过程淘汰了许多有效的数据资源，参数分析过程经常存在人工经验判断情况，使得预测模型对整个产品加工过程信息描述残缺不全，不能发现产品质量问题的深层次原因（如误差累积）。而在大数据模式下，根据产品的加工工艺过程，对产品质量相关数据按层次进行组织，利用多隐藏层的神经网络对加工过程中产品质量数据的相互作用机理进行深度学习，从而对产品质量问题进行全面、深层次的描述。

（3）提升大规模生产调度的全局性能。企业生产调度出现问题往往是因为计划赶不上变化。因为计划通常是在一个理想状态下作出的，但当旗袍工艺和生产环境越来越复杂，生产规模越来越大时，所做的计划就可能不适合了。传统的智能调度方法难以求解大规模的调度问题，基于规则和瓶颈的方法在大规模问题中又很难得到全局优化；大数据带来了新思路，它利用全局数据之间的关联关系形成全局的调度方案，能够解决大规模生产中的全局调度问题。在产品的运行和维护过程中，大数据模式一改传统被动的运行模式，通过采集和分析智能设备的传感器数据，进行大数据分析，主动进行产品的安全监测和故障诊断，优化产品的运行过程。当产品完成产出，进入营销阶段时，威芸旗袍可在大数据的基础上进行针对性的营销。

（4）基于客户的需求定制改善产品。客户留下的信息数据作为其潜在需求的体现是企业定制改善产品的一项有力根据。积累足够的客户数据，就能分析出客户的喜好与购买习惯，甚至做到"比客户更了解客户自己"。这一点才是许多大数据营销的出发点。威芸旗袍拥有大量经验和数据，利用这一点，威芸旗袍转变为一个标准化与本土化战略并行的公司，利用大数据分析出各地的区域流行色并在保持旗袍整体风格不变的大前提下作出客户需求的市场区分。同样，在威芸旗袍的官网上，客户可更改体型数据和提出设计意见，这可作为一项市场调研大数据融入企业新产品的研发，且由此映射出前沿观点和时尚潮流，使企业充分了解客户需求。

（5）开展精准的推广活动。基于数据的精准推广活动可大致分为三类。首先，企业作为其产品的经营者可以通过大数据分析定位到有特定潜在需求的受众人群，并针对这一群体进行有效的定向推广以达到刺激消费的目的。可利用各大电商平台进行品牌传播，吸引对旗袍有需求的群众，宣传威芸旗袍品牌的高端化与个性化。其次，针对既有的消费者，企业可以通过客户的行为数据分析他们各自的购物习惯并按照其特定的购物偏好、独特的购买倾向进行一对一的定制化商品推送。利用短信推送、官网查询个性化产品都是可行的营销方法。最后，企业可以依据既有消费者各自不同的人物特征将受众按照"标签"细分，再用不同定制化的活动向这些类群进行定向的精准营销。对于日常喜爱旗袍着装者，企业需要适当地推荐适合日常着装且注重舒适的旗袍；而对于一般仅在正式场合穿旗袍者，更注重旗袍的面料和工艺，提升正式场合穿着的仪式感。

（6）维系客户关系。挽留流失的老客户也是一种大数据在商业中的应用。威芸旗袍根据以往的订制记录确定可能濒临流失的客户名单并据此发送给这些客户回访信息，询问不再订制的原因和对旗袍订制销售等各方面的建议，挽回流失的客户。另外，可从客户访问的各种网站判断其最近关心的信息是否与企业相关；从客户在社会化媒体上所发布的各类内容及与他人互动的内容中，可以收集千丝万缕的信息，利用某种规则关联及综合起来，就可以帮助企业筛选重点的目标客户，并利用大数据帮助企业识别各类客户。针对忠诚度各异的消费者实行"差别对待"和"量体裁衣"是企业客户管理中一项重要的理念基础。

4.3.4　技术革新持续保障

1. 自给自足开发技术

威芸旗袍成功运用数据驱动单件流模式最主要的原因是公司自给自足开发技术，将数据与单件流生产模式相结合，用数据说话，让数据结果来指导生产。

单件流模式因为车位的独特性，无法进行回流操作。为了解决这个问题，威芸旗袍便利用订单数据，借助软件实现跳页插单生产。在单件流生产线上，由水蜘蛛进行裁片发放，而发放的数量由数据分析结果决定，完美地通过软件技术将数据运用于单件流模式，借以降低生产成本，同时可以满足急单客户的需求，提高客户满意度。

与此同时，威芸旗袍开发了供制作使用的计算机系统绣花机器。计算机系统绣花机器中储存有威芸旗袍三代经营者积累的绣花针法数据，通过数据进行驱动，将这些数据进行编程，由计算机完成相应工作。因此，威芸旗袍整件旗袍的手工与绣花由计算机系统绣花机完成，其余部分由同一工人制作完成，保证了一件旗袍的整体性与高质量，符合威芸旗袍的自身定位，效率也是人工绣花的3倍，提高了旗袍整体制作效率，便于威芸旗袍生产的小批量快速反应，且节省了人力成本，保证效率的同时也保证了旗袍质量，为旗袍品牌化道路打好了基础。

为了实现威芸旗袍单件流生产模式，各环节系统逐步替换成由自己公司统一研发的系统，力求做到与深广两地使用单件流生产模式的公司不同，通过使用"柔智云"软件，各环节系统可以做到同步更新、同步升级，最大限度地减少库存的挤压并打通各环节工种、工艺，合理处理各环节选材用量的数据等。这样便可以进行跳页生产，这也是其他同类型企业无法做到的。各环节系统还用于处理紧急下单与加单的客户，这也是威芸旗袍单件流生产模式的一大独特之处。

威芸旗袍的"云服装智能平台"可以由生产方在生产之前对本次生产的旗袍数据进行模拟，也可以由客户使用。客户在平台输入自己的身形数据后，由计算机模拟穿着效果，便捷客户选衣，减少网购服装的不满意度。终单销售中，平台也可以继续收集客户数据，扩大威芸旗袍的现有数据库。

威芸旗袍不断提高自己的科学技术，响应国家号召，走在智能制造的前沿。这种创新模式其实也是一种熊彼特式创新①，属于熊彼特式创新中的"技术创新"，颠覆了传统的整衣流生产模式，使用生产中还未完全推广的单件流模式。未来除了跟进管理模式，解决提高员工积极性等问题以外，还需要不断保持在技术方面的领先，保证在科技创新方面的投入，做到"人无我有，人有我优"。将来也可以继续运用熊彼特式创新理论，进行资源配置创新或者组织创新，不断加强自身实力。只有这样，威芸旗袍才可以走向品牌化道路，做一个百年企业，甚至实现无数个"百年计划"。

2. 技术让产业更高效

目前市场上大部分服装公司的服装工艺系统还不是很完善，在服装工艺上的应用还比较少。究其主要原因，是服装工艺系统不够人性化，运用起来不方便，而且设计工具比较烦琐，用手工一步可以完成的程序，在工艺系统中却需要多次选择工具，而且系统提供了大量快捷键，因此在绘制时又需要不停地更换快捷键，这就使得设计工作变得烦琐，这也降低了设计师运用计算机系统的欲望。工艺设计需要依赖工艺师长期以来的经验和工艺知

---

① 熊彼特式创新：由约瑟夫·熊彼特（Joseph AloisSchumpeter）创立的创新理论模式，即产品创新、技术创新、市场创新、资源配置创新、组织创新这五种创新概念。

识，这种知识非常抽象且很难用语言来概括和表达，因此也很难形成一种系统化的知识体系，导致服装工艺系统难以在服装公司普及。

"柔智云"软件是威芸旗袍专为旗袍制作打造的计算机系统，建立了庞大的数据库支撑其运行，成立了一支专门的团队用于开发和维护软件。由于旗袍工艺连接着旗袍设计与旗袍生产，在旗袍生产中的作用非常大，旗袍工序安排直接决定生产效率，威芸旗袍自主研发软件根据工序不断建立和改进软件功能，使两者在运行过程中环环相扣，提高了生产效率。威芸旗袍还通过技术合作，将对旗袍行业尤为重要的经验和针法等数字化，形成系统的数据，方便建立数据库，在未来的更新、维护和使用中发挥效果，节省信息调取与录入的时间。此外，旗袍行业的特殊性使得部分旗袍制作人员年纪相对较大，因此设计更强调"以人为本"，给操作者提供一个人性化的工作环境，尽量降低工具的烦琐程度，使其使用起来更加方便、快捷，以提高系统的工作效率。

针对不同产业，技术重点研发方向不同。在旗袍制作工艺中耗时长、生产复杂的环节，威芸旗袍重点开发新技术。例如，旗袍绣花工艺耗时长且复杂，威芸旗袍研发绣花机器代替人工，所有机器可同时开工，以提高速度且不会出错。同时，有计算机系统在背后支持，能随时更改图案，绣花机器的效率可以提高3倍。打板剪裁在"柔智云"软件精确的计算分析下，可节约布料成本。

技术对企业的发展至关重要。未来的服装业也将会在科技的影响下逐步向着全球化、个性化、绿色化、高科技化方向发展。科学的管理是服装企业经营的基础，先进的生产设备和科学的工艺安排可保证服装企业的产品质量和生产效率，而互联网的发展又给服装企业带来了新的商机。未来，专用设备的功能趋于集成化，一个操作工可操作多台设备；计算机控制技术进一步向纵深发展，谋求实现无人操作的服装生产系统。服装企业只有确定其经营理念，明确发展方向，认识科技并运用科技，才能在未来的国际市场上立于不败之地。

3. 技术与网站的改进

（1）发展三维立体设计。旗袍的合体性一直是设计师追求的重要目标，也是提高旗袍产品市场竞争力的重要因素。有关专家认为，由平面设计发展到立体设计是解决上述问题的有效措施。立体设计需要实现建立三维动态人体模型，直观地表现旗袍多个侧面的效果，产生布料悬垂立体效果，在屏幕上逼真地显示穿着效果的三维彩色图像及将立体设计近似地展开为平面衣片图等功能。三维模特也会实现不同方向的智能转身，并做出各种动作，以测试旗袍的放松量、松紧度以及穿到人体后的舒适度。

（2）向智能化方向发展。随着科学技术的不断发展，系统不断更新内部数据，以此来更好地结合当前的流行趋势。在完成款式图的设计后，计算机会根据效果图自动地调出与之相对应的样板，或者由制版师在样板的基础上自行修改，更加智能化。系统还能通过自学功能，自动记录打版师的制版过程，进行"学习、总结"，自动升级，保持使用率高的样板，摈弃利用率低、样子过时的样板。"柔智云"软件保持更新，工序排列更加自动化，更加"人性化"，数据更加准确。网络营销这种传播技术凭借不可比拟的优越性应用十分广泛。现在，很多服装企业建立了自己的网站进行网络营销，但大多数都偏重于宣传作用。服装企业的网站要充分利用网上营销的理念来辅助企业经营的全过程，包括市场调查、顾客分析、服装设计开发、营销策略、信息反馈等环节。利用互联网对服装的售前、售中、售后各环节进行管理和服务。

（3）网站建立依托消费者的特点与需求。开发服装企业网站，应提供清楚的动线规划、亲和的人机界面、匠心独具的图形设计及灵活的互动活动。网页制作设计要充分考虑消费者的心理特点和审美情趣。网站的策划必须确定服装企业营销的具体目标，它包括如何树立企业形象、如何展示产品、如何拓展企业的市场空间、如何改进售后服务等。在服装市场分工如此严密的今天，服装往往是定位在一个很狭小的消费群体中，服装销售量的扩大不是通过扩大消费群体的范围，而是扩大在世界范围内的市场空间和占有率。因此，网站的策划必须考虑消费群体的特点，有针对性地扩展与服装相关的内容。

4.4 总结与启示

单件流生产是服装行业新兴的生产方式，它可以解决传统整衣流生产的弊端和浪费现象，是企业提高生产效率、改进质量、减少浪费的有效途径。单件流在国内服装行业的应用还存在很多问题有待解决。单件流要求的是企业的整体管理水平，特别强调产前准备，硬件、软件、人员的准备都要到位。物料、设备、员工技能、专业的生产管理人员等对前置作业的要求高，强调同步化，必须确保前后工序相等的速度。目前我国多数生产企业依赖传统经验管理，推行单件流的条件还不够成熟。但作为一种新兴的生产方式，单件流在我国服装行业有很大的推广和提升空间。威芸旗袍作为成功实施单件流的企业，在2017年毅然改革，引进单件流设备，从实际应用和效益上证明了威芸旗袍推行单件流生产的可行性和正确性，对新生产方式的推广有很大的借鉴意义。同时，威芸旗袍利用数据驱动将多年累积的丰富经验转化成数据，通过IC-MES控制流程，数据不仅驱动单件流生产模式，同时也对威芸旗袍的管理和决策的制定下达起到了驱动指导作用，两者结合的双轮驱动使旗袍制作从简单的手工作坊迈入了工业化生产模式。

从单件流生产角度，服装企业若要在实施单件流下取得成功，需有条不紊、循序渐进地推行单件流或者按照其思想进行改善。在推行过程中是对企业各个环节、软硬件环境的一次考验和提升，要实施好单件流，除了要求在制品要单件流动、生产节奏化、按加工顺序排列设备外，还需要做好作业标准化、多能工培养等，尤其是对产前准备要求很高。单件流为企业提供了一种低成本提高生产效率的有效方法，对传统服装企业提升管理水平具有重要的指导意义。单件流能驱动客户、生产企业、设备供应商之间的密切合作，若能全面实施，则会发挥单件流的强大效用，将会带来巨大的社会效益和经济效益。此外，推行单件流也会暴露出许多企业生产中的问题，参与的员工和管理人员要有足够的思想准备和随时解决问题的能力，共同找出办法，才能继续下去。因此，产前准备要充分考虑到相关技术和管理人员的培养。

从数据驱动下生产方式的转变角度，对于服装企业的供应链重组来说，成功的关键是在云计算、物联网等信息技术的应用基础上对数据信息深入分析和整合利用，实现以需求为导向的供应链协作。服装企业的供应链包括供应商管理、面辅料采购、质量管理、生产服装、销售物流及其信息化建设等方面，要想拥有强大的核心竞争力，必须满足快速反应、多款少量等个性化需求，同时具有较强的产品质量和成本控制能力。通过大数据分析获得消费者的需求和偏好，并通过互联网实现碎片化小订单集中化生产，以实现对成本的控制等要求。例如，借助电商平台等，服装企业可以把新产品小批量地试销来直接、实时测试顾客的反应，根据浏览量、订单量、成交量等销售数据来分析顾客偏好和预测未来需求走向，并进一步对新产品的规模化生产计划进行安排。利用信息共享的销售 POS 系统和动态补货的 ERP 系统，服装企业可以实时了解产品销售情况，及时做好库存补充和物流配送安排。当出现畅销产品供不应求时，服装企业自动利用多频次、小批量的补货方式尽可能充分、快速地满足市场需求；当出现滞销产品供过于求时，服装企业及时更新该产品的生产计划，调整生产线，采取多种促销手段消化库存，减少资金风险。

威芸旗袍为适应单件流生产转变传统管理模式，在进行管理与决策的每个步骤都运用了大数据；不仅如此，还专门研发软件以适应公司独特的服装行业，充分整合和利用信息技术的优势，以顾客为中心，迅速响应市场需求，提高企业的核心竞争力，也为我国正在转型升级中的服装业提供更多的实践指导。

对于服装企业来说，不受限于传统的做法，将改革创新融入自己的企业文化，让创新文化驱动提升企业的创新能力。要勇于开拓适合自己所经营服装特征的生产方法或者销售模式等。一味地追随别人的脚步，就只能跟在别人身后，永远无法成为行业翘楚。要时刻把握国家政策动向，模式的创新要乘着国家政策的东风才能得到更多的资源与更强力的技术支持，这样才可以强化企业创新，获得更大利润，再将一定比例的利润投入创新，以创新驱动企业发展，形成良性循环。在使用同种新模式的情况下，也要保证自己的优势，或者具备别人暂未使用的特点。例如，威芸旗袍的"智能吊挂流水线"可以实现打通工序与普通单件流生产模式所不能实现的跳页插单等工作，保持自己的领先优势，满足客户的多种需求，做到"人无我有，人有我优"，以此也可以提升客户忠诚度。除了改进产品本身以外，企业也可以不断地自我完善，走品牌化道路，提升企业的知名度，在主营产品已经成熟时，适当地扩展自己的产品线，延长品牌生命周期，提高企业的营业额与市场份额。

对于所有 C2B 企业来说，了解目标市场客户需求也是最重要的步骤之一。C2B 企业应该抓紧时下的大数据技术，对于客户的基本数据、偏好数据以及其他相关数据进行收集、统计、分析，把握客户与市场动向，省去复杂烦琐且精准性不足的理论分析，让直观的数据结果来指导管理、生产、营销及销售模式。可以搭建相关的平台或者软件来进行数据收集管理，让数据成为自己资源的一部分，通过数据分析结果，制订最适合自己的产品管理、生产、营销及销售模式，提高企业的生产效率，同时也可以为客户带来更好的用户体验，使企业立于不败之地。

【案例点评】

单件流生产是服装行业新兴的生产方式，是通过合理制订标准生产流程并安排好每个工序的人员量和设备量，使每个工序耗时趋于一致，以达到缩短生产周期、提高产品质量、减少转运消耗的一种高效管理模式。它可以解决传统捆包流生产的弊端和浪费现象，是企业提高生产效率、改进质量、减少浪费的有效途径。单件流生产在我国服装行业有很大的推广和提升空间。杭州威芸实业有限公司（习称威芸旗袍）是一家集旗袍设计、制作、销售为一体的公司，本案例以威芸旗袍为研究对象，对其在数据驱动决策下的单件流生产模式进行了深入研究。

本案例很好地展示了威芸旗袍的"单件流＋数据驱动"的双轮驱动模式，一方面对威芸旗袍的单件流生产过程进行了详细分析，另一方面对数据驱动的过程与改进措施进行了详细论述。在此基础上，探讨了"单件流＋数据驱动"双轮驱动所带来的成效，包括生产效率的提升、成本降低、适应个性定制、设计符合大众体型和审美等。案例研究发现：一是从单件流生产角度，服装企业若要在实施单件流下取得成功，需有条不紊、循序渐进地推行单件流或者按照其思想进行改善，在推行过程中是对企业各个环节、软硬件环境的一次考验和提升。要实施好单件流，除了要求在制品要单件流动、生产节奏化、按加工顺序排列设备外，还需要做好作业标准化、多能工培养等，尤其是对产前准备要求很高。二是从数据驱动下生产方式的转变角度，对于服装企业的供应链重组来说，成功的关键是在云计算、物联网等信息技术的应用基础上对数据信息深入分析和整合利用，实现以需求为导向的供应链协作。

回顾本案例，威芸旗袍作为成功实施单件流生产方式的企业，在 2017 年毅然改革，引进单件流设备，同时将多年积累的丰富经验转化成数据，通过 IC-MES 控制流程，数据不仅驱动单件流生产模式，同时也对威芸旗袍的管理及决策的制订下达起到了指导作用。研究团队通过深入挖掘，一方面给威芸旗袍的未来发展提出了包含充分发挥数据库作用、技术的再升级、保证生产节拍、提高员工积极性的对策，另一方面，对其他企业，提出不要受限于传统的做法，要将改革创新融入企业文化中，同时，在使用同种新模式的情况下，也要保证自己的优势等建议。

本案例具有较高的可读性，整个案例的结构设计与陈述逻辑也十分合理，相信通过对本案例的解读，能够让读者了解威芸旗袍是如何适应单件流生产方式并从传统管理模式转变到数据驱动管理模式，也希望本案例能为我国正在寻求转型升级中的服装企业提供更多的借鉴意义，为我国智能制造的进步贡献一点微薄力量。

点评人：禹献云（杭州电子科技大学副教授）

案例五　老板电器以 KDS 驱动制造企业服务化发展[①]

老板电器创立于 1979 年，经历 40 余年的发展，已成为国内厨电行业龙头企业。老板电器从 2007 年开始以技术创新、服务引领和品牌优势为核心动力，宣布将品牌定位于家电领域，并逐步建立起完善的服务体系。8 年时间，老板电器服务体系不断完善，服务化范围也在不断扩大，由其首创的 KDS(Kitchen Design Service，厨房设计支持)服务体系已成长为厨电行业的标杆。

老板电器以特有的服务体系和品牌优势占据市场高地，凭借一系列的服务化发展策略，其 2019 年度"非常满意率"突破 98%，成为行业售后服务标准的楷模。团队通过运用制造服务化理论全方位解读并提炼老板电器的 KDS 服务体系背后的通用模式将老板电器 KDS 服务体系的三个方面拓展到制造业企业通用的用户场景定位、产品设计和服务环节完善三个方面，这不仅有助于探究厨电行业的转型发展方向，也有助于为中国制造业企业竞争力的提高和转型提供方向与借鉴。

5.1　老板电器公司简介

5.1.1　老板电器发展历程

老板电器成立于 1979 年，前身为杭州余杭红星五金厂；1980 年至 1986 年开始定位于钣金行业，具备了从产品的原型设想到成品面试的一体化开发能力，依托于技术和工艺体系，钣金产品广泛涉及冰箱、电扇、吸油烟机(也称抽油烟机、油烟机或烟机)等家电产品的配套；1988 年开始尝试研发整机产品，推出自主品牌"红星牌"——国内第一代吸油烟机，由钣金行业向厨房家电行业转变，确立了研发、生产、销售、服务为一体的业务模式，与此同时，一个更能体现自主、自信、追求成功的品牌——"老板"，经国家商标局审核通过注册

[①] 该案例获得 2020 年浙江省大学生经济管理案例竞赛一等奖。作者：宣欣祎、瞿肖鹏、杜成坚、褚嘉童、张泳宇。指导教师：王雷。

成功，覆盖四十大类产品领域。1990 年，老板 PY 系列吸油烟机成功进入国内及泰国市场。

1995 年，杭州老板实业集团有限公司成立，其下辖多个紧密型企业，专业生产厨房电器产品，产品市场占有率持续保持领先，年生产能力突破百万台。此后老板电器开始研发并生产国内第一代深柜型油烟机，引领行业产品变革。1998 年，在深柜型吸油烟机的基础上，老板电器率先研发油烟机突破性技术"免拆洗"，成为行业内首家通过 ISO9000 质量体系认证的企业。之后，老板电器实施体制改革，成为民营股份制现代企业，再次明确定位于电器（厨电）行业。

2000 年，老板电器提出"夯实基础，精耕细作"的营销战略思想，全面拉开市场份额高速增长的序幕，在"决胜终端""提升品牌""规范管理"等思想的指导下，市场份额连年保持 40%～50% 的增长。2005 年，据市场调研机构数据表明，自 2003 年起老板电器市场占有率占据全国首位，成为行业中首批获得"中国名牌"荣誉的企业。2007 年开始老板电器以技术创新、服务引领和品牌优势为核心动力，宣布品牌定位于家电领域。2010 年老板电器于深交所正式上市，2015 年蓄力于厨房小家电领域，实行产品结构多元化，2018 年获"CCTV全球领先民族品牌"，占据全球厨电业高端市场。老板电器一直以来在为"树百年企业、创百年品牌"而不懈努力。

多年来，老板电器逐步发展壮大，从早先的油烟机领域扩展到厨房家电领域，近些年来公司始终将市场定位于厨电领域，其主要经营范围包括吸油烟机、燃气具、消毒碗柜、烤箱、蒸汽炉、微波炉、洗碗机、净水器、多功能水槽、厨房用品以及其他厨房电器的制造、加工、销售，并经营进出口业务、家电技术服务等。老板电器专业生产吸油烟机、燃气灶、消毒柜、电烤箱、蒸箱、电压力锅、电磁炉等厨房电器、生活小家电产品，经过 40 余年不断地发展与壮大，现已成为中国厨房电器行业发展历史最长、生产规模最大、产品类别最齐全、销售区域最广的龙头企业之一。

5.1.2 老板电器发展特色

在激烈的市场竞争中，技术、渠道和服务是老板电器取胜的三大关键因素。通过专注技术研发提高企业核心竞争力，加强渠道合作打通销售增长的最后一公里，老板电器为客户全新的消费需求提供最优方案。此外，客户至上的服务意识和服务水平，始终是老板电器不变的追求和首要的方向。

1. 创新技术聚焦核心需求

老板电器不遗余力地推进技术创新，精准对标客户需求。40 多年的发展历程，老板电器始终坚持技术型企业的定位。尤其在 2017—2019 年三年规划中，老板电器更是把打造技术驱动型公司作为重中之重。凭借多年的厨电研发经验，老板电器收获了多项自主创新的产品专利技术，如大吸力、主火中置、回型杀菌、悬浮感应技术、A++滤油网、水离子技术等，并且多次引领行业改革，引领市场潮流。自 2016 年投资 7.5 亿元建成行业首个数字化智能制造基地后，老板电器的技术创新之路走得更稳更远，每年直接节省人工费用 3500 万元左右，生产效率平均提升 30% 以上，产品一次优良率达到 96% 以上。2018 年 3月，老板电器正式启动智能制造二期项目，智能工厂升级为智慧工厂，为更好地推动技术创新搭建了更大的平台。

2. 渠道融合撬动新增长点

在渠道方面,老板电器采取了"稳定一、二线城市,激活存量市场;下沉三、四线城市,促进增量市场"的策略。在一、二线城市,经过多年的发展,老板电器的品牌形象早已深入人心。当前,老板电器通过新增厨源店,优化用户的产品体验,继续提升品牌地位和高端影响力。随着城镇化的加速,内需市场进一步释放,三、四线市场将呈现高速增长,渠道下沉成为厨电品牌应对行业"寒冬"的必要手段。此外,老板电器通过加强与苏宁、京东、红星美凯龙、居然之家等渠道的合作,促进了多元渠道之间的融合。2018 年 10 月老板电器成功与中国家居流通行业两大领军品牌——红星美凯龙和居然之家建立战略合作伙伴关系,借助两大品牌多年积累下来的优势——稳定的高端消费者基础、一流的经营经验和优质的商业资源,彰显品牌的市场地位,进一步促进销售增长,充分满足广大消费者对品质生活的向往。

3. 服务营销强化核心竞争力

近年来,消费更新换代速度加快,对于消费者而言,面对同质化产品的选择,服务具有重要的吸引力,对于企业而言,服务就是新的增长点和突破口。传统行业企业竞争多集中于价格竞争,而如今企业要想胜出,服务则是制胜的一大关键因素。老板电器自 2008 年进入电商时代开始,就着力于企业服务体系的建设,经过多年探索实践,最终推出了"五星全程管家"、业内首创的 KDS 服务体系等来增强企业的核心竞争力。这种始终坚持客户至上的服务精神,成功赢得了市场的"点赞"。

5.1.3 老板电器服务体系发展历程

在消费升级的大趋势下,我国居民消费呈现出从有形物质产品向更多服务消费转变的趋势,国人对服务有着更高的要求。消费者对企业服务的高度评价,无疑是企业魅力的彰显,是无形的增值资产。因此,一家成熟的企业,总是能将客户的需求放在第一位,善于在企业服务上"下功夫",通过为客户提供极致的服务体验,进而达到"俘虏"人心的目的。

自 2008 年正式开启电商之路以来,老板电器逐步建立起完善的服务体系,并且赢得了客户和行业的高度评价,成为超 3500 万中国家庭的信赖之选。

2010 年,老板电器将其服务升级为"五星全程管家",内容涵盖了厨房设计支持、送货安装、维护修理、养护指导、跟踪安检等五个层面的星级服务标准。随后,老板电器再次升级服务系统,在业内首创"烟机未至 服务先行"的 KDS 服务,为客户提供产品组合及厨房布局等专业意见。

8 年时间,老板电器的服务体系不断完善,服务团队也在不断扩大,KDS 服务的技术水平也已然成长为厨电行业的标杆。截至 2018 年上半年,老板电器在全国共有 84 支专业工程队、2000 多家专业网点和 4000 多名服务工程师,为全国各地的用户提供全方位的 KDS 服务支持。

2018 年,在秉承"快速、智能、尊享"三大理念的基础上,老板电器又对 KDS 服务进行了全新升级,其中重点升级了三大服务流程,贯穿用户厨电购买、安装、售后的全程,为用户提供星级全面、星级即时、星级专业、星级贴心、星级周到的"五星级"服务。老板电器的用户迎来了售后服务大升级。

此外，在以"星服务 新体验"为主题的老板电器 2018 产品趋势发布暨双 11 启动会上，老板电器正式对外推出了为用户打造厨房全新升级服务计划——"三心承诺＋SSR 俱乐部"，不仅考虑到用户的售前、售后安装问题，还关注到了存量用户的厨房翻新问题，并提出了全方位的解决方案。

正是凭借一系列的服务升级策略，老板电器 2019 年度的"非常满意率"突破 98％，成为行业售后服务标准的楷模；同时，老板电器也是厨电行业内唯一同时获得"全国油烟机类最佳售后满意品牌""全国售后服务十佳单位""全国十佳呼叫中心"称号的企业。

5.2 老板电器的 KDS 服务体系

5.2.1 服务体系的战略设计

1. 产生背景

近年来，房地产业持续增长、人们生活水平不断提高和中国城镇化建设等因素促进了厨电行业的飞速发展，但在我国欠发达地区，厨房电器的普及率较低。可见目前厨电市场处于发展提速阶段，仍有巨大的需求发展空间。近几年厨电在整个家电行业中一直一枝独秀，保持着较高的增长态势，油烟机、灶具等传统品类产业转型升级持续推进，厨房电器被视为最具投资前景与增长潜力的行业。

然而，受地产后周期延续低迷、经济增长放缓以及精装市场对传统零售挤压等因素的影响，近几年中国厨电市场处于下行通道。据不完全统计，2019 年传统厨电（仅指油烟机、燃气灶和消毒柜）行业出货额同比下滑了 10％左右。从增长结构来看，2019 年厨电市场新增需求占比 58％，更新需求占比 42％。中国厨电市场未来 5 年将处于结构换挡期，来自农村市场的新增需求和来自一、二线市场的换新需求将成为下一阶段促进厨电市场增长的核心要素。图 5 - 2 - 1 为近年来我国厨卫家电市场规模变化示意图。

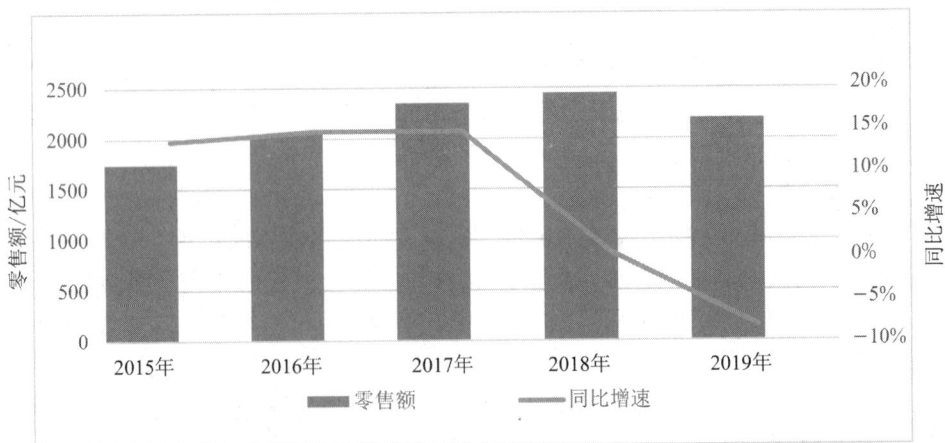

图 5 - 2 - 1　近年来我国厨卫家电市场规模变化示意图

从品牌表现来看，2019 年传统厨电企业整体表现一般，其中头部品牌营收相比平稳，并且净利润增长可观，传统二线品牌则表现不佳，不管是营收还是净利润都出现了不同幅度的下滑，而三、四线品牌则分化比较严重，特点不突出、核心能力欠缺的企业的发展越来越难，而有一定品牌、技术、服务、渠道基础的企业则表现尚可。

从油烟机品牌集中度来看（见图 5-2-2），奥维云网（AVC）监测数据显示，2019 年市场 TOP4 的品牌集中度为 63.1%，相比 2018 年略有下滑，TOP5～TOP10 的品牌集中度为 19.6%，相比 2018 年，品牌集成灶略有提升，尾部品牌的集中度为 17.3%，品牌集成灶同样有所上升。

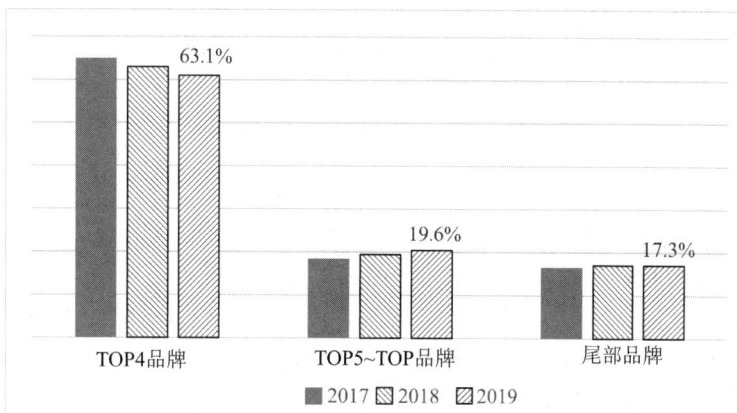

图 5-2-2　油烟机市场 top 品牌集中度（销售额）示意图

从品牌的竞争来看，厨电的相对高毛利吸引了众多品牌的跨界进入，同时也加剧了市场竞争。

从全国油烟机市场来看，老板电器和方太油烟机成为市场最受欢迎的品牌产品。2018 年老板电器和方太占据了全国油烟机市场 53% 以上的份额，垄断了中高端油烟机市场，华帝、美的、海尔等则是第二梯队，而低端产品则以地方性中小代工企业为主。

总的来看，从 2018 年进入下行通道以来，厨电市场整体表现一般，2019 年仍然处于下行通道之中，短期来看，市场不容乐观。但是长远来看，厨电产品是刚需，潜在的置换需要和家装需求依然存在，而且这些需求不会消失，只会推后，如此来看，行业未来仍然值得期待。因此，面对整体颓势的市场表现与值得期待的未来前景，产品的结构升级与品类创新成为驱动市场增长的新动能，而厨电头部品牌厂商的竞争也从单纯的产品竞争开始迈向服务之争。

当前的企业服务主要是被动型的，企业多把日光聚焦在价格竞争等领域，导致服务存在种种弊端。当营销环境发生变化时，同质竞争与价格竞争已不适应企业发展，服务竞争成了制胜的关键，相关厂商也推出了自己独特的服务模式。在"一切以用户为中心"理念的指导下，海尔率先推出了一套集售前、售中、售后各环节的全流程服务模式，不仅开辟了行业成套服务的先河，也最大化地维护了消费者利益。在售前，海尔服务人员会根据消费者需求免费上门设计家电组合方案；还可以为消费者提供免费打孔、预埋管线等服务。2015 年以后，方太将愿景定为"成为一家伟大的企业"，努力树立让用户动心、放心、省心、舒心、安心的品牌新典范，打造"至诚服务"。方太至诚服务就是要打造无与伦比的顾客体验，让用户动心、放心、省心、舒心、安心，真正做到以用户为中心，真正做到让用户满意和感动。

在友商陆续升级服务体系的行业大背景下，老板电器打造 KDS 服务体系，既是为了迎合行业发展趋势，也是为了在竞争中掌握更大的话语权，提升品牌可信度，成为厨电市场的领跑者。以油烟机为例，老板电器旧服务体系只是单纯地包含预埋风管、安装油烟机、安全用电检测等服务。对于消费者来说，对于服务的感知度低且体验感不强，有些功能并非用户真正所需。在服务过程中，更是存在缺少互动、对本次服务目的不了解、对服务内容感知度不高、对 KDS 服务结果未知等客户痛点。

随着社会的进步，消费者需要的不仅是一个产品，更需要产品带来的个性化服务，从而有一种被尊重和自我价值实现的感觉。由于消费者特别是年轻消费群体对厨房规划意识比较模糊，当前的消费者服务需求普遍存在"购买之后，安装之前"的空白点。当今厨房电器分工越来越细，所需的插座也随之增多，厨房布线设计和燃气管道设置也要按照电器安装位置合理安排，最大限度满足电器安装使用的需求。一种能填补消费者服务需求的空白点，契合年轻消费群体的服务需求的新服务体系正待产生。

2. KDS 体系概述

老板电器在行业内首创 KDS 服务体系，其推广理念为"烟机未至　服务先行"。在消费者购买厨电之前就为其厨房设计提供多元化的设计建议，设置了十项用前服务，从而免除消费者更多的后顾之忧。2010 年开始老板电器将原有的老板五星管家服务升级为"五星全程管家"服务，从厨房设计支持、送货安装、维护修理、养护指导、跟踪安检等五个层面执行星级服务标准，开启了中国 KDS 服务元年。

KDS 服务体系以全程、主动、设计、安检为核心理念，通过全程细心的服务方案、积极主动的服务态度、定制和谐的设计理念、贴心周到的安检流程四位一体，体现了 KDS 服务体系的内在核心与价值表达。

（1）全程。KDS 服务体系为客户提供全程服务体系。从宏观层面，KDS 服务并非仅仅局限于售前环节，而是将服务贯穿于用户厨电购买、安装、使用、保养的全程，为用户 7×24 小时提供多元化的个性服务方案。从微观层面，实行流程五步走（见图 5-2-3），从进门到离开之后，使客户亲身与 KDS 服务体系零距离接触。

1	2	3	4	5
去程	**进门**	**服务**	**离开**	**持续**
· 两点一面	· 进门三要素	· 三大项目	· 离开三部曲	
		· 十项服务		

图 5-2-3　KDS 服务体系流程图

（2）主动。客户难以得到有效反馈一直是旧服务体系的痛点所在，对此，KDS 服务体系着眼于"主动"二字，在信息告知、话术培训和服务展示三个方面给出了全新的解决方案。

例①：去程。在去程时，注重"两点告知"与"一个电话"，学习快递行业，出发前发送短信至客户，注明预约时间和到达时间，同时请客户耐心等待，给予客户充足的安全感。如遇意外情况则发送短信，辅以专业的话术通知，使服务双方信息充分沟通。到达客户家时，拨打电话告知，提醒客户做好准备。

例②：服务。首先，若清理风道存在异物，则触发话术，向客户明确服务实际效用。同时注意将烟道异物用止回阀包装盒装好取出，顺势放于台面上，便于客户看到清理结果。其次，若检测到烟道口径较小需安装止回阀辅助吸烟，则触发话术，强调客户自愿原则，加以道具演示，让客户直观感受回烟现象，着重介绍止回阀的好处，真正为客户解决后顾之忧。最后，将测得尺寸数据及时告知客户，明确客户要求进行下一步装修。

例③：离开。报告确认签——服务完成后，将本次服务内容在反馈报告上打钩，签字确认。送货随手约——协助客户预约下次服务，实现送货安装一体式服务。垃圾随手带——离开前，顺手将本次服务产生的垃圾带走。

例④：持续。在服务前后，提供服务信息表与服务反馈报告，清楚掌握客户的需求情况，强化售后质量。在服务开始前，邀请客户填表。考虑到客户对于烦琐表格接受度不高，特此设计只需打钩即可，减少客户学习需求，提升服务效率；通过表格了解到客户的具体开关插座排线、水电改造、厨卫吊顶、橱柜安装、厨电安装等需求思路以及具体家装日期，掌握客户具体家装概况，针对其情况进行个性化服务。在服务结束之后，请客户与服务人员填制 KDS 服务反馈报告，对于本次服务的服务成果进行确认与评价，同时指出服务当中存在的不足之处，并在现场解决问题，最大限度解决了旧服务体系中客户较为反感的电话回访问题。同时客户报告总结至公司进行综合分析，对于服务中普遍存在的共性问题及时对 KDS 服务体系进行升级调整。服务结束后，自动推送微信消息，方便用户及时评价。

（3）设计。以设计为驱动力，强调设计厨房而不是"复制"厨房。通过设计协调厨电与厨电、厨电与人之间的和谐关系，将用户的各种"心病"扫除得一干二净。通过预留橱柜开孔、预装风管做到设计细心化；通过运用人机关系理念、安全隐患检测做到设计人性化；通过考虑日趋复杂的厨房环境和厨电种类及其环境要求做到设计综合化。

（4）安检。KDS 服务体系秉持"以安全为一切前提"的宗旨，做到购买前安全告知，购买后安全检测；着重关注安全隐患，给予客户"无忧厨房"；告知消费者安全使用方式，从客户与产品双源头杜绝安全事故的发生。

5.2.2　KDS 服务体系的具体内容

KDS 服务体系的具体内容如图 5-2-4 所示，下面分别从 K、D、S 三方面来展开介绍。

1. K——厨房

随着厨电智能化发展，厨房的设计与服务要求愈发精细与严苛。老板电器对厨房这一特殊环境的使用情形深刻把握，通过加强产品端的技术投入，解决客户厨房使用痛点，提供全面接口与服务，抢占先机，成为市场"厨房服务先行者"。

（1）关注客户使用场景，解决客户使用痛点。

老板电器设计厨房时充分利用空间，在满足了基本的储物空间、操作空间的前提下，

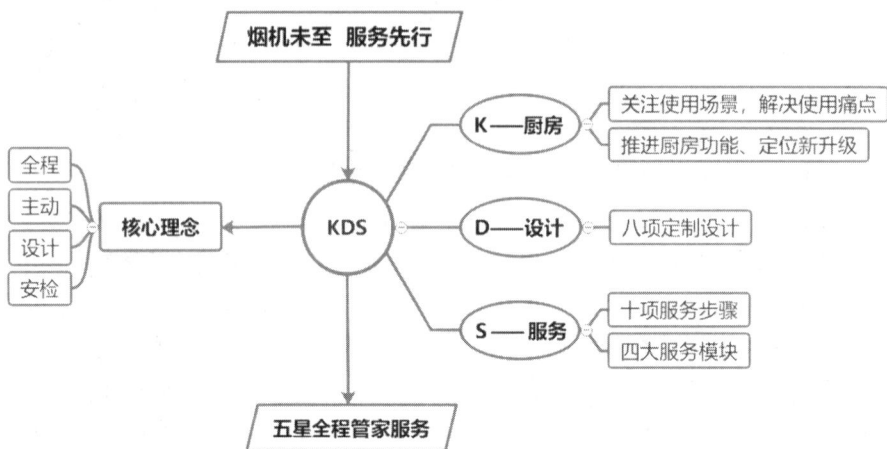

图 5 - 2 - 4　KDS 服务体系具体内容

对厨房电器产品设计、安装的合理性投入了较大的支持力度。厨房电器分工越来越细，所需的插座也随之增多，老板电器设专员为厨房布线，燃气管道设置按照电器安装位置合理安排，最大限度满足电器安装、客户使用的需求。针对日后使用体验至关重要的厨房空间的合理布局，特别是嵌入式电器的安装规划，老板电器服务人员先对已经选购的橱柜进行尺寸确认，之后根据每一位客户的厨房进行合理布局，最大限度提升用户对烹饪质量的要求，解决厨房普遍存在的"油烟大、杂物堆积、空间狭小封闭"的痛点，让客户主动、乐意使用厨房，而不是"被迫"使用厨房。

（2）推进厨房功能、定位新升级。

如今厨房的定位不再是单一的做饭场所，老板电器围绕整体化、美观化，智能化、人性化、多样化和健康化对厨房进行延展和升级，用更加智能、贴心、人性、便捷的设计，建设更为舒适的厨房环境。在打造技术创新的同时也注重工业设计的美感，在提升功能属性的同时加强设计感和时尚感。用服务细节赢得用户的新认知，先有认知再有认同，满足消费者的品质消费需求是老板电器 K 这一环节根本的提升方向。

2. D——设计

老板电器通过十项完整的用前服务，以"厨房设计支持"为设计核心，为消费者提供全面的设计规划支持。通过产品设计与厨房设计真正做到二者和谐相融，符合应用场景的真正需要。

按照 KDS 服务体系流程，老板电器的服务技师首先帮助用户勘察厨房内的水、电、气线路布局等实际情况，与用户沟通并初步定位吸油烟机的最佳安装位置，然后根据用户厨房大小对厨房布局提出整体设计建议。在吸油烟机安装前后，老板电器细心地帮用户做好预留橱柜开孔、预装风管、检测安全用电、安装防回烟止回阀、油烟机吊顶封边等全系列设计项目，将用户的各种"心病"扫除得一干二净，特设八项定制服务，解决用户厨房使用的后顾之忧。

（1）厨房设计支持服务介绍及产品组合建议。根据厨房空间大小、预算、个人喜好、烹饪习惯等因素，销售人员推荐选择合适的产品，为用户带来合理支出，获得最优产品组合。

（2）厨房布局建议。专业人员上门勘察后，提出用户厨房电器摆放位置的合理建议，为用户避免因产品安装不当引起使用效果不佳的问题。

（3）安全用电检测。专业人员利用专业检测仪器检测是否存在用电隐患，是否设有接地保护，让用户安全使用电器。

（4）橱柜开孔设计。专业人员对于吸油烟机的安装高度、与橱柜的间距、灶具开孔尺寸等问题提出专业建议，确保为用户安装一步到位。

（5）烟机吊顶封边。选用与吊顶扣板在同一平面的吸油烟机装饰管进行吊顶封边。专业人员将提供建议，让用户的吸油烟机装饰管与扣板紧密结合，视觉效果更加美观。

（6）公用烟道勘察。专业人员勘察公用烟道孔径是否与风管匹配，为用户避免因公用烟道问题而导致的排烟不畅问题。

（7）风管布局。专业人员将为用户预装风管，为用户避免因非专业人员安装不到位引发的系列问题，影响加装进度。

（8）防回烟设置（自选项）。检查公用烟道止回阀性能，如果存在异常，则建议用户另行购买，免费安装，避免倒烟串味。

3. S——服务

KDS 服务体系通过十项完整的用前服务，填补了用户购买后、安装前的服务空白；通过四大服务模块，做到服务可视化、流程化、规范化及特色化，大到免费送货安装，享受五年超长质保，小到要求工作人员服装齐整，工具齐备，举止规范，提供周全完备的服务，真正践行 KDS 服务体系的使命。

1）十项服务

根据客户需求并实地勘察后，KDS 服务体系将提供十项服务，具体如下：

（1）止回阀安装环境勘察。当今大多数居民居住在楼房小区中，油烟机的排烟口都是接在公共烟道，如果在排烟口和公共烟道的连接处没有安装止回阀，当别人家做饭的时候，公共烟道中的油烟就会顺着烟道排到自己家的厨房中，不仅有味道，时间长了还会影响家人的健康。工作人员会检查公共烟道开孔方向是否符合要求，确认烟道开孔与风管方向是否一致，避免风管呈现 S 形，影响排烟顺畅，并设法提高排烟效率，防止公共烟道油烟排到厨房，为止回阀安装提供可靠环境。

（2）公共烟道清理。由于油烟所带的烟尘有黏性，可以附着在抽油烟管道的内壁上形成油垢，抽油烟管道积存油污很快，长期得不到处理，油垢也会越积越厚。如果公共烟道内存在异物，会极大影响排烟效率，甚至会造成未知的安全隐患。工作人员会检查公共烟道是否存在异物，若烟道中存在异物，则及时清理，保证排烟效果。

（3）烟道开孔大小建议。KDS 服务体系对于每位用户都做出定制化服务，检查厨房管道的公共烟道开孔位置，如果烟道开孔过低导致风管折弯大，影响吸烟效果，则将建议用户重新开孔。

（4）止回阀安装及测试。止回阀安装强调尺寸的匹配与严谨。工作人员首先测量铝箔风管尺寸，确保止回阀应与铝箔风管尺寸相匹配，避免安装时看不见的问题发生，然后再一次确认叶片打开后能正常回弹，最后在止回阀底座四周涂密封胶，防止漏气。

（5）风管布局建议。吸油烟机排风管安装得是否合理，直接关系到日后吸油烟机的使用效果和厨房的工作环境。风管建议通过一个折弯与公共烟道连接，风管长度不大于 2 m。

（6）风管安装及固定。安装人员将带有黑边的一头连接止回阀，用铝箔胶带固定风管与止回阀。扎带固定位置在风管拐弯的起始端，同时也是安装扎带的起点。每 50 cm 一根扎带（根据风管使用长度安装扎带）。安装完毕进行强度检测，确保安装可靠稳定无误。

（7）最佳安装位置建议。考虑橱柜的型号尺寸与在厨房空间内的适配程度，安装人员与用户充分沟通，提供详尽的烟机型号与尺寸参数，给出最佳安装位置建议，同时细心提出橱柜安装需要注意的地方。该设置所有决定权在于用户。

（8）检修口预留位置建议。为了给日后检修提供便利，安装人员给出检修口预留位置建议，便于日后进行烟道的清理以及老化设备、损坏设备的维修勘察与更换，同时告知用户安装橱柜时需预留相应的开孔。

（9）开孔尺寸预留。若风管需经过橱柜，应预留出相应的橱柜开孔，以保证风管连接烟道和烟机，橱柜开孔应尽量和烟道口保持一条直线，橱柜开孔尺寸通常建议直径 200 mm。这里需要注意：根据不同烟机型号，开孔位置不同；橱柜挡板建议选择可移动式或可拆卸式的，方便后续维修。

（10）散热孔尺寸预留。散热孔尺寸同前几点尺寸预留，为保证足够的散热效率与舒适的厨房温度，安装人员会预留出相应的散热开孔。

2）四大服务模块

KDS 服务体系的四大服务模块指的是送货安装、维护修理、养护指导和跟踪安检。通过四大服务模块践行 KDS 服务体系面向客户服务、以客户服务为核心的服务宗旨。

模块一：送货安装。对于官方渠道购买的所有老板吸油烟机及嵌入式产品，都享有免费送货上门、物流实时跟踪服务。同时安排专业人员入户安装，支持免费安装调试、免费拆机扩孔、拆旧机等服务。此外随机附赠详细说明书以供安装参考。KDS 服务体系注重上门服务安装人员的素质培养，做到服装齐整、工具齐备、举止规范。

模块二/三：维护修理/养护指导。老板吸油烟机产品享受五年质保、十年电机质保的超长保修服务，同时在日常将不定期向用户提供免费的产品上门保养服务，主要针对吸油烟机油烟过滤系统（油杯、滤网、网罩）拆卸后的清洗、机体表面保养清洁、整机性能检测、维护保养知识讲解，以及灶具的燃烧系统清洁（铜盖、火孔）、机体表面清洁、整机性能检测（气密性检测、控制系统测试、燃烧状态调试、常见故障排查）和维保知识讲解等，杜绝厨房安全隐患。

模块四：跟踪安检。面对质保范围内的产品质量问题，老板电器承诺 30 天包退，同时享有追踪安检服务，日常不定期向用户提供免费的产品上门保养服务，利用专业检测仪器检测是否存在用电隐患，是否设有接地保护，让消费者安全使用电器。图 5-2-5 所示为老板电器上门服务人员服务要点。

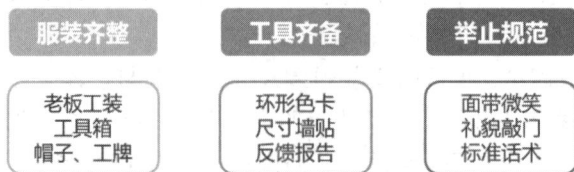

服装齐整	工具齐备	举止规范
老板工装 工具箱 帽子、工牌	环形色卡 尺寸墙贴 反馈报告	面带微笑 礼貌敲门 标准话术

图 5-2-5　上门服务人员服务要点

5.2.3　KDS 的支撑保障

1. 积极育人的培训制度

2019 年老板电器开展了各类培训，实施了"柠檬""蓝鲸""向日葵""常青藤"等项目和菁英计划；在全国各地代理公司，广泛开展企业文化地图宣贯，参与度非常高。"板栗学堂"作为公司自有的移动学习平台，对内训师开发课程的成果转化发挥了重要的作用，公司员工学习参与度有较大提高。"老虎钳"讲坛、超级公开课等系列活动的开展丰富了员工视野，提升了员工的各项能力。

2. 全面高效的运营能力

老板电器拥有行业领先的营销能力：公司采用行业内唯一的代理制营销模式，通过强有力的管控、股权激励与事实上的事业合伙人制度，打造了行业内全面高效、反应迅速的营销体系；通过深化智能制造、精益运营和技术驱动，全面打造行业第一供应链系统；放眼全球制造，成为中国一流制造标杆。此外，信息化作为公司"两化深度融合"推进的主体，围绕数据、技术、业务流程、组织结构的互动创新和持续优化，不断打造信息化环境下的新型能力，提高在国内外市场上的可持续竞争力。

2019 年，老板电器营销板块坚持践行以客户为中心的理念，围绕客户需求进行创新，产品与服务不断升级，多渠道发展互补，确保公司业绩增长。

（1）零售渠道：面对 KA(Key Account)渠道整体低迷的情况，坚守品牌高端定位，深化优化专卖店体系；同时加强多元渠道融合，实现线上线下相互引流、协同发展。此外，创新营销打法升级，积极深挖存量市场。

（2）电商渠道：面对渠道红利的日渐萎缩，围绕"深度用户运营，打造极致效率"，主动适应客户对于产品需求的变化，提升流量转化率，优化经营效率。

（3）工程渠道：国家房地产精装修政策快速落地，渠道红利显现，凭借优质品牌及服务加深与恒大、碧桂园、万科、融创等地产商的合作。渠道战略客户的开拓不断助力，工程渠道销售额同比增长 90%。

（4）创新渠道：打造创新销售平台，把握消费者前端流量入口。通过与司米、维尚等全屋定制公司以及爱空间、金螳螂、东易日盛等家装公司深入合作，强化品牌护城河，开拓渠道网点，激发家装活力。

（5）海外渠道：聚焦北美、澳大利亚与新西兰、印度、马来西亚四大市场，积极开拓市场，确定"全球高端厨电领导者"的品牌定位，全面推进"老板"品牌全球化，提升品牌国际化影响力。

3. 尖端领先的研发能力

老板电器在秉持"产品领先"的基础上，不断追求"技术领先"。公司拥有国家级技术中心、国家级实验室、国家级工业设计中心、加州创新研究院、深圳创新研究院、清华大学院士工作站等研究单位。2019 年，公司共申请专利 509 项(其中发明专利 115 项)，专利授权 417 项(其中发明专利 11 项)。公司参与国际级标准提案制定主导国家、行业及团体标准制定，成为国家级知识产权示范企业。

2019 年，老板电器技术板块致力于构建效率与活力并重的研发机制，聚焦产品，打造行业一流的技术团队，在新品类拓展、专利开发、国家标准制定等方面取得了显著成果；积极打造第二品类，推出下嵌式蒸箱 SZ01、台式蒸箱 ST01、蒸烤一体机 C906/905 等多款中式蒸箱，以多样化的产品形态满足不同的客户需求，传承和弘扬传统烹饪与饮食文化；积极布局以洗碗机为核心的第三品类，自主研发并储备多款产品，品类梯队丰富，其中吸油烟机 27X6、蒸烤一体机 C906 同时获得"德国红点产品设计奖"和"美国 IDEA 奖"，吸油烟机 700X、燃气灶 666B、蒸箱 S228 和 SZ01 均荣获"美国 IDEA 奖"，燃气灶 9B30C、集成吸油烟机 RIKA 荣获台湾"2019 金点奖"；同时，参与《家用和类似用途电器的安全 吸油烟机的特殊要求》国际提案，主导《电灶台、烤箱、烤架、微波炉及其组合器具的特殊要求》国家标准制定，参与《电蒸箱能效限定值及能效等级》《电烤箱能效限定值及能效等级》两项行业标准制定以及《吸油烟机噪声声品质技术规范》等四项团体标准的制定，并荣获国家级知识产权示范企业称号。

5.3 推动制造服务化的工作体系

5.3.1 制造服务化

1. 概念界定

制造服务化具有两层含义：一是内部服务的效率对制造业企业竞争力来说日益重要，已超过了传统的决定因素，如企业技术质量、人力资源质量、运作效率、资产数量等。这些内部服务不仅包括产品和过程开发、设计、后勤、扩展训练、岗前培训以及价值链管理，还包括组织开发和协调、人力资源管理、会计、法律及金融服务。简单地说，竞争力不仅来源于传统制造活动的效率，也来源于内部服务的有效组织和提供，因此其重要性和复杂性逐渐提高。二是与产品相关的外部服务对顾客来说复杂性和重要性日益提高。服务作为产品的无形成分，能够提高产品的价值和销量。概括而言，制造服务化包含两个层次：一是投入服务化，即服务要素在制造业的全部投入中占据着越来越重要的地位；二是业务服务化，也可称为产出服务化，即服务产品在制造业的全部产出中占据着越来越重要的地位。

1）投入服务化趋势

以 OECD（经济合作与发展组织）中 9 个国家的投入产出表为样本数据，通过计算依赖度来考察制造业服务投入的变化规律。研究结果表明，自 20 世纪 70 年代以来，9 个 OECD 成员国制造业对服务业的依赖度基本上呈上升趋势，制造业中间投入出现服务化趋势，这种趋势很大程度上是由于制造业对生产服务业依赖度的大幅上升所导致的。

制造业的投入服务化趋势是经济社会发展的必然结果。在人类生产发展的低级阶段，制造业生产活动主要依靠能源、原材料等生产要素的投入。随着社会的发展以及科技的进步，服务要素在生产中的地位越来越重要，生产中所需的服务资源有逐步增长的趋势。

当今世界，生产的信息化、社会化、专业化趋势不断增强。生产向信息化发展，与信息的产生、传递和处理有关的服务型生产资料需求的增长速度有可能超过对实物生产资料需求的增长速度。生产的社会化、专业化分工和协作，必然使企业内外经济联系极大增强，从原料、能源、半成品到成品，从研究开发、协调生产进度、产品销售到售后服务、信息反馈，越来越多的企业在生产上存在着纵向和横向联系，相互依赖程度日益加深，导致对商业、金融、银行、保险、海运、空运、陆运以及广告、咨询、情报、检验、设备租赁、维修等服务型生产资料的需求量迅速上升。这也意味着，服务要素成为制造业企业越来越重要的生产要素。

2）产出服务化趋势

随着信息技术的发展和企业对"顾客满意"重要性认识的加深，越来越多的制造业企业不再仅仅关注实物产品的生产，而是关注实物产品的整个生命周期，包括市场调查、实物产品开发或改进、生产制造、销售、售后服务、实物产品的报废、解体或回收等。服务环节在制造业价值链中的作用越来越大，许多传统的制造业企业甚至专注于战略管理、研究开发、市场营销等活动，放弃或者外包制造活动。制造业企业正在转变为某种意义上的服务企业，产出服务化成为当今世界制造业的发展趋势之一。

例如，IBM 长期以来一直定位为"硬件制造商"，但是进入 20 世纪 90 年代，IBM 陷入了前所未有的困境，公司濒临破产。在公司 CEO 郭士纳的率领下，IBM 成功地由制造业企业转型为信息技术和业务解决方案公司。其全球企业咨询服务部在 160 多个国家拥有专业的咨询顾问，是世界上最大的咨询服务组织。2006 年，IBM 的硬件收入仅占全部收入的24.61％，其余收入均来自全球软件服务和全球金融服务。再比如，GE 是世界最大的电器和电子设备制造公司，它是消费电器、工业电器设备的生产商，也是巨大的军火承包商，制造宇宙航空仪表、喷气飞机引航导航系统、多弹头弹道导弹系统、雷达和宇宙飞行系统等。但是，GE 有一半以上的收入来自服务，2006 年服务收入占总收入的比重为 59.1％。GE 已经发展成为集商务融资、消费者金融、医疗、工业、基础设施和 NBC 环球于一体的多元化科技、媒体和金融服务公司。事实上，世界上许多优秀的制造业企业纷纷把自己定位为服务企业，为顾客提供与其实物产品密切相关的服务。

2. 制造服务化的发展阶段和发展方向

根据服务活动在制造企业中的融入程度，制造企业构建服务型制造大体可以分为以下四个阶段：

第一阶段，服务起步阶段。此阶段主要分析企业核心竞争资源、核心功能和核心利润来源；分析当前产品特点，建立若干产品销售组合的解决方案，并初步由产品销售转为解决方案销售；延长企业服务链，提高对客户的支持，提高在零配件、服务行为方面所产生的利润比重；初步构建客户信息采集与反馈机制；开展员工服务导向教育，规范服务行为；初步建立企业设备可靠性和安全分析数据库，并对服务质量开始进行评估。

第二阶段，制造＋服务阶段。此阶段逐步将非核心资源和功能外包；服务方案销售比重逐步提高；企业由零配件、服务销售带来的利润超过 50％；已建立客户信息采集与反馈分享机制；开始建立员工分布式的知识管理系统；逐步规范企业服务的响应流程和路径实现功能；识别企业核心服务行为和规范服务流程；设备可靠性和安全分析体系开始运营；初步建立服务质量控制的标准体系。

第三阶段，构建网络阶段。企业由产品输出为主转为服务输出为主还不能称之为建立了服务型制造模式。服务型制造的本质是新生产服务的网络和体系。从第三阶段起，制造企业将进一步延伸自己的渠道，开始建立服务型制造网络，成功融入服务型制造网络节点的企业将实现信息的充分共享，基于网络逐渐建立起快速的服务需求响应机制，建立快速的分布式知识共享平台，并逐渐向企业外部扩展；实现对客户需求信息的采集和准确预测；服务与零配件运营在销售额中的比重逐步提高；企业成立若干第三方运营中心，指定基于自身产品组合的、面向客户的代理运营商；企业服务的相应路径图已经相当规范和成熟；员工分布式知识管理体系充分建立，企业已形成面向服务的新企业文化，并形成了若干规范化的服务流程手册；设备可靠性分析与安全分析比较完善和准确；服务质量控制标准已经建立。

第四阶段，服务型制造阶段。企业服务型制造网络相当完善：节点企业之间实现了信息的无缝连接，网络各节点企业都围绕其核心能力与优势配置资源；节点企业与客户实现了充分的信息共享；几乎所有的企业资源都是围绕核心业务创造利润的；企业构建了多条清晰的客户服务路径，并具备相当的柔性；为客户提供了多种服务体系，能有效挖掘客户需求，并准确给出服务方案，对客户的绩效提升情况进行评估；企业的主要利润来源于为客户制订服务方案和为客户提供代为运营服务；企业对市场服务需求把握充分，企业内部知识网络相当发达；员工所有的行为都已聚焦到满足服务需求这一目标；人机交互效率提升到相当高的水平，在设计、生产、采购、销售等各个阶段均形成了快速自主的连续服务响应机制；设备可靠性分析与安全性分析周到充分，并且服务质量的评估体系和纠正措施相当完善。

在制造服务化的各个阶段，信息化起到了至关重要的作用，构建企业信息系统是不可或缺的环节之一。制造业通过构建信息系统将信息技术、自动化技术、现代管理技术与制造技术结合应用，推进设计制造数字化、生产过程智能化和企业经营管理信息化。用高新技术改造和提升制造业，促进制造业研发设计、生产制造、企业管理和市场营销的变革，带动产品设计和制造模式的创新、企业管理和经营模式的创新以及企业间协作模式的创新，是新时期我国制造业适应全球竞争环境、生存和发展的必由之路，对提升我国制造业的自主创新能力和市场竞争能力具有重要意义。

3. 老板电器 KDS 的优势分析

1）数据分析

2019 年，房地产行业调控形势严峻，厨房电器行业在整体低迷的同时渠道表现分化加剧。

（1）零售渠道：根据奥维线下零售市场监测月度数据报告（以下简称"奥维线下报告"）显示，厨房电器主要品类吸油烟机、燃气灶、消毒柜零售额较 2018 年的同期增长率分别为 −11.4％、−8.5％、−18.1％，已连续两年大比例下滑。

（2）电商渠道：根据奥维线上零售市场监测月度数据报告（以下简称"奥维线上报告"）显示，厨电套餐、吸油烟机、燃气灶零售额较 2018 年的同期增长率分别为 −4.2％、12.6％、26.5％，厨电单品表现好于厨电套餐。

（3）工程渠道：根据奥维 2019 年中国房地产精装修市场厨电产品年度报告（以下简称"奥维精装修报告"）显示，2019 年精装修厨电市场同比增长 26.4％，呈现快速增长趋势。

面对行业整体持续低迷，老板电器作为行业龙头，紧紧围绕"勤练内功御寒冬，稳中求进促增长"的经营理念，多元渠道协同发展，2019 年度实现营业收入 7 760 581 855.53 元，同比增长 4.52%；实现归属于上市公司股东的净利润 1 589 814 847.80 元，同比增长 7.89%，均高于行业平均增长幅度。

根据奥维线下报告显示，老板电器主要产品品类线下零售额的市场份额与市场地位如表 5 - 3 - 1 所示。

表 5 - 3 - 1　老板电器主要产品品类线下零售额的市场份额与市场地位

吸油烟机	燃气灶	消毒柜	嵌入式一体机	嵌入式电蒸箱	嵌入式电烤箱	嵌入式微波炉	嵌入式消毒柜	嵌入式洗碗机
28.10%	25.60%	22.70%	21.60%	31.60%	25.40%	35.60%	27.80%	7.00%
1	1	2	2	2	2	1	2	4

根据奥维线上报告显示，老板电器主要产品品类线上零售额的市场份额与市场地位如表 5 - 3 - 2 所示。

表 5 - 3 - 2　老板电器主要产品品类线上零售额的市场份额与市场地位

厨电套餐	吸油烟机	燃气灶	消毒柜	嵌入式电蒸箱	嵌入式消毒柜
25.90%	15.60%	8.10%	5.10%	17.60%	9.90%
1	2	4	4	1	3

根据奥维精装修报告显示，老板品牌在精装修渠道市场份额为 36.3%，位居行业第一。

2）完整的服务链

服务链是以最大化满足用户需求为目标，把服务有关的各个方面按照一定的方式有机组织起来，形成完整的消费服务网络，其具有主动性、前瞻性、完整性、社会性和对称性。KDS 服务体系分售前、销售和售后三个阶段，也就是服务链的前期服务、中期服务和后期服务三个阶段。前期服务是消费者在购买产品之前所需要的服务，包括信息服务、消费指导服务与政策服务等，对应着 KDS 服务体系中的"厨房设计支持"服务。中期服务是指消费者购买与使用产品过程中所需要的服务，包括使用一定时间后不能满足消费者需求时所需要的服务、保险、技术、维修与事务服务等，在 KDS 服务体系中体现为"送货安装"等服务。后期服务包括产品升级、转让与报废服务等，KDS 服务体系为此提供"维护修理""养护指导"和"跟踪安检"服务。从广义上讲，消费者的一切需求都是服务链的服务内容，这些服务内容一方面要做到真实、具体，另一方面要做到配套、完整。只停留在口头上的服务、说得多做得少的服务及相互矛盾的服务都不能真正满足消费者的需要。

老板厨房电器 KDS 服务体系为杜绝用户因厨电安装不当而造成的使用困扰，在厨电到达用户手中之前就开始进行服务。KDS 服务体系以八项完整的用前服务为用户提供全面的设计规划支持，给用户带来专业的厨电用前保障。按照 KDS 服务流程，老板厨房电器的服务技师首先帮用户勘察厨房内的水、电、气线路布局等实际情况，与用户沟通并初步定位吸油烟机的最佳安装位置，然后根据用户厨房的大小对厨房布局提出整体建议。在吸油烟机安装前后，老板厨房电器将细心地帮用户做好预留橱柜开孔、预装风管、检测安全用电、安装防回烟止回阀、吸油烟机吊顶封边等全系列服务项目。

老板厨房电器通过 KDS 服务体系，让专业的技术人员做专业的事，为从根本上改善用户的厨房生活品质提供了可能。目前，小户型越来越多，开放式厨房也日益流行，厨房环境的重要性对于家庭生活品质已不言而喻，但用户又不可能深谙厨房生活知识的每一个方面。这就是老板厨房电器的五星全程管家服务所注意的市场痛点。老板厨房电器在每一个销售终端，都坚持从厨房设计支持、送货安装、维护修理、养护指导、跟踪安检等五个层面执行星级服务标准，不仅为用户带来了新的厨房生活高端品质体验，更形成了一个完整的服务链。完整的服务链可以提高用户的满意度与忠诚度，完成企业的市场外部目标，从而达到收益的增长和盈利能力的提高。

中国家电协会秘书长徐东升曾评价："老板电器在顺应高端家电发展趋势的同时，不断通过创新满足消费者个性化的需求，为国内家电行业高端转型树立了典范。"未来，老板电器将通过品牌产品的创新及售后服务的完善，进一步促进厨电行业的消费升级，继续引领高端厨电的消费趋势和厨电行业的服务标准。老板电器 KDS 的服务创新是一种针对传统服务的模式转型与内容增值，不断满足用户对厨电免费安检、相关设计等需求。

加快制造业向服务化行业转型，有利于促进企业由单纯提供产品和设备，向提供全生命周期管理及系统解决方案转变，获取竞争新优势。KDS 服务体系除了是一种服务新思维，也是一种新的企业价值观。因为 KDS 服务是由员工提供的，其理念既满足了用户的需求，也满足了员工的需求，是共同创新的成果，可为中国企业架构的转型升级提供借鉴。

图 5-3-1 为 KDS 和制造业服务化结构图。

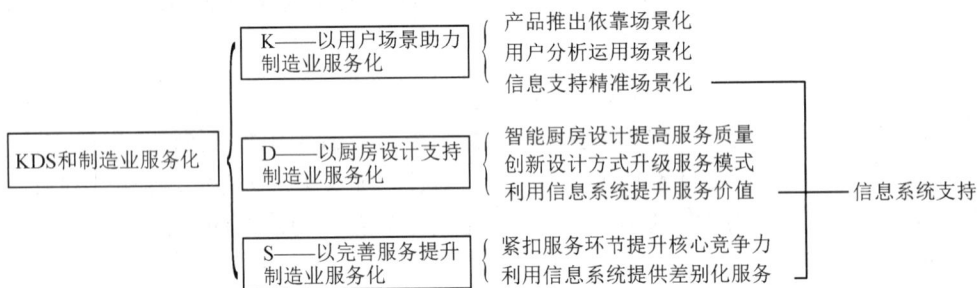

图 5-3-1　KDS 和制造业服务化结构图

5.3.2　以用户场景助力制造服务化

在制造服务化的大背景下，找准用户场景，把握用户体验是定位服务化模式的基础。在产品设计过程中，不同的场景下应该让用户有不同的舒适体验。因此，在制造服务化进程中，企业要更多地关注用户场景，加大前期服务要素的投入，更好地助力定位服务化。场景化思维实际上是以用户场景为中心，以服务用户场景需求为目的，追求满足用户场景化的随机性需求。在互联网时代，互联网思维的实质是以用户为中心，是注重用户需求的用户思维，而场景化思维更进一步，不但以用户为中心，而且以用户个性化场景为中心，更加注重对用户场景的关注和了解。场景不但包括硬件要素，如地理时空、周围景物等，还包括软件环境，如用户心理、社交氛围等。正是两者共同构建了用户场景，而这种用户场景是引发用户需求的重要因素。因此，在场景时代，场景化思维的核心是以用户特定场景作为出发点，挖掘用户在特定场景中的信息需求和服务需求，进而适配相应的信息，实现基于用户场景的信息支持，提供相应的产品或者服务。

图 5-3-2 为场景化思维三角图。

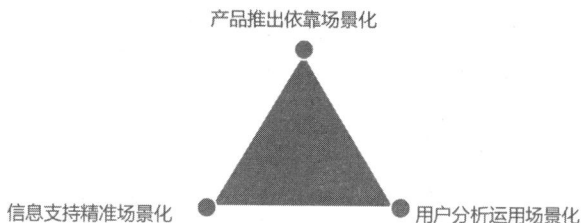

图 5-3-2 场景化思维三角图

1. 产品推出依靠场景化

在制造服务化进程中，制造业企业的产品设计以及定位要依靠场景化思维，通过场景化思维的运用推出切合用户场景需求的产品和服务。

例如，微信、支付宝、百度地图、美团等工具已基本具备了场景化思维，实现了以场景为基础，以用户为中心的平台化建设。例如，百度地图除了具有基本的地图功能之外，还有发现周边服务的功能。该功能就是以 LBS（基于位置的服务）系统为技术支撑，为商家提供平台，为用户提供入口，实现用户与周围商家的服务连接。在百度地图的周边服务中，还有发现美食、酒店出行、休闲娱乐、旅游景点、车主服务以及培训、购物、银行、医疗等其他相关服务，涵盖了不同用户的场景需求，基本辐射用户日常生活的所有场景。百度地图已经突破了传统的指引交通、提供交通服务的功能，它实际上就是一个超级入口。定位系统可以根据用户行为轨迹，对用户使用场景进行精准定位，提供以场景为基础，能辐射周围商家、公共服务机构的信息。

以老板电器 KDS 服务体系的推出为例，其推出初衷在于解决用户本身对于厨电安装的空白区，考虑到了用户所在场景，根据用户场景推出了配套服务，其厨电安装服务的推出可完全满足用户需求。

2. 用户分析运用场景化

制造服务化进程中，制造业企业要准确运用场景化思维，首先需要对用户所处场景进行定位分析，其次需要进一步了解用户需求。用户需求的产生主要分为主观因素和客观因素。就主观因素而言，包括用户的心理、用户情绪、用户喜好和习惯等，利用传感器和大数据技术对这些主观因素进行挖掘和分析，获取有价值的小数据是了解用户的第一步。就客观因素而言，包括用户此时此地所处的场景，如用户是在车站还是在图书馆，用户如果在车站，他更希望打车还是乘坐公交车？如果用户在图书馆，他是在图书馆看书还是在休闲？不同的场景都会激发用户不同的信息需求。

在用户体验的层次上，首先是基本的信息需求，如在用户场景中，能否满足用户基本的信息需求就是信息消费体验的第一步；其次，消费体验还是一种人性化的体验。技术发展的一个趋势就是向人性化发展，能够做到"想用户所想，做用户所做"才是真正了解用户，服务用户的关键。

老板电器的 KDS 服务体系正是在厨电安装时，以其特有的三大项目和十项服务为契机，深刻分析把握用户需求，才能为用户提供舒心满意的厨房设计安装服务。

3．信息支持精准场景化

在制造服务化进程中，制造业企业要准确运用场景化思维就必须依靠信息技术支持。传统制造行业缺少用户信息反馈与企业之间沟通的接口，而在信息化高速发展的时代，制造业企业可以更加注重用户信息的收集、反馈和整理。在信息系统的支持下，场景时代用户、场景与服务成为重点。智能化媒体的一个基本特点就是能够进行智能化信息匹配和推送。在信息传播的过程中，实现信息、服务与用户需求之间的精准化、智能化匹配就是场景连接力的重要体现。

以老板电器为例，推行服务时，往往会使用老板电器小程序及 APP 与用户时刻进行沟通联系，通过信息系统的支持，老板电器能准确把握用户需求，精准定位用户场景，加快其服务化进程。

在制造服务化转型过程中，要注意对用户场景的深刻把握，通过运用信息系统等技术要素，对用户需求进行精准分析，进而推出满足用户场景需求的产品与服务，助力其服务化进程。

5.3.3　以厨房设计支持制造服务化

制造服务化是指向产品产生过程和使用过程所提供的各种形式服务，服务的主体或客体之一是制造企业。当前，我国制造业与服务业之间的互动融合也逐渐加深，随着以互联网、大数据、人工智能为代表的新一代信息技术的深度应用，制造服务化将有效提升产业竞争力。在此市场大背景下，各企业急需挖掘新的增量机会，在新一代信息技术发展的基础上，制造服务化成为有效提升我国产业竞争力的方式。制造服务化的发展一方面是用户需求的产物，另一方面也是技术推动的结果，从中看出凭借投入技术和满足用户需求可以有效推动制造服务化发展。

1．智能厨房设计提高服务质量

近年来，我国厨电制造行业不断发展，随着市场环境变化，厨电行业增速放缓，进入增速换挡期，企业架构需要不断改变优化。作为主导中国厨电行业市场格局企业之一的老板电器，在传统竞争优势外，还看准市场环境，积极寻找企业突破新优势——服务竞争，首创了 KDS 企业特色服务体系，正式导入企业服务系统，既改进了企业自身架构，也促进了行业服务化转型。虽然与发达国家相比，我国制造服务化还处于起步发展阶段，但在信息化基础上的行业间融合不断加深，助推我国制造服务化转型。

KDS 即厨房设计支持服务理念，其中 D 是指厨房设计，主要包含十项完整的用前服务，以"厨房设计支持"为设计核心，为消费者提供全面的设计规划支持。由于生活水平提高和消费理念转变，人们对于厨电及其全程服务的要求越来越高，厨房电器在现代厨房生活中成为必不可少的部分。市场上的厨电品牌较多，标准不一，令人眼花缭乱，如何选择合适厨电，合理设计、布局厨房间空间，保障安装使用后的使用安全和效果，成为用户关心的重要问题，厨房设计随即成为重要问题。面对严峻的市场形势，厨电企业必须积极寻找新的市场突破点。老板电器派专人与用户携手共同解决厨房电器设计问题，特设八项定制服务，填补了用户购买后、安装前的服务空白，成为引领行业服务的最高标准。在"努力让用户满意"服务理念的指引下，践行五星全程管家的服务之路。

老板电器特设八项定制服务，提供信息系统，借助信息化的服务工具，让用户自己进行产品创新设计，这让用户获得自己真正想要的产品，体验创新的快乐，而且企业能够从用户的创新过程中更深入地了解用户需求。

企业通过智能制造信息化融合推进企业服务化方向的发展。从用户订单、内部生产总装，渠道供应链到最终用户接收，企业有内部的一套信息系统。老板电器的信息系统如图5-3-3所示。利用信息系统进行市场调研，提出厨房设计支持服务介绍及产品组合建议，全面了解用户需求，注重设计用户需要的产品，给予厨房布局建议，加强设计端口的服务化投入，包括安全用电检测、预留橱柜开孔、烟机吊顶封边、公用烟道勘察、风管预装、防回烟设置（自选项）等以更好地满足用户的个性化需求，达到设计的安全性与合理性，同时增强老板电器自身的产品特色。

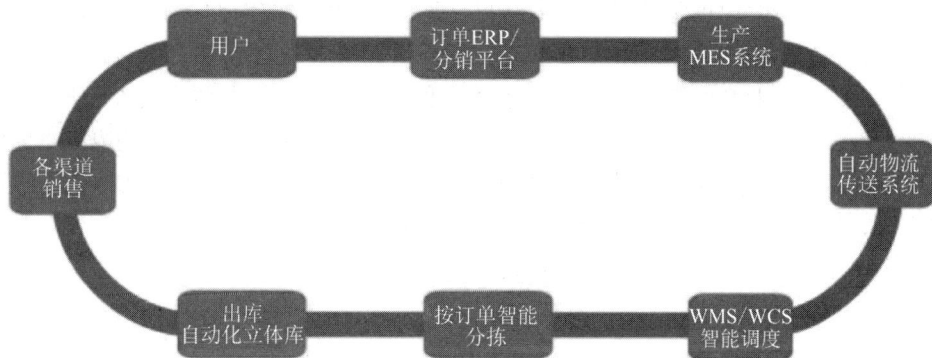

图 5-3-3　老板电器的信息系统

在厨房电器设计安装过程中，老板电器将智能"六全"生产链、柔性生产线、智能仓储系统等合理串联起来，实现符合用户要求的项目成果。整个智能制造项目包括六个全生产链，即调度指挥全同意、计划执行全精确、物流 JIT 全配送、制造状态全透明、质量追踪全流程（都是大屏跟踪）及能源利用全高效。通过智能化信息系统实时监控生产流程，及时找到设计上的问题并予以解决，注重产品设计全过程，了解生产设计过程中提供产品和服务的状态，凭借智能柔性生产线有了更精准的投入，并通过 ERP 系统及 WMS 系统基础上的智能仓储系统等措施确保了服务质量。

2. 创新设计方式，升级服务模式

在所有的商业模式中，不管采用怎样的方式，只要锁定了用户，就锁定了一切。2018年老板电器与国内最大的家居商场运营商红星美凯龙展开战略合作，这是一个继续扩大网络渠道和进军整体家居厨电的很好契机。老板电器始终欠缺一个在全国全面布局家居战略的切口，在场景化欲望越来越强烈的消费趋势下，红星美凯龙无疑是老板电器补足缺点最好的伙伴。老板电器推出"创造中国新厨房"这一全新理念，为品牌再次赋能。同时也向用户传递出了"新"这样一个信号：一是要不断更新产品和品类；二是要向用户表达新的烹饪态度。其目的就是要把握市场发展方向，更好地推广老板电器新的厨房生活方式。与此同时，在产品美学与设计上老板电器也将给用户带去更多的惊喜。

在产品设计上，老板电器根据市场调研了解用户需求，针对用户多元化的烹饪需求，在厨电功能、外观上分别进行"去西化"，将目光锁定在为用户打造最"称手"的厨电产品上。在文化传播上，老板电器通过传递创造新生活方式的理念，进一步引导用户的消费心理和消费习惯，终极目标就是让用户更享受烹饪带来的新乐趣。双方联合设立厨源体验店并作为老板电器的线下重要战略布局，它既是一个供用户分享交流的厨房生活文化平台，也是老板电器与用户之间信任与黏性的桥梁。于用户而言，不仅多了一个可供全面了解中国家庭文化的平台，更为生活增添了无数的趣味。于企业而言，更方便去了解大众在厨电方面的多面信息，是扩大稳固线下市场的重要一步。

3. 利用信息系统提升服务价值

制造服务化的发展一方面是用户需求的产物，用户需求的变化需要企业提供更快捷、更方便的个性化服务，以充分满足用户个性化需求，抓住竞争制胜新关键，以特色优质的服务转型升级；另一方面也是技术推动的结果，尤其是信息系统对制造服务化的影响极大，信息化的发展使得服务越来越便捷，并基于各种网络服务等使过去许多不可能的服务成为可能。信息系统为企业开展用户服务提供了强大的工具，其优势主要表现在及时、互动和个性化等方面。制造服务化将信息化作为提供服务的平台和工具，借助信息化手段把服务向业务链的前端和后端延伸，扩大了服务范围，拓展了服务群体，并且能够快速获得用户的反馈信息，不断优化服务内容，持续改进服务质量。

图 5-3-4 所示为全面信息化的八种模式。

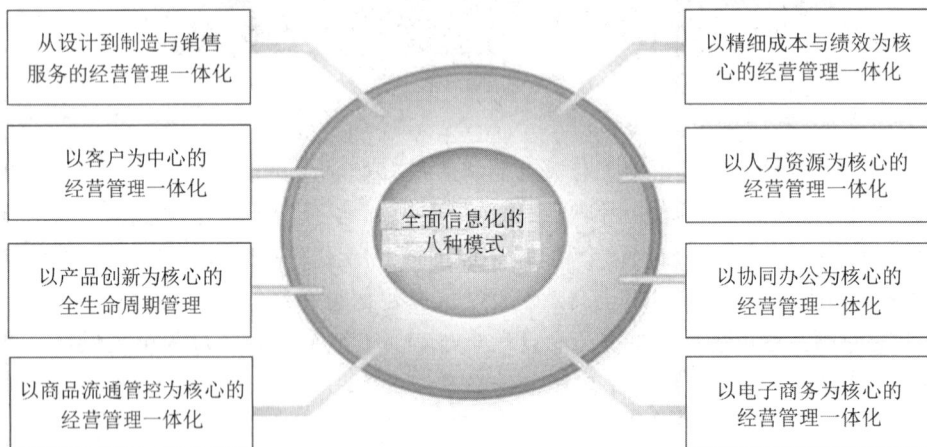

图 5-3-4　全面信息化的八种模式

制造服务化和信息化是当前制造业发展的两大趋势，制造服务化和信息化融合也是制造业信息化和工业化融合的主要内容。同时，信息化发展也促使越来越多的制造信息被录制、被物化在产品中，导致产品中的信息含量逐渐增高，也就是说企业有能力掌握更多的客户信息，了解用户个性化需求，更好地提供满足用户的个性化服务。

如今市场已发展到销售"产品＋服务"的组合及为用户提供集成服务的阶段，信息系统在制造服务化中起到了非常重要的作用，有效支持了服务专业化和制造服务化的有机结合，提供了"一对一"的个性化服务、智能服务、面向各种对象的服务等。老板电器挖掘自身独特性并提炼 KDS 服务营销新优势，结合当下市场环境，成功利用信息系统更好地提供个性化服务。老板电器依据自身产品所处的行业领域，应用数字技术和网络技术，进行厨房设计方面的服务升级，提高产品的附加值，满足用户个性化需求，增强产品的市场竞争力。利用好信息系统可以在维持产品质量的基础上通过服务提高产品的附加值，这是企业成功转型升级，提高有效竞争力的重要方式。在信息系统的支持下提供全生命周期服务，更好地满足了用户的需求，脱离了低层次竞争并增加了经济收益。

5.3.4 以完善服务提升制造服务化

老板电器的 S 服务部分是其实现制造服务化的核心。老板电器将服务落实到送货安装、维护修理、养护指导、跟踪安检等多个模块，完善了整个 KDS 服务体系，提高了用户感知度和参与感。

1. 紧扣服务环节提升核心竞争力

目前，家电产品的技术、功能、质量的差异越来越小，产品的同质化倾向越来越强，某些家电产品，如电视机、洗衣机等，从外观到质量都很难找到差异。中国家电企业已经普遍意识到新形势下市场竞争的持续制胜之道，就是在满足用户需要的服务方面，比竞争对手做得更强更好。在产品同质化、竞争白热化的环境下，品质已经不再是用户选择的主要标准，越来越多的用户更加看重的是商家能为其提供何种服务以及服务的质量和及时程度。家电企业只有通过体贴入微的服务，才能重新塑造自己的核心竞争力，在这样的环境下，服务的作用再次突显出来。当今家电市场正由一般产品市场主流型向名牌导向型转变，培育名牌产品本身很大程度上也就包括名牌服务，"产品是有形的服务，服务是有形的产品"这个观念已经深入人心。完善的用户服务可以帮助企业通过富有意义的交流沟通，理解并影响用户行为，最终实现提高用户获得感、保留感、忠诚度和创利的目的。

实践也证明以服务作为第二次竞争的战略重点是有效的，海尔就"以真诚到永远"的服务赢得了国内用户的认可，坐上中国家电的第一把交椅。海尔集团 CEO 张瑞敏曾说过："核心技术不等于核心竞争能力，核心竞争能力并不在于你必须有一个零部件，更多意味着你有没有抓住市场用户的资源，能不能获得用户对你企业的忠诚度。如果能，那就是市场竞争力，核心竞争力。"

2. 利用信息系统提供差别化服务

差异化战略又称别具一格战略，是指为使企业产品、服务、企业形象等与竞争对手有明显的区别，以获得竞争优势而采取的战略。这种战略的重点是创造被全行业和用户都视为独特的产品和服务。实施差异化战略，可以培养用户对品牌的忠诚度。因此，差异化战略是使企业获得高于同行业平均利润水平的一种有效的竞争战略。

在服务差异化战略中，主要的服务差异点有订货、交货、安装、用户培训、用户咨询以及维护与修理。而利用信息系统可以更好地实施服务差异化战略，提高顾客满意度和对品牌的依赖度，从而更好地获得用户信息，了解用户需求并实现以下目标：

（1）快速的用户响应。用户以最便利的方式联系供销商，提出投诉、维修等服务诉求。

比如老板电器官方网站的线上服务页面提供服务预约、进度查询、在线客服、服务热线等，使得公司可以第一时间接收到用户反馈并进行处理。

（2）畅通的企业用户交流渠道。一方面，老板电器新的全方位服务体系集成了电话、传真、互联网等通信方式，扩大了用户与公司的交流渠道；另一方面，该体系收录了用户服务的所有信息并可进行各类统计分析。在安装服务完成后，安装工人会请用户及时填写评价表，交流服务过程中的问题。在用户收到货物后还会引导用户进行线上评价。

（3）统一集中管理顾客资源。老板电器让服务延伸到企业的生产、销售等方面，以建立高效的服务流程，从而降低单位服务成本。CRM产品是比较热门的管理顾客资源的系统，该产品以客户服务中心为基础平台，提供多联系渠道整合能力，并带有客户分析功能。家电行业从产品向服务转型的过程中，CRM的管理理念很快找到了用武之地。实际上，国内多个家电企业如TCL、海尔、帅康、春兰等虽然有不少是呼叫/服务中心的解决方案，没有挂上CRM的头衔，但也是CRM实践范畴重要的技术资源优化努力之一。呼叫中心虽然是企业客户数据采集的主要"闸门"，但它的单独应用给企业带来的效益是有限的，因此，必须为这类呼叫中心配备更全面的CRM企业解决方案，将CRM的管理理念延伸至产品/配件生产、服务自动化、营销、库存管理等业务领域，从而使CRM的理念真正渗透到企业的每个经营细胞，促使CRM为企业全面提升竞争力。

5.4 总结与启示

1. 注重有效沟通，增强用户体验感

老板电器在销售和服务过程中发现了服务感知度低、体验感不强、并非用户真正需要等问题，为了增强互动感、用户体验感及感知度，老板电器实现了服务可视化、服务流程化、服务规范化及服务特色化。老板电器在安装服务前做到了"去程两点一面"，即"2点告知＋1个电话"，告知出发信息和延迟信息，到达前打电话，具体流程如图5-4-1所示。

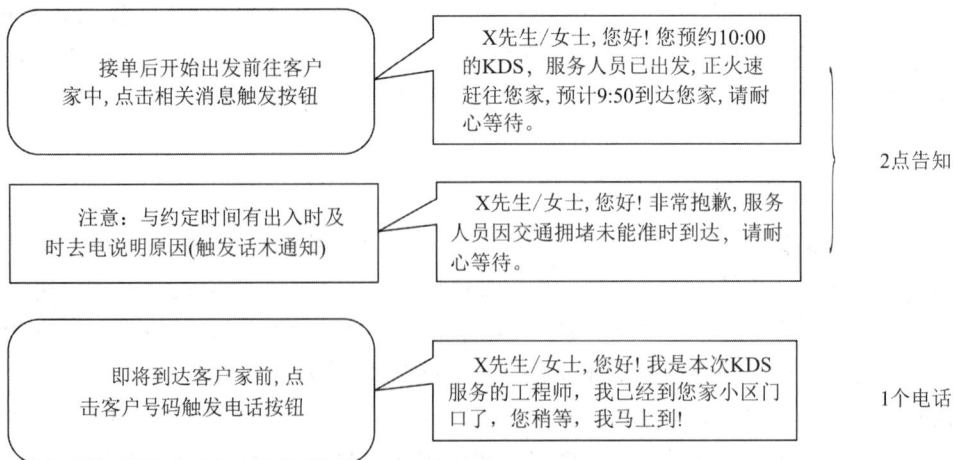

接单后开始出发前往客户家中，点击相关消息触发按钮
> X先生/女士，您好！您预约10:00的KDS，服务人员已出发，正火速赶往您家，预计9:50到达您家，请耐心等待。

注意：与约定时间有出入时及时去电说明原因(触发话术通知)
> X先生/女士，您好！非常抱歉，服务人员因交通拥堵未能准时到达，请耐心等待。

2点告知

即将到达客户家前，点击客户号码触发电话按钮
> X先生/女士，您好！我是本次KDS服务的工程师，我已经到您家小区门口了，您稍等，我马上到!

1个电话

图5-4-1 "2点告知＋1个电话"示意图

沟通指为了设定的目标，把信息、思想和情感在个人或群体间传递，并达成共同协议

的过程。老板电器注重有效沟通，通过多次、多层面的有效沟通，把用户和安装人员之间的不和谐因素消除在萌芽状态，以达到提供优质服务的目标，促进安装服务工作的良性循环，增强用户体验感。

2. 规范操作步骤，打造服务专业化

所谓专业服务，是指某个组织或个人，应用某些方面的专业知识和专门知识，按照客户的需求，为客户在某一领域内提供特殊服务，其知识含量和科技含量都很高，是已经获得和将要继续获得巨大发展的行业。

老板电器注重技术创新与安装规范，致力于打造服务专业化。在拥有国内最大风量的双劲芯技术、360°螺旋吸排、燃气灶的主火中置技术的基础上，老板电器服务过程规范，要求安装人员服装齐整，穿戴老板工装，带上老板工具箱、帽子、工牌；工具齐备，携带环形色卡、尺寸墙贴、反馈报告；举止规范，要面带微笑、礼貌敲门、使用标准话术。老板电器对安装也有精确要求，如烟道开孔建议直径为 175～185 mm，风管长度不大于 2 m，每 50 cm 安装一根扎带，橱柜开孔尺寸建议直径为 200 mm，底部预留通风孔面积不小于 100 cm^2 等。这些都体现了老板电器的专业化服务。

规范操作步骤，打造服务专业化，这是老板电器服务过程中的追求，也值得其他企业借鉴。

3. 增强服务化，提高顾客满意度

随着信息技术的发展和企业对"顾客满意"重要性认识的加深，越来越多的制造业企业不再只关注实物产品的生产，而是关注实物产品的整个生命周期，包括市场调查、实物产品开发或改进、生产制造、销售、售后服务、实物产品的报废、解体或回收等环节。

老板电器以客户为中心开创服务新时代，尤其注重售后服务，获得了极高的顾客满意度。老板电器规定员工在安装完毕后按照"离开三部曲"行事：报告确认签——反馈报告邀请客服确认签字，送货随手约——协助客户预约下次服务，垃圾随手带——顺手将本次服务产生的垃圾带走。

对于广大用户来说，老板电器的服务无论在厨房设计、厨电安装、后期保养还是售前、购买到售后等方面，把消费者关注的焦点与比较麻烦的环节都解决了，可谓实现了真正的一站式服务。这一举措不仅刷新了厨电行业的服务理念，也成功带动了厨电行业向新的服务标准与新的服务体系进行变革提升。

【案例点评】

当前，我国经济已进入高质量发展阶段，在推动经济转型和产业升级的过程中，产业分工、协作与融合进一步深化，制造业与服务业之间的互动融合也在不断深化。加快制造业向服务化转型，有利于促进企业由单纯提供产品和设备，向提供全生命周期管理及系统解决方案转变，有利于解决低端产能过剩、高端产能不足的问题，有利于推动产业升级，从根本上改善供给体系的质量和效益。

厨电行业经过多年快速增长后，增速开始放缓，进入增速换挡期。市场上的厨电品牌越来越多，标准不一，令人眼花缭乱，如何选择合适的厨电，合理设计、布局厨房空间，达到最优效果，保障用户自身安装后的使用安全和效果，成为用户关心的重要问题。作为中国厨电行业领军企业之一的老板电器，首创 KDS 厨房设计支持服务理念，正式导入企业服务系统。

启动 KDS 服务体系的目的，是促进传统服务的模式转型与内容增值。其中，服务模式转型包括由被动服务转型为主动服务及由售后服务转型为全程服务。服务内容增值包括参与消费者相关设计增值及提供消费者免费安检增值。在 KDS 服务体系的帮助下，老板电器与用户携手共同解决厨房电器设计问题，特设八项定制服务，设计厨房时充分利用空间。在满足基本的储物空间、操作空间的前提下，充分考虑厨房电器产品设计、安装的合理性，最大限度提升了烹饪乐趣，填补了用户购买后、安装前的服务空白，成为引领行业服务的最高标准，很好地满足了用户对厨电及其全程服务越来越高的需求。

本案例聚焦于老板电器特色 KDS 服务体系，深入挖掘老板电器的创新性与独特性，研究并提炼 KDS 服务营销新优势，并分析市场环境变化下老板电器是如何抓住制胜关键——服务竞争，进行服务模式转型，以期为我国大量的制造企业向服务化转型提供借鉴。

点评人：王雷（杭州电子科技大学教授）

案例六　星月门业的人机结合自动化之路[①]

当今，许多发达国家都主推工业自动化的生产方式，因为它能提高产业生产效率、降低生产成本、提高工艺水平。中国企业实施"机器换人"战略获得成功的案例也不在少数，但部分传统行业推进"机器换人"仍存在一定的难度，不仅缺乏合适的机器设备，而且实施工业自动化会改变企业原来的生产管理模式，使企业面临不小的挑战。

门业企业传统作业方式存在的用工量大、生产效率低、技术水平不高等问题在现代市场中逐渐显露。浙江省政府出台政策推动的"机器换人"是解决这些问题的办法，是门业企业突破窘境的新方向。

由于星月门业在自动化转型中遇到了成本高昂、技术落后、人才缺乏等难题，于是通过实践探索，提出了人机结合的"机器换人"设想。为确保"机器换人"的稳步推进，星月门业打好多方面基础，重视发展"人机结合"三阶段模式，让其成为星月门业"机器换人"的一大亮点。随后，星月门业从生产二车间开始，寻找企业自动化的突破口。在突破口获得成功后，星月门业"以点带线，以线带面"，将自动化在二车间全面铺开，有效做到了减负增效。

6.1　星月门业公司简介

6.1.1　公司概况

浙江星月门业有限公司(简称星月门业)始创于 2001 年，总部位于"中国门都"浙江省永康市。公司集研发、设计、制造、营销、服务于一体，制造基地遍及浙江、广东、成都、天津、大连等地。公司以成为中国建筑开门系统领导品牌、推动中国房地产配套服务发展为最高目标，聚焦房地产行业客户深度需求，在行业中率先开创出精密模具研发制造、中高端门锁与五金配套件制造、门业成品制造与销售服务的全产业链优势整合业务布局。

公司现拥有覆盖门业制造供应链和产业链各个环节的 15 家全资和控股子公司，是目

[①] 该案例获得 2016 年浙江省大学生经济管理案例竞赛一等奖。作者：徐莎、董一帆、童诗茹、张哲晖、黄晔。指导教师：王雷。

前业界规模最大、综合实力最强的龙头企业之一。星月门业建有完整的进户门、楼宇门、通道门、管井门和室内门五大门类及配套五金产品线；产品材质涵盖钢质、钢木质、木质、铜质、不锈钢、铝质、复合材质等；拥有防盗、防火、保温、隔音等多种门类制造工艺的生产线 12 条，流水线 70 多条；各基地的总制造能力为每年 180 万樘。

公司先后获得了"浙江名牌产品""浙江著名商标""中国最具影响力建材品牌""防盗门行业十大最具影响力品牌""中国房地产开发企业 500 强首选供应商品牌""全国保障性建设用材优质供应商""浙江省精细化管理示范企业"等殊荣。产品远销美国、俄罗斯、欧盟、中东、非洲等 40 多个国家和地区，产销量和市场占有率已连续多年稳居同行业前列。

星月门业在国内设有 31 家营销服务公司，拥有 300 多名驻外客服经理和工程项目经理，2000 多家销售终端遍布全国各地，在业内首创"真情 365 金钥匙服务体系"，携手合作伙伴，专注于门业产业链的优势资源整合，为客户高效便捷地提供建筑开门系统一体化解决方案和综合定制服务。星月门业已累计参与一万多项房地产工程项目建设，服务八百多万用户。星月门业依靠持续的产品优化创新、高性价比的客户价值及全程无忧的专业服务，先后与恒大地产、保利地产、万达集团、绿地集团、碧桂园集团、金地地产、龙湖地产、大华集团、景瑞地产、宝龙地产、农工商房产、佳兆业、金隅嘉业、中铁置业、华远地产、沿海绿色家园、北大资源、阳光 100、信达地产、名流置业、中国五矿、星浩资本、正荣集团、海亮地产等众多知名大型房地产开发企业建立了长期战略联盟型合作伙伴关系。星月门业取得了被中国房地产开发百强企业中 70 多家企业认可的佳绩。

6.1.2 主要产品

星月门业与美国、日本、意大利的安防企业、特种门厂商、银行金库锁和保险柜锁生产厂家、顶级装甲门生产厂商强强联手，开展各领域多方位的合作。在完善优化公司产品线的同时，星月门业导入世界级门企的品牌、专利技术等各种资源，进入商业用门、公共用门、特种用门等领域，持续完善丰富门业品类。其主要产品有：

（1）防盗门系列：产品风格有平板、深拉伸压花、半拼接等多种，可根据客户需求完成不同表面处理；款式和色泽丰富多变，性价比高，安全防撬，可靠性好，经久耐用。

（2）防火门系列：产品风格有平板、特定款式压花造型等；可根据安装场合及消防设计法规要求选用不同级别的产品；款式多样，装饰效果丰富多变；具有一定时间的抵御火灾的能力，能为逃生赢得机会；产品整体可靠耐用、性价比高、易于维护。

（3）不锈钢系列：根据工艺一般分为门花格栅和整板密封门两种；可根据客户个性化需要进行镶嵌玻璃等定制；能较好适应日照较强、湿度较高、盐碱空气等各异的户外环境，耐蚀性好，耐候性佳，使用寿命长，易清洁维护；色泽丰富，款式多样，能充分满足各类环境需要。

（4）铜艺门系列：产品风格有青古铜、红古铜、金古铜、蚀刻古铜等各种效果，根据工艺一般分为全拼接、半拼接、整板压花、锻铜等，可根据客户个性化需要定制。

（5）铸铝门系列：铸铝门是采用现代高科技处理工艺，实心铸铝，整座浇铸成型的；制造出来的各种别墅大门、庭院门款式新颖靓丽、高雅别致、豪华壮观，是中西方文化的结晶，凭借着耐氧化、耐腐蚀的特性在沿海地带可做到长久保持不褪色，百年不生锈。

6.2　星月门业的"机器换人"之路

6.2.1　生产自动化转型的需求

门业是永康八大产业集群之首，得益于永康五金制造产业基础和近年来房地产建设的强大拉动力，整体发展速度和社会效益都一直领先于其他产业。但随着现代社会的发展，门业作为传统劳动密集型行业的痛点逐渐显现，制约着产业规模的进一步扩大。星月门业在生产经营中一步步奠定了在行业中的领军地位，延续着以大规模大产出拉动经济效益增长的模式。虽然工业化已覆盖各个行业，但工业化生产模式的落后性也凸显出来。此外，星月门业面临着生产技术更新滞后，劳动力、原料成本上升，专业性人才库存相对不足等问题，持续发展能力受到约束，改革势在必行。同等实力门企也开始将目光转向"机器换人"，这更催促着星月门业加快"机器换人"的步伐，在行业中举起改革大旗，稳坐行业自动化转型领先的头把交椅。所以，星月门业实行"机器换人"绝非偶然之举，而是星月门业对行业痛点的深刻理解，是对行业形势的敏锐察觉，是顺应时势的重要决定。总的来说，成本高昂、技术落后和竞争激烈这三大因素导致需要向生产自动化转型，如图 6-2-1 所示。

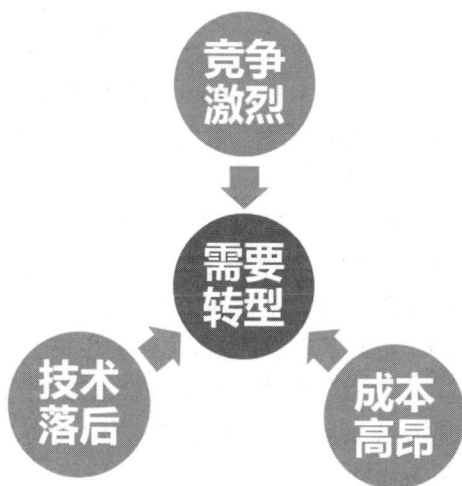

图 6-2-1　三大因素导致需要向生产自动化转型

1. 成本高昂

近年来在智能制造大背景环境下，门业是传统的劳动密集型产业，在战略转型的夹缝中生存，成本问题也慢慢显现出来。星月门业不得不在土地、劳动力、原料上花费更多的成本，使产能跟上市场需求，满足发展的需要。

（1）人工成本：随着房地产行业的增速放慢，人工成本呈刚性逐年攀升，而且行业内普遍面临招工用工难等问题。星月门业五年前平均劳动力价格为 3500 元上下，在最新统计报告中其劳动力价格已经上涨到约 5000 元。这对需要大量劳动力带动生产发展的星月门业来说无疑是不小的考验。

（2）土地成本：在城市化的进程中土地供应越来越紧张，星月门业先后投入巨资建设了成都生产基地和天津生产基地，资金使用成本越来越高，阻碍着行业中规模的扩大以及品牌效应的增强。

基于资金使用成本上升、经营压力加大的现状，星月门业积极寻求"机器换人"的正确之道，主张改变传统的制造模式，以科技效益拉动经济效益增长。

2. 技术落后

生产技术落后是门业企业所面临的一个痛点，门业竞争日益激烈，当前的市场竞争已经从比拼价格进入到高层次的比拼综合实力，这就对企业生产管理能力、智能制造水平、产品市场吻合度等提出了更高的要求。

星月门业在原有的设备运作条件下一直沿用传统生产技术，在生产工序中普遍存在技术更新慢的问题，生产效率和品质不能适应现代市场的要求。如此，企业生产工艺落后，工艺的标准化程度及一致性不高的问题也不能在生产实践中得到解决。以管井门产品为例，在门框折弯工段，星月门业采用的是普通折弯机进行折弯，在这个生产工序中折弯结构复杂，耗用的人员数量多，但产品加工精度仍然不高，产品品质不能得到可靠的保障，这种加工效果十分不理想。技术先进性不高的弊病需要星月门业进行"机器换人"，需要生产技术和机器设备的更新。

3. 竞争激烈

星月门业位于金华永康，仅在此地就有700多家门产品生产企业，行业竞争十分激烈。随着传统门业进入成熟期，其产业链、产品种类趋于完善，行业增速在逐年放缓，具有忧患意识的企业都开始寻找突破这个瓶颈的方案。不管是企业自身经营改进，还是政府的政策引导，都将门业带上了"机器换人"的道路。

行业中诸多企业开始推进"机器换人"，并取得了不错的成效。例如，步阳集团牵头打造工程服务台，组建"1+3"技术联盟，全力开发新型高效自动化流水生产线，在保证产品增质的同时还大大促进了产品增效的实现，成为门业"机器换人"的典范。同行业公司积极推进"机器换人"，提高了效率，提升了产能，焕发出新的生机。

面对日益激烈的同行竞争，星月门业领先优势日渐消退，伴随着行业中技术先进性地位下滑，如果不加入技改大军毫无疑问会面临更大的挑战。星月门业需要坚定地推进"机器换人"来巩固其在行业中的领先地位。

6.2.2 星月门业"机器换人"的基本构想

1. "机器换人"的基础构建

为了确保"机器换人"的快速稳步推进，星月门业在内部组织基础、产品工艺革新、生产制造精益管理等方面做了大量有创造性的工作。星月门业在生产自动化方面提出了五项基本假设，具体如下：

（1）组织专业化规范化。2013年，星月门业成立了精益部。作为自动化推进的专业部门，精益部承担了公司所有自动化推进的项目。精益部下设工艺工程科、IE工程科、宣传培训科以及大项目组，主要职能包括标准工时及工价管理、生产效率体系管理、作业标准化、工厂布局规划、工厂资源配置优化、设备工装及生产线的改进、新设备工装及生产线导入以及公司层面的重大生产变革(自动化提升)项目管理。精益部每周五下午由部长召开项目进度跟踪会，总结每周自动化项目的推进情况，安排下周的工作计划，并形成报告直接向总经理汇报。专业高效的精益团队及稳定有效的组织保障，为自动化在公司的推进奠定了良好的基础。

(2)工艺标准化。自动化的基础是标准化，标准化在自动化推进的过程中起着至关重要的作用。产品的标准化、工艺的标准化都是自动化能否在制造端顺利导入的关键因素。防盗门行业整体工艺水平落后，产品一致性很难得到好的保障。针对这一情况，星月门业技术部积极扩充队伍，加强学习培训，多次组织员工到国内外行业优秀企业和先进行业参观学习，不断总结学习成果，整理改善项目，逐步完善和改革工艺，为工艺自动化提供了可能性。图6-2-2是钢质防盗安全门生产工艺流程图。

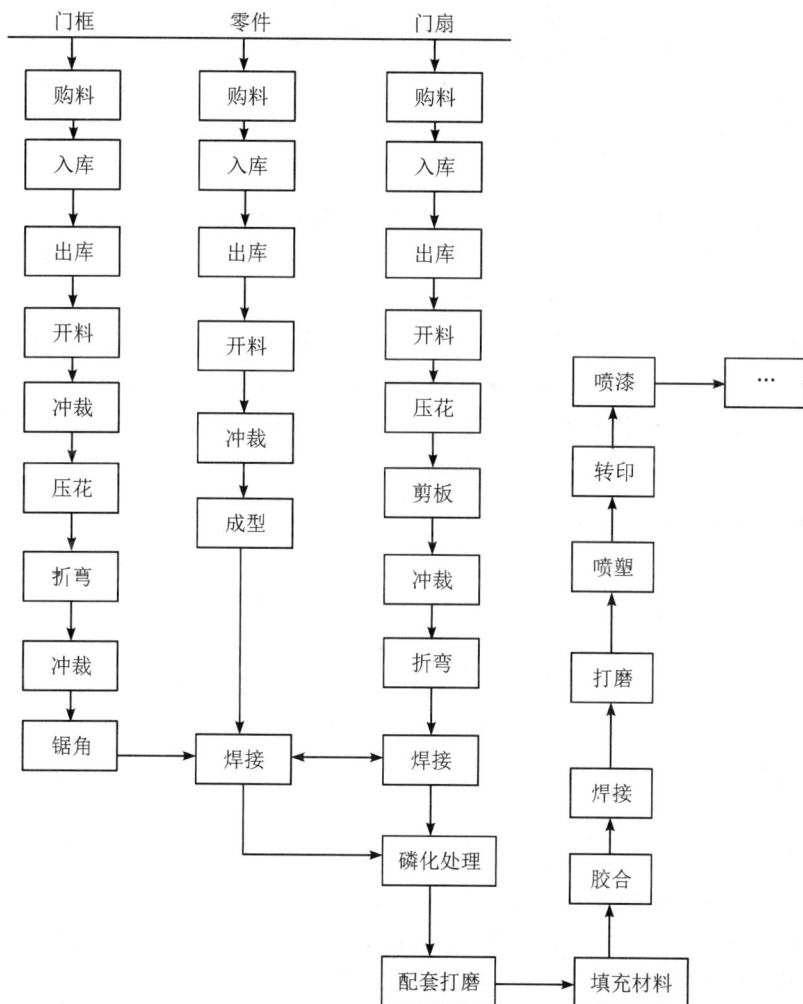

图6-2-2　钢质防盗安全门生产工艺流程图

(3)精益生产体系化。精益生产注重消除浪费、持续改善。在导入自动化之前，需对现有生产流程进行优化，应用 ECRS(取消、合并、重排、简化)原则的指导思想，对工艺线路进行合理化排布，消除不必要的机器作业和人工作业，以便自动化能切中要害，提高自动化的性价比。

(4) 合作交流多元化。企业推进"机器换人"离不开外部资源的协助，优秀的设备制造商、优质的集成配套商都是必不可少的。公司注重与自动化设备制造商及集成商的合作共赢。多年来，公司在推进自动化的过程中一直强调"走出去、请进来"，频繁派出高管团队接触新的思想和理念，吸收先进的自动化技术，寻找优秀的合作伙伴。同时，公司邀请自动化领域内知名的龙头企业来厂里交流技术，寻找合作的可能。下面是星月门业的部分合作伙伴。

① 杭州自动化技术研究院。杭州自动化技术研究院是杭州市最大的科研院所之一，始建于 1975 年，主要方向是研究开发、系统集成、高新技术产品研制，是浙江省最早从事自动化、计算机、信息及通信技术的科研机构。

② 张家港长力机械有限公司。张家港长力机械有限公司是我国冶金机械、焦炉车辆、压力容器、环保设备和船用设备的重点生产企业，是长三角地区最大的焦炉设备生产企业、国际性冶金冷床生产基地。近十多年来，该公司已为 600 多项国家重点项目提供了 3 万多台(套)的专用设备。

③ 意大利 PRIMA POWER。PRIMA POWER 目前已在米兰证券交易所上市，其在机器系统方面的配置是全球领先的，涵盖了激光加工、冲孔、剪切、弯曲、自动化等应用，其销售和服务网络已活跃在 80 多个国家和地区。

(5) 指导团队专业化。2013 年 5 月，公司与浙江大学西子研究院签订长期战略合作合同，共同推进企业精细化管理及自动化升级。合作以来，浙江大学西子研究院派驻多位日本及我国台湾自动化专家常驻公司，与星月门业内部团队共同进行项目研发及推进，大大提高了公司团队的自动化理论水平及实践能力。

2. "机器换人"的主要方式

防盗门行业起步晚、发展快，在跟着房地产业迅猛增长的同时，落后的生产工艺及加工方式成了全行业的短板。推进"机器换人"之初，同行之间基本没有可借鉴的成功案例。实现防盗门行业"机器换人"的路径成了大家亟须探索的新课题。星月门业以西子合作项目为契机，引进了服务丰田、松下等公司二十余年的日本专家做辅导，展开了以丰田汽车为标杆的学习活动。丰田 TPS 生产模式的两大支柱分别是及时化和自动化。受其影响，星月门业在导入自动化的过程中，特别注重人的作用，重视发展以人为本的"机器省人"，这一模式也成为星月门业"机器换人"工作的一大亮点。

(1) 机器省人："机器换人"实质上是"机器省人"，在产品生产加工工序中，用自动化生产节省工序操作人员，释放部分人力。

(2) 人机协作：机器人与工人在一定的工作区域范围内为达成任务目标而进行的直接合作行为，机器人从事精确度高、重复性强的工作，人在机器人的辅助下做更有创造性的工作。通过将物联网、移动互联网、云计算、大数据等互联网技术深度应用于人机协作过程中，有助于探索并发掘出人机协作过程中的更多反馈结果，发现人机协作过程中的不足，优化制造生产效能，推进"人机协作"理念迈向更高级层次。

(3) 一人多机：操作人员由一人一机变为一人同时操作多台机器，使闲置的设备在不增加人的情况下得到有效利用，效率提高，产值翻倍。

（4）人工智能：计算机科学的一个分支，为生产出一种新的能以人工智能相似的方式作出反应的智能机器，使机器能够胜任一些通常需要人工智能才能完成的复杂工作。

3. 人机结合模式的关键点

为了更好地推进人机结合的"机器换人"模式，星月门业全面关注整个推进过程，积累经验，总结出人机结合模式的四个关键点：生产技术、成本、人员和外部支撑。

1）生产技术

推进"机器换人"是星月门业应对难题给出的解决方案。为了更好地推进企业自动化进程，星月门业在引进"机器换人"之前，会先进行生产技术可行性分析，较为重要和典型的就是工艺标准化和设备更新的问题。

产品生产工艺落后，标准化程度低曾是星月门业遇到的一个会降低自动化生产可行性的难题。为了能顺利导入自动化生产线，技术部牵头对管井门的结构进行了优化，折弯刀数由 7 刀减少至 5 刀。在此基础上，管井门折弯工艺由折弯机折弯全部更换为辊轧机折弯，效率大大提高，同时产品品质也得到了提高。在此基础上，再导入钣金自动线，不但不用担心产品的一致性问题，自动化的成本也降低了很多。概括而言，该难题的解决方案是由技术部和精益部对产品工艺进行优化固化，重新整理各个产品的标准工艺文件及检验规范，对相关人员进行强化培训，实施奖惩制度。

针对部分生产设备老化的情况，以门框锯角环节为例，原有的手动锯角机从工厂建厂不久开始使用，已有十来年的历史。针对这个情况，星月门业淘汰了第一代所有的锯角机，在工程门车间使用效率更高的液压锯角机，在零售门车间使用精度更高的自动双头锯，这不但满足了生产需求，而且使产品品质得到了提升，确保了产品在喷涂及装配工段自动化导入的成功。概括起来，该难题的解决方案是更换现有明显导致产品品质缺陷的设备，对淘汰类设备进行更新换代，以确保产品品质的一致性。

此外，在新型总装流水线运行的背景下，单元作业流水线实现了分段可移动式发展，灵活性强，这大大降低了对场地布局的要求。各工序在匀速稳定的状态下完成流水作业，通过各种方法最大限度减少了生产过程中的等待和停滞以及不良品的数量等情况。

星月门业还导入了精益所强调的"单件流生产"，基本实现了从钣金第一道工序冲孔到装配打包入库的单件流，全程大大降低了在制品库存量，部分工段实现了无缝连接，缩短了交货时间，减少了人工工时，生产线上所需人工数量减少，生产效率大幅度提高。

星月门业引进的意大利进口全自动柔性钣金生产线可代替原有的人工作业钣金线，具备先进的机械性能、极致的加工精度以及快速的柔性切换，能在不需要人工加工操作的情况下实现从板材进料到成型出料的全自动加工。除此之外，这套全自动柔性生产线能够制造出常规设备做不出的结构，增强了星月门业的产品多样性，将产品优势提升成为公司的核心竞争力。

2）成本

在人力、物力、价格日益上升的时代背景下，原料、人力成本的迅速攀升使得制造的低成本优势已难以为继，星月门业也同样存在这些问题，但星月门业能及时作出对策并领先于其他同行业，原因在于它懂得寻找"机器换人"中的关键点。

星月门业在2012年年底开展"机器换人"专项改造活动，力图提升公司的智能制造水平，从成本、交期、品质上挖掘潜力，用自动化的力量替代以前的传统资源投入。为了实现"机器换人"自动化，星月门业成立了精益部，进行自动化之前的各种准备工作，同时也负责"机器换人"的推进工作，致力于提高效率，提升品质。

"万事开头难"，星月门业作为门业"机器换人"的领军企业，开拓一片新的疆域必定需要付出大量的成本。成本直接与企业的经济利益挂钩，是每个企业比较关注的一部分，星月门业也是如此。在星月门业"机器换人"的开疆拓土中，由于行业相关"机器换人"的项目较少，同行业间可参考借鉴的案例并不多，所以，企业在导入"机器换人"前需要大量的时间和人力去做前期的研发与调查工作。虽然这些前期的准备工作帮助公司了解新领域的基本情况，为企业顺利进入新领域提供了很大的帮助，但是这也大大增加了支出费用，因而部分项目作出的方案大大超出了预算。

针对这个几乎所有正在进行"机器换人"的企业都会碰到的大难题，星月门业给出了两个解决方案。第一，星月门业对更多层次的装备供应商进行分析比对，经过各部门不同的测算，寻求最佳性价比。第二，在确保产品线核心设备及核心零部件先进性的情况下，适当降低非核心配件的档次，最大限度降低生产成本。例如，在机器产地的选择上，对于制门过程中的核心工序，星月门业会选择使用功能全、性能稳定的进口机器；对于一些比较次要的工序，星月门业则会选择价格实惠的国产机器，这样一来既不会影响生产的效率，也可在最大限度上降低成本。

想要降低企业新项目的成本预算，第一招就是货比三家。企业应当充分了解市场的行情，尽可能多看多选，掌握设备供应商各方面的信息，在同质量的前提下，以市价为基准，选择低价的供应商或者以长期合同为诱，降低供应商的价格，以达到最佳性价比。第二招是让每一分钱都花在刀刃上。先衡量所需设备在生产中的地位，地位重要者必须选择高质量的产品，而地位相对不重要者则可以选择质量一般的但是不会影响生产的产品，这样即可实现合理的资金分配，真正把钱花在了刀刃上，避免了浪费。

3）人员

星月门业在导入自动化生产模式之后，对相关人员素质要求也自然而然有所提高。在项目前期研发阶段，星月门业内部专业人才匮乏，对设备厂家依赖程度非常高，这极大影响了星月门业对引进设备的考量。为了改变这种对机器了解不深的劣势，星月门业专门聘请了日本的专业工程师，参与"机器换人"项目的技术攻关和协同开发。

星月门业还与一些高等院校和咨询机构合作，同专业化的团队共同进行"机器换人"项目的研究，向相关领域专家了解该领域最新的科研成果，为"机器换人"提供最新的技术支持和智力支持。

在导入自动化设备过程中，有相当一部分员工缺乏高端自动化设备的维护经验。所以，星月门业实行了"内外兼修"的策略。首先，星月门业组织人员与供应商充分进行关于设备维护维保事项的交流沟通，保证技术资料交接的完整性，并聘请专人维护核心设备。除此之外，为了加快员工对自动化设备的熟悉程度，降低工作失误率，星月门业人力资源部门多次组织内部员工培训，确保培训到位，使员工具有相关维护经验与操作经验。通过一系列内部员工培训活动，为星月门业培养了大量的自动化人才。

导入自动化生产设备之后，许多问题也随之暴露。在设备导入之初各部门之间的协同程度差，因而阻碍了项目进展。为了改善这个问题，星月门业成立了专门的项目组，并设定了项目负责人对项目进行整体管理；同时，星月门业也采用了科学的管理方式及标准的项目管理模板进行统一管理，以达到科学运行的目的；另外，星月门业通过对员工生产过程的大量观察与研究，针对发现的不同难易工序中员工之间在自动化生产线上的时间差问题开展相关指导，增派人手，帮助员工尽快适应新的生产工序。

4）外部支撑

由于星月门业"机器换人"的领先之举在国内并不多见，行业对"机器换人"的需求产生时间不长，与设备供应商或者集成服务商之间的互动较少，加上某些"机器换人"项目很难找到对应的集成配套厂家，导致项目推进受阻。为此，星月门业除了在机器的选择上采取国产机器和进口机器相结合的做法外，还积极开发潜在合作伙伴，与汽车行业及电梯行业的配套厂家深度沟通，以发掘更多适合的项目方案。

在一个行业中，一家企业即使是该行业的领头羊，也需与其他企业交流学习他们的某些优秀做法。只有懂得向别人学习好的地方，才能使自己进步。因此，星月门业非常注重交流与合作，不仅派技术团队出去与优秀的同行进行技术交流，学习、借鉴优秀经验，还积极寻找合作伙伴，实现合作双赢。星月门业还配合专业化团队的指导，使企业一步步走上更高处。

6.2.3 "机器换人"的实践路径

星月门业在"机器换人"实践的过程中，通过大量的理论学习与试验摸索，结合企业自身的生产实际，总结出了一套"以点带动线，以线带动面"的实践路径。

1. 入口突破——从小件冲压和钣金定位装置入手

星月门业总部共有 7 个制造车间、100 余条生产线及 124 道生产工序，如何选择"机器换人"的突破点就成为首要问题。星月门业对全部 124 道工序进行了分析，对每道工序存在的问题及导入自动化的难度进行了汇总分析，分别评估其影响度及难易度并进行打分。影响度主要评估该工序在整体生产过程中的重要性以及该工序自动化改造是否具备代表性和可复制性；难易度主要评估该工序导入自动化的难易程度以及导入自动化之前解决该工序存在的障碍的难易程度。综合打分之后，星月门业决定从小件冲压工序及钣金设备的定位装置上进行自动化的突破。

（1）小件冲压车间。在门的生产过程中，为了加强门的强度或保护门的结构，会使用大量的小件（如加强板、水泥罩等）焊接在门扇及门框中。按照以往的生产模式，所有的小件都是用冲床及单模进行冲压生产的，每种小件都需要一名工人进行生产，不仅人工需求量大，而且冲压带来的工伤事故也非常多。为了改善这种作业方式，星月门业在集中优势资源，自主进行研发的同时，借助外力研制出了适合生产小件的快速级进模，用以替代原来的单冲模。这一改善效果显著，原来一个人只能操作一台设备，现在可以控制 5 台设备，人员从 48 人减少至 12 人，整个操作过程基本实现了自动化，操作工只用在旁边值守更换整卷材料即可，大大降低了工伤发生的可能性，同时生产效率也得到飞跃性提升。

（2）全自动数控定位夹具。门行业使用的定位装置多为插销式或者手动调节式，不但调节不方便，而且加工精度很难得到保障。针对这一状况，星月门业精益部和技术部在日本精益专家的指导下,通过一系列工程力学和机械力学的分析,自主研发了适合门行业使用的全自动高精度数控定位装置。新的自动定位夹具采用数控触摸屏输入,非常简单便捷,并且将精度由原来的 0.5 mm 提升到了 0.05 mm。员工只需要根据任务单产品的尺寸,在控制屏输入相应代号,数控定位块便会自动移至相应位置。此设备得到了员工的一致好评,同行厂家争相学习,取得了极大的成功。

2. 集中攻关——制造二车间自动化生产线的导入

星月门业在"机器换人"试点成功之后,马上进行了总结,对推进过程中的不足之处进行分析改进,对好的方面进行归纳并形成标准化。有了之前的经验,星月门业在精益部的牵头组织下,在制造二车间分别对门扇钣金工段及表面喷涂工段进行了集中攻关。

(1)自动喷涂装置。以往在门的表面处理环节中,虽然物流上都使用了流水线,但是喷涂依然全部依赖于人工,喷涂工的工作环境恶劣,劳动强度高,且效率低下,塑粉浪费严重,品质难以控制。基于该情况,星月门业敢为人先,花费数百万元在同行业中率先引进了自动喷塑设备及自动喷漆设备,并配以废粉回收装置,解决喷涂环节对人工依赖的同时,也能减少塑粉、油漆的使用量。通过对塑粉进行回收再利用,极大减少了塑粉的浪费,间接减少了排放,提高了资源使用效率。通过引进自动喷涂设备,提高了生产效率,保证了产品的一致性,使生产出来的成品美观性更佳,耐用度更高。

(2)门扇钣金线。门的品质好坏,关键就是在钣金环节。钣金尺寸是否标准,直接影响到最后装配时的成品品质。门扇钣金包括三大环节:剪板、冲孔和折弯。传统的钣金生产线属于孤岛式的作业模式,每个人操作一台设备,工位之间互不连通,各自的任务完成之后,再整批交付给下一道工序。这种模式人员众多且效率低下,在制品库存积压严重,生产周期长。为了实现自动化,公司决定对该工段进行两步优化。第一阶段,通过大量的视频拍摄及时间分析,对整个流程的工序作业时间进行梳理,有效识别了生产及物流过程中的浪费;对所有工序进行了简化、重排,确保每个工位的作业时间基本一致;冲孔工段由孤岛式作业改为流水线生产,用滚筒进行连接,人员从 7 人减少至 5 人,这大大降低了中间库存,提高了生产效率。第二阶段,在优化后的工艺基础上,公司通过大量考察论证,最终导入了自动化生产线,实现了从剪板到折弯的全过程自动化生产。项目总体节约人员 21 人,在制品库存减少 91%,生产节拍从 30 s 降至 15 s,生产周期也缩短一半,该工段已成为公司样板。

3. 巩固延伸——制造二车间的全环节自动化

星月门业在逐步导入门扇钣金自动化生产线及喷涂自动线之后,为实现最终全流程的单件流及自动化,通过艰辛的探索与努力,在制造二厂区又逐步导入了门框辊轧自动线、门扇总装流水线,形成了涵盖零配件加工、板材加工、钣金加工、表面喷涂、总装、装配全环节的自动化生产流水线,工段内部基本实现了自动化。

(1)门框辊轧自动线。门框钣金加工一直是防盗门加工工艺中的难点和痛点,几乎所有的门企都在为门框钣金的加工精度及一致性担忧。门框焊接后的扭曲度及弯曲度直接决定着门产品的开启舒适度、防盗性能及产品美观度,而钣金加工的精度对电焊后产品的品质有着极大的影响。一般的防盗门企业,门框钣金加工和门扇钣金加工一样,都是孤岛式作业，整个产线没有丝毫的联动，无法保证产品的品质及工艺的一致性。星月门业在门扇钣金自动线成功的基础上，与供应商通力合作，导入了铰链框、锁框、上框、下框及内开外宽结构五组辊轧自动线，采用全自动生产模式，加入快速换模及辊轮快速更换组，以确保能以最快的速度进行换线换模。这一生产线的成功导入，大大提高了门框部件的品质，有效保障了产品的精度和一致性，为装配自动化打下了良好的基础。2016 年，制造二车间的钣金车间也正式成为星月门业的样板车间，多次承担公司的重要接待任务，获得了各方的高度赞扬。图 6-2-3 为星月门业钣金车间一角。

图 6-2-3　星月门业钣金车间一角

（2）门扇总装流水线。门扇总装工序是在门扇表面处理完成之后进行的，主要是将门主锁、侧锁、铰链、锁叉、门铃等配件安装在门扇上，是装配前的最后一道工序。该工序工艺难度不大，但是管理上存在两方面难点：① 由于该工序非常靠后，前面钣金加工造成的尺寸偏差以及之前所有工序造成的品质不良都会在这里集中体现，造成工艺流程在这里容易停滞或中断；② 由于门扇和门框的工艺不一样，加工时间也不一样，而门框门扇需要配套后才能进行装配，所以在总装车间，半成品的库存积压总是非常多。同时，门扇总装传统的作业模式是一个工作台配两个人，全手工作业，人员达到 38 人之多，而且劳动强度大、劳动时间长，员工疲惫不堪。为了改变这种局面，公司决定大胆采用电子厂常用的线棒式流水线，用自动化替代人工，解决招工难、成本高的问题。一条看似简单的流水线，星月门业从立项、研发、出方案，再到装配试运行、正式量产，需费时一年。该流水线的设计充分考虑了人体工程学原理，更便于操作；通过简化重排工作，最大限度降低了自动化的成本，用更少的代价实现了既定目标；同时，通过实现自动运输、自动翻转等工艺，效率提升了 30%。

4. 全面铺开——其他制造车间的成功复制

制造二车间作为星月门业制造端革新的样板车间，已经经历了四年多的"机器换人"改造工程，到现在已经取得了阶段性的成果，在品质、成本、交期、安全等方面均取得了良好的成效。从 2015 年开始，星月门业各个分公司、总部其他制造车间纷纷复制二车间的"机器换人"导入模式及成功案例，根据各自的实际情况，稳步开展自动化提升活动，落实"机器换人"及产业升级。

2015 年以来，星月门业总部制造一车间（零售门车间）根据自身产品特点及发展要求，花费近 2000 万元，引进了两套意大利进口 prima 全自动柔性钣金生产线，以替代现有的人工作业钣金生产线。该产线包含立体料库、冲剪中心、分选中心、折弯中心、码垛机构，具备先进的机械性能、极致的加工精度、快速的柔性切换，从板材进料到成型后出料实现全自动加工，且不需要人员进行加工操作，为公司节约了 40 余名员工。同时，该产线能制造出常规设备做不出的结构，大大提升了产品的多样性，助力公司将产品优势提升为核心竞争力。

借助该产线，星月门业的产品品质得到突破性的提升，其高端产品在市场上与德国、意大利等国的进口品牌相比仍具备良好的竞争力。在表面处理环节，制造一车间也配备了磷化喷塑油漆三合一复合线、喷塑自动机械手、油漆自动机械手等自动化装备，实现了全环节自动化生产。星月门业天津分公司在钣金环节导入了多条辊轧自动加工生产线，生产效率及产品品质大幅提高，确保为客户提供优质的产品。在表面处理环节同样采用了与总公司相同的自动化设备，并且通过轨道的合理设计，充分利用了一楼与二楼厂房的空间，"空间换地"效果突出。

星月门业东阳分公司主要生产钢木结构入户门，产品虽然不同，但是对于"机器换人"的理解却是一致的。该基地同样通过大量分析找到突破口，在油漆 UV 自动线及木工自动封边的基础上，逐步打造了半自动化的木工车间及油漆车间，以 100 人的团队创造了接近 1.5 亿元的年产值，成为星月门业新的利润增长点。

6.2.4 "机器换人"的成果

在引入"机器换人"之后，星月门业的实践取得了相应的成果。星月门业的"机器换人"顺应了自动化的浪潮，成效显著。

1. 经济效益

制造二车间经过自动化改造，基本实现了全制程单件流，不仅降低了人工成本，也大大降低了物流成本和搬运损耗。门框辊轧自动线、门扇前板钣金自动线、门扇后板钣金自动线、表面处理流水线、自动喷涂设备、总装流水线等产线的组建，不但大大减少了作业人员、节约了生产场地，也降低了工人的劳动强度、提升了产品品质。得益于单件流自动化生产线，产品生产周期也缩短了很多。

经过四年多的不断探索和努力，星月门业制造二车间产能提升了 66.7%，一线员工总数减少了 32%，生产效率提高了 30%，同时，在制品库存减少了 85%，生产场地节约了 15%，生产周期缩短了 66.7%。产线的合理化布置及自动化产线的导入也为快速生产、柔性制造创造了可能，在新的制造模式下，产品换线换型时间不到 5 分钟，订单按期交付率达到 99% 以上，客户满意度大幅提升。

近年来，星月门业积极响应政府"机器换人"号召，投入资金 2000 余万元，进行产线自动化升级改造。智能化的装备具有感知、分析、推理、决策、控制功能，是先进制造技术、信息技术和智能技术的集成和深度融合。推进装备的自动化、智能化升级，能提高产品与装备的信息技术含量、网络化、智能化水平，从而提高产品的附加值。借助意大利 prima 全自动柔性钣金生产线，星月门业与世界安防第一品牌 Honeywell 合作，推出了多用途多功能的商用门，凭借代表国内最高端制造水平与最先进生产工艺的产品正式进入多领域垂直市场，力争替代居长期垄断地位的国外品牌商用门产品。

2. 社会效益

2013 年 4 月 27 日，星月门业有限公司与浙江大学西子研究院签订了技术咨询合同，这标志着星月门业导入精益生产运营体系正式启动。双方力争通过该项合作，将星月门业打造成中国门业标杆管理企业。

以精益生产项目为契机，星月门业得到国家、省、市等各级领导的广泛关注，各级领导多次莅临公司视察走访，并且对星月门业在精益生产及"机器换人"推进方面取得的成绩表示赞赏和鼓励。鉴于星月门业对行业"机器换人"的积极探索及成功实践，星月门业被评为"永康市门业协会装备专委会主任单位"以及"金华市第三批机器换人示范企业"。

3. 生态效益

星月门业本着可持续发展的原则，高度重视环境保护与绿色生产工作。2008 年，星月门业委托杭州华安环保科技有限公司实施了第一轮清洁生产，效果显著。本轮审核共提出并实施清洁生产方案 30 项，年产生经济效益 202.1 万元，节煤 40 t/a，节油 70 t/a，节电 26.8 万千瓦时，减少废水排放 5500 t/a，减少二氧化硫 1.38 t/a。2015 年，星月门业委托金华蓝森节能环保科技有限公司进行了第二轮清洁生产。本轮审核共提出清洁生产方案 23 项，节水 6965 t/a，油漆量减少 0.9 t/万樘，塑粉减少 1.01 t/万樘，废水产生量削减 86.7 t/万樘，环境效益显著。

6.3　人机结合的自动化模式

人机结合的自动化模式较好地缓解了传统行业在实现自动化之路上的三大难题——成本高、周期长、风险大。人机结合的自动化模式较普通的全自动化模式而言，引入的机器数量少，对机器的综合要求略低，这样就大大节约了机器成本；由于人机结合的自动化模式只是更换了部分机器，保留了部分熟练的人员，研发与适应的周期相比较全自动化模式短，节约时间；人机结合的自动化模式对于生产未进行很大的改动，成本相对降低，在这些因素的影响下，风险也会相对降低。

6.3.1　人机结合的三阶段发展理论

目前，人机结合的自动化模式大致分为前期、中期和后期三个阶段，如图 6-3-1 所示。前期：人研发机器；中期：人控制、维护机器生产；后期：人维修机器。三个阶段每个都不可或缺，在"机器换人"中具有重要的意义。在这三个阶段中，人与机紧密结合，相互促进，共同配合，达到减员增效的目的。

前期：人   中期：人与机   后期：人

专业研发人员   先进机器   专业机器维修人员
分析、论证、考量 专业操作人员   定点检修
改良不足之处   专业编程人员

图 6 - 3 - 1 人机结合的三段式展示图

1．前期：人研发机器

在人机结合自动化的前期，人是主导因素。在前期，专业的知识储备成为传统行业迈向自动化的有力后盾。由于传统行业涉及自动化领域的极少，所以企业可以借鉴的相关案例不多。在这一方面，传统行业需要在自主研发的基础上，借助外力的帮助。由于对于先进机器的了解较少，星月门业在研发新的设备时，邀请了日本专业机器工程师共同进行研发。除此之外，星月门业奉行"引进来，走出去"的宗旨，每年都会邀请先进自动化行业的专家来指导，同时也定期安排员工外出考察。这样，其自动化的后盾力量得以加强，研发出来的机器也能够适应相关行业企业的生产标准。

人机结合自动化的前期不止于机器的研发，还需要不断检验研发成果是否适应企业的生产。因此，传统行业更需要专业人员参与研发过程中的分析、论证、考量，首先要对自动化的相关行业进行分析，得出行业的生产特点，以研发出适合本行业生产的机器，之后再对每道工艺的设备使用进行研究分析，及时改善设备的不足之处。这样可以有效地缩短人机结合的周期，提高自动化的效率，避免投入生产后才发现问题并带来一定的损失。

到此，人机结合自动化的前期工作才算完成。良好的开端是成功的一半，前期工作对于企业而言至关重要，也是关键的一步。前期工作在整个人机结合的自动化模式中起到了基础作用。

2．中期：人控制、维护机器生产

在前期公司研发好机器设备后，机器设备就要投入到生产中。在生产中，机器负责生产，人负责操作、维护机器。在机器生产之前，专业编程人员为机器编程，告诉机器需要进行的工作是什么，即决定设备动作，然后由专业操作人员来操作设备。在这两个环节中，人控制机器，机器的生产由人而定，机器为人服务，解放人的双手。

除此之外，设备还需进行定期维护，一边生产一边维护机器，可以延长机器的使用寿命，也可以减少一些因机器的破损而影响生产的情况。对于机器的维护，需要专业的维护人员。星月门业启动了 TPM(全员生产维护)模式来维护机器。这种模式是以提高设备的综合效率为目标，以全系统的预防维修为过程，全体人员参与基本设备的保养和维修管理。

星月门业多次培训员工，培养员工对于机器设备的爱护维护意识，从根本上保护机器，而且这种意识培养从高层领导到一线员工全员参与，提高企业的团结意识和企业的综合竞争力。

在中期，人与机器的结合更加紧密，人为机器编程，人操作机器，机器代替人员生产，人又维护机器，人机关系和谐，大大提高了生产效率。

3. 后期：人维修机器

人机结合模式的后期工作就是机器维修的后勤工作。当机器出现了问题时，需要专业的维修人员在第一时间进行维修，以免影响生产。人对机器的维修，需要专业维修知识的保障，这就需要企业对维修人员进行培训。星月门业在"机器换人"的过程中，不断对维修人员进行技术培训，定期考核，确保了他们更新知识，专业度可靠，不会对生产带来长久的影响。

后期工作虽然是人机结合三步中的最后一步，却是举足轻重的一步，尤其是对于刚刚步入自动化的传统行业。新的设备刚刚投入使用，操作人员对于机器的性能不是很熟悉，机器真正投入生产使用和前期研发测试有所不同，可能会出现一些意想不到的情况，这时专业的维修调试人员就显得很重要。人维修机器，是机器与人熟悉的一大步，也是高效生产的后勤保障。

6.3.2　人机结合的突破领域选择

1. 用影响度和难易度寻找突破口

寻找突破口，实际上就是寻找自动化的开端，这个开端找好了，既可以鼓舞传统行业自动化的士气，也可以提供一些宝贵的经验，有利于人机结合自动化模式的普及和传统行业的转型升级。传统行业常用两个标准来寻找突破口：影响度和难易度。这两个评判标准较为全面地概括了突破工艺的特点，此突破既会在生产中起关键的作用，也比较容易实现，同时对其他工艺具有指导作用，其将会是带动各个工序实施自动化的突破口。图 6-3-2 所示为难易度和影响度分析简图。

50%
难易度
解决障碍的难易度

50%
影响度
核心工艺
代表性
可复制性

图 6-3-2　难易度和影响度分析简图

1）影响度

影响度主要评估某道工序在整体生产过程中的重要性以及该工序自动化改造是否具备代表性和可复制性。

（1）核心工艺。把经典的"二八定律"运用到工艺生产中，即表现为20％的关键工序影响了80％的作业效率，可见在评估过程中，找对关键工序是至关重要的，即它是不是生产线中的核心工艺。倘若把过多的精力放在次要的工序上，不但不能对生产线效率的提升提供帮助，还会浪费一定的时间和资源。

（2）代表性。寻找突破口要从具有代表性的工序着手，这样才有规律可循，才能推广到其他工艺，不可选择某道生产线中的某一特殊工序。这样，企业就能从第一道突破的工序中总结出一些有关自动化生产的经验。

（3）可复制性。工艺自动化生产的成功实现必然是有共通之处的，是可以推广的。既然要推广自动化生产，就得要求第一道突破工序实施自动化的过程是具有可复制性的，否则单独的某道工序实现自动化对企业生产效益的提高没有较大帮助，也缺乏实际意义。

星月门业认为冲压在工艺流程中具有一定的影响度，不仅属于核心工艺，而且其实施自动化的过程能够被借鉴，所以星月门业锁定该突破口，最终研制出快速级进模进行冲压生产。

2）难易度

难易度主要评估该工序导入自动化的难易程度以及导入自动化之前解决该工序存在的障碍的难易程度。

一般我们对任何一件事的尝试不会从难度较大的地方入手，生产工序导入自动化也是如此。若某道工序导入自动化难度过大，则企业不适宜以它作为突破口，因为导入后的结果不够乐观，可能还会引发一系列意料之外的问题，难以解决。除此之外，企业的资源又是一定的，不能耗费过多的人力、财力和物力，而且还无法保证成功率，故一般优先考虑导入自动化难度系数较低的工序进行突破。

解决某工序导入自动化之前存在的障碍也需要企业投入有关资源。首先需要衡量该障碍是不是导入自动化的关键因素，是否有解决的必要，再考虑解决它的难度大小。如果难度适宜，就得选择最佳解决方案；如果难度过大，则该放弃时就要敢于放弃对这道工序实现自动化的设想。

上述两点从考虑到实践，都需要消耗企业资源。在资源有限的情况下，企业要学会合理配置资源，提高资源的利用率。在导入自动化时，一般优先考虑导入难度系数较低的以及所存在障碍易解决的工序，这样的考虑不仅能保证一定的成功率，也对资源合理使用具有一定的保障。

星月门业全自动数控定位夹具的研发是一大成功，把它作为自动化另一突破口就是因为其导入自动化是必要的，且可行性较高，不存在难以解决的障碍。

3）瞄准突破口，全面推进

人机结合的自动化之路找寻到了一个突破口后，接下来的工作就是将其从一个工艺点普及到其他工艺点，进而普及到整个生产工序。按照这种"由点带动面，由线带动面"的程序进行下去，那如何由突破口普及到整个生产制造工艺呢？首先，传统企业应该总结突破口被成功突破的经验，如有关工艺必须在引入自动化设备前进行相应的优化工作，员工需要通过培训来提高工作素质；然后，分析即将进行自动化的各个工艺的特点和难易程度，一般考虑选择特点明晰、难度较低的工艺先行自动化生产；接着，打好工艺优化、稳定组织结构等基础，在一段时间内小规模地运用新设备生产，记录其效果，如有不满意处，再进行调试；最后，正式将新机器投入生产。星月门业以小件冲压为突破口，见到成效后，把自动化生产铺开到柔性钣金生产线、表面涂装生产线和装配生产线中，全面实施"机器换人"。

2. 基础保障

企业在"机器换人"的实践中，将人机结合推广到各个生产线需要坚实的基础保障。企业拥有矩阵式的专业组织结构，可确保"机器换人"的有效推进；优化的工艺精益基础减小了"机器换人"的难度，进一步推进了"机器换人"的实施；高素质的专业人员是"机器换人"的智慧保障；充足的资金是坚实的物质保障，具有举足轻重的作用。

1）组织保障

传统制造业若想有效推进"机器换人"，必定先要有良好的组织基础作为保障。如果企业没有统一的组织基础，企业的生产效率就会降低，企业项目完成度也会随之降低，影响效益。

矩阵式组织结构能很好地适用于传统制造业企业，它由职能部门系列和完成某一临时任务而组建的项目小组系列组成，从而同时实现了事业部式与职能式组织结构特征的组织结构形式。星月门业采用该组织结构模式，横向设置宣传部、精益部、设备部等部门，和纵向设置的多个项目分别进行联系，使星月门业同时具备事业部式与职能式组织结构的优点，加强了组织横向和纵向的联系，使得一些专业设备和人员得到了充分利用，实现了人力资源的弹性共享，具有较大的机动性，促进了企业各种专业人员互相帮助、互相激发，相得益彰。

运用"机器换人"生产模式的传统制造业企业采用该组织结构形式，能灵活机动地完成自动化生产项目，并能合理地利用职能部门专业人员、自动化设备资源去创造更大的效益。

2）工艺精益基础保障

传统制造业工艺基础差，并且不注重自主研发，这样的形势并不利于企业推进"机器换人"。要想更好地实施自动化生产，就要打好工艺基础，先对工艺现状进行数据搜集，可采用 PQ(产品数量)分析法进行数据收集、动作分解、计算平衡率等工作，以此来分析工艺现状，从中找出问题。随后可遵循 ECRS(取消、合并、重排、简化)分析原则来解决问题，对工艺进行相应的改善。

（1）取消(Eliminate)指首先考虑该项工作有无取消的可能性，如果所研究的工作、工序、操作可以取消而又不影响半成品的质量和组装进度，这便是最有效的改善。在生产流水线中，要取消所有多余的步骤或动作(包括身体、四肢、手和眼的动作)；减少生产工作中的不规则性，形成习惯性机械动作等；尽量取消或减少手的使用，如抓握、搬运等；取消笨拙的或不自然、不流畅的动作；尽量减少一切肌肉力量的使用；增加对惯性、动量的克服；杜绝一切危险动作和隐患；除必要的休息外，取消工作中的一切人员和设备的闲置时间。

（2）合并(Combine)就是将两个或两个以上的工序合并成一个。合并后可以有效地避免重复现象，能取得较大的效果。当工序之间的生产能力不平衡，出现人浮于事和忙闲不均时，就需要对这些工序进行调整和合并。具体操作有：合并多个方向突变的动作，形成单一方向的连续动作；固定机器运行周期，并使工作能在一个周期内完成；实现工具的合并、控制的合并以及动作的合并。

（3）重排（Rearrange）就是通过改变工作程序，使工作的先后顺序重新组合，以达到改善工作的目的。

（4）简化（Simplify）就是经过取消、合并、重排之后，再对该项工作进行更深入的分析研究，使现行方法尽量简化，以最大限度地缩短作业时间，提高工作效率。简化就是一种工序的改善，也是局部范围的省略，整个范围的省略也就是取消。

传统制造业在推进自动化生产中，如果使用 ECRS 原则对工艺进行精益分析和优化，那么就能使引进的自动化设备快速地运用到生产线中，适应对应的工艺，以此减少资源的浪费，提高生产效率。

3）人员保障

企业实施人机结合的自动化模式，说明生产过程中依旧少不了人的因素。传统行业本就无法实现全自动化，卓有成效的半自动化模式还得依托人的帮助。从人机结合三阶段发展理论中知道，无论是前期、中期还是后期，人都起着重要的作用。而关键在于，企业需要什么样的人。在自动化生产流程中，企业需要上下料的工人以及自动化设备的研发人员、操作人员、维护人员和维修人员等。由此可见，员工素质要有一定的保障，要使人与机器相互协作，否则人机结合只能是纸上谈兵。

一般传统行业的工人都缺乏有关自动化生产的专业知识，所以企业要对员工进行相应的培训，或者从外界引进有关人才，来保障人才储备。

4）资金保障

资金是企业进行生产、经营等一系列经济活动中最基本的要素，资金管理贯穿于企业整个生产经营的始末，具有举足轻重的作用。对于企业的"机器换人"来说，资金也非常重要。企业的设备研发、制造、引进需要资金；对于人工的安置、培训、引进需要资金；在进行"机器换人"之前，对于车间的改造也需要资金。可以说资金是"机器换人"最关键的因素。

对于星月门业这样的大企业来说，经过前几年的资本累积，雄厚的资金便成为企业自动化转型的基础保障。在信息发达的今天，对于资金实力较弱的中小企业来说，取得资金保障可以有各种各样的方式。他们可以通过融资租赁、向银行贷款、寻求一些相关组织的帮助等来取得资金保障。

6.3.3 人机结合后续问题解决

企业在人机结合之后，面临着一些后续问题，以下为四个比较常见的问题：人员安置问题、设备更新问题、员工培训和人才引进问题以及资金短缺问题。结合本次调研对象星月门业的做法，本案例为各转型企业总结了一些可行的方法，企业将这些问题处理好了，才可以确保"机器换人"的持续性。

1. 人员安置问题

传统制造业走上"人机结合"的自动化之路，有其提高生产效率即"增效"的一面，但也带来了"减员"的担忧。多数人认为，传统作业工人会面临裁员下岗问题，随即该问题会演变成一个棘手的社会问题。

事实上，传统制造业并不能实现全自动化生产，即生产工作依旧不能缺少人的作用，

"机器换人"实际上是一种"机器省人"模式，它只是把原来完成体力活、重活的传统工人换成了具备一定自动化专业知识的员工，而不是完全依赖于自动化设备。在整条生产线中，需要按照工艺流程来增减员工数量，除了需要专业人员进行设备操作、维护、维修外，还需要员工进行上料、下料、印花以及对半成品进行筛选等工作，可见人依旧起着重要作用。

星月门业的传统作业工人被削减下来后，一部分接受员工培训，提高自身工作素质，适应人机结合的自动化生产，另一部分则被分派到子公司，让这些富有工作经验并且热爱星月门业的员工继续为星月门业发挥他们的价值。该举措不仅减少了人才的流失，为星月门业保留住以往培养的人才，并且极大地减少了劳动纠纷发生的可能性，可谓一举多得。

2. 设备更新问题

实施自动化生产，则自动化设备是必不可少的，随之而来的就是设备更新问题。企业部分生产设备会老化，无法满足生产需求，随即影响产品的品质。这时便需要企业和外界进行资源的整合，共同探讨更新设备时设备的来源、后期维护等问题，结合多方建设性的意见，制订更好的设备更新方案。若某企业已有成功的先例，则可多方分享设备资源。

除了外部资源整合，企业自身也需要具备一定的自主创新能力，不可完全依托外界的帮助，而是在交流借鉴的过程中，逐渐走上自主研发的道路，否则就会使企业的自动化生产缺少设备上的优势，在同行业的竞争中显得被动。星月门业针对更换设备这一问题，大胆舍旧迎新，淘汰了第一代有缺陷的设备，同时引进了精度更高的设备，确保了产品品质的一致性。

3. 员工培训和人才引进问题

"机器换人"不只是把流水线上的工人换成工业机器人那么简单，除了引进必要的机器设备，还必须强化员工综合素质，企业的转型升级离不开人才结构的调整与支撑。

要使传统工人实现"升级"以适应自动化生产时代，需要企业制订合适的培训方案，内外兼需。开展外部专业培训时，可咨询公司专家，对员工进行 TPM 方面的知识和实践操作培训，自动化集成商在项目研发阶段也会对企业的技术人员进行相关自动化设计的培训，设备厂家给员工培训设备结构、设备安装、设备维保、设备维修等方面的内容；开展公司内部培训时，技术人员会对员工进行培训，通过制订操作规程、培训作业流程、培养职业素养等对员工进行强化训练，以确保设备正常使用。

企业还可与高等院校联手，设立工业机器人相关专业，联合制订人才搜寻计划，联合开发课程，共同组织实施教学过程，真正在外界找到满足企业生产需求的人才，并引进为公司所用，提高公司员工整体的技术水平，事半功倍。

4. 资金短缺问题

资金是传统行业"机器换人"的基本保障，人员的培训引进、机器设备的研发更新以及一些"机器换人"的准备工作等都需要资金的支持。尤其是机器设备的研发和更新方面，需要企业投入大量的资金。对于资本积累充足的大企业来说，资金不是很大的问题。但是对于大多数从事传统行业的中小企业来说，资金短缺问题使一切工作无法正常开始。对于这些中小企业来说，融资租赁和寻求第三方帮助是较好的解决方法。

融资租赁是指机器所有方向中小企业出租机器，中小企业则向出租方分期支付租赁费用。在租赁年满后，根据双方的合同处理机器。在租赁期间，机器的所有权属于出租方。融资租赁是集融资与融物、贸易与技术更新于一体的新型金融产业。由于其融资与融物相结合的特点，出现问题时租赁公司可以回收、处理租赁物，因而在办理融资时对企业资信和担保的要求不高，所以非常适合中小企业融资。对中小企业来说，这种获取机器的方式比自己直接购买风险小，资金的投入也不必一次性付清，资金压力有所缓解。

中小企业除了进行融资租赁之外，还可以就自己的资金压力向第三方求助。这个第三方可以是银行、政府或者相关的机构。以浙江省为例，浙江省成立了浙江"机器换人"产业联盟，该联盟就为中小型企业提供了一些关于"机器换人"的财政政策，如对嘉善县企业为"机器换人"而自制设备投资额达到 50 万元以上的，按照实际用于该项目发生的投资额，给予设计设备投资额 7% 的补助，单个项目最高补助至 250 万元。浙江省针对不同地区的"机器换人"的政策还有很多，这些政策可为中小企业的"机器换人"添砖加瓦。

6.4 总结与启示

如今，浙江全省上下都以现代化、自动化的装备来提高劳动生产率和提升传统产业，努力实现减员增效、减能增效、减耗增效、减污增效以及提高优质产品率、提高全员劳动生产率的"四减两提高"为目标，大力开展"机器换人"工作，全面推进产业转型升级步伐。在"机器换人"潮流中，星月门业能脱颖而出，成为永康市五家"机器换人"示范企业之一，其"机器换人"经验值得其他公司借鉴。

企业在成立之初就需注重开发同行业中尚未开发的新技术、新方法，并以创新为公司生存发展的立足点之一。在企业进行"机器换人"过程中，要想领先于其他实施自动化生产的企业，就必须注重"机器换人"中的自主研发，根据市场需求进行对应分析，提升企业的产品价值。

有了一定的研发经验，企业就能把小范围的试点工作逐渐拓展到更大范围，通过对试点单位试运行情况的分析，确定运行效果，继而推广至其他基地及星月门业下属子公司。这样的做法可以在试点时就发现一些问题，从而减少损失与资源的浪费，而且一般小范围的试验更易于调整，以确保其能达到最好的效果。

在"机器换人"的道路上，"走出去，请进来"的经营理念也至关重要。在"机器换人"前期研发阶段，与设备商、配套商以及咨询公司反复交流与商讨，从草稿到模型事无巨细，关注每一个细节，反复对比数字分析，追求精益求精。在自动化推进中，需注重专业化团队对生产线的指导，这样便可极大地提高企业团队整体自动化知识理论水平。

除此之外，多次调派高管团队考察同行业中先进的自动化技术，了解机器设备的研发与使用，为自己车间生产能力的提升做好准备以及与设备供应商积极合作都是企业提升"机器换人"实践能力重要的行为要素。

在门的生产上，星月门业坚持推进"机器换人"，用机器来"省人"，达到效率的最大化及资源利用的最大化。同时，星月门业的"机器换人"也是协调好人机关系的"机器换人"，既是对人才向高素质转变的有力推动，也是我国劳动密集型制造业转型的基石。

🔶 【案例点评】

当今，许多发达国家都主推工业自动化的生产方式，因为它能提高产业生产效率、降低生产成本、提高工艺水平。虽然中国企业实施"机器换人"战略获得成功的案例也不在少数，但部分传统行业推进"机器换人"仍旧存在一定难度，不仅缺乏合适的机器设备，实施工业自动化也会改变企业原来的生产管理模式，使企业面临不小的挑战。然而，作为典型的传统行业企业，星月门业在走工业自动化的道路上却获得了良好的成果。为了推进自动化生产，星月门业寻找突破口，多次探索实践，最终决定采用人机结合的"机器换人"模式实现工业自动化，并取得了一定的成功。

围绕"星月门业'机器换人'的人机结合模式究竟取得了怎样的成果？为了突出成效，星月门业对于生产过程进行了怎样的改进与提升？在自动化进程中，星月门业遇到过哪些问题与瓶颈，又是如何解决的？星月门业注重的关键点是什么？"等问题，我们组织学生团队对星月门业"机器换人"的构想、实施、改进等进行深度分析，进一步探讨适用于传统企业的"机器换人"模式。

从星月门业的自动化之路中，我们总结出了传统行业人机结合模式的三阶段发展理论。传统行业可以借鉴星月门业的做法，在自动化过程中不应赶时髦，不应盲目地追求高科技，也不能图便宜，而是需要具有长远的眼光。在"机器换人"的实践过程中，要通过影响度和难易度两个标准来寻找突破口。导入自动化的时候应该注重工艺基础，即导入自动化前，必须先对工艺进行优化和标准化，重新整理各个产品的标准工艺文件及检验规范，随后才可导入设备。若不进行相应的优化、标准化工作，那么自动化设备导入后就不能适应产品工艺之后的变化，也就无法更好地进行"机器换人"。我们希望通过星月门业的自动化之路，可以为其他传统行业企业的"机器换人"提供宝贵经验。

点评人：王雷（杭州电子科技大学教授）

案例七 中策橡胶以 MES 为核心的 制造集成系统[①]

当前，全球制造业正在发生深层次的变化，制造业再度成为全球竞争的焦点。作为国家经济发展的基础和命脉，制造业向"智造"的转型不仅关乎企业发展，更关乎国家未来。但是，当今多数大型制造产业都存在集中化程度低、生产效率差、技术落后、缺乏规模优势、结构性产能过剩等问题。

为应对全球变化、满足自身需求，中策橡胶开始进行转型升级。中策橡胶以 MES（制造执行系统）为核心，融合了 WMS（仓储管理系统）、PLM（产品生命周期管理）系统和 ERP（企业资源计划），构建了以 MES 系统为主，辅之以 ERP、WMS、PLM 的制造集成系统，进行制造业的转型升级，形成了智能制造的雏形。

中策橡胶制造集成系统的构建及推广方式，可概括为"四维度、三层次、三融合"九字方针。中策橡胶从推行自动化生产方式和数字化管理体制等四点着手，铺平了智造前进之路。随后，中策橡胶从过程控制、生产网络和核心系统三个层次垂直构建 MES 系统，互通管理与生产，完善信息双向流通体制。紧接着，WMS 辅助原材料仓储管理、ERP 实现信息共享与数据多层次交流、PLM 助力产品生命全周期控制三系统与核心系统 MES 的融合全面打造制造集成系统，优化企业生产制造管理模式，提高生产数据统计分析能力，最终实现智能制造生产。

7.1 中策橡胶公司简介

中策橡胶成立于 1958 年，是集轮胎研发、生产、销售及汽车后市场服务为一体的大型轮胎企业，拥有三万余名员工，其中工程技术人员两千余名，前身为杭州橡胶总厂。公司注册资金 78 703.7038 万元，坐落于杭州下沙经济技术开发区，占地 38 万平方米。

中策橡胶采用国际先进的生产技术及国际顶尖的轮胎制造、检测设备，已具备年产 2870 万套、1000 多个品种规格汽车轮胎的生产能力。其中包括年产 720 万套全钢子午线轮

[①] 该案例获得 2019 年浙江省大学生经济管理案例竞赛一等奖。作者：樊越、陈祉妍、王艺蒙、杨之恺、叶瑾。指导教师：王雷。

胎、1650 万套轿车子午线轮胎和 500 万套斜交轮胎。此外，中策橡胶还可年产 8000 万套自行车胎、340 万套摩托车胎和 20 万条橡胶履带，其轮胎技术和生产能力在中国处于领先地位。

中策橡胶旗下拥有朝阳、威狮、好运、全诺、雅度、ARISUN 等多个知名轮胎品牌，产品已覆盖乘用轿车胎、商用轿车胎、卡客车胎、工程车胎、各种工业农业车辆专用轮胎及两轮车胎、橡胶履带、炭黑等系列。随着产品畅销国内外，其企业规模不断扩大，2019 年中策橡胶在世界轮胎企业中排名第九，在中国橡胶制品企业中名列第一位。

中策橡胶通过了 ISO9001:2000 质量管理体系认证、ISO14001:2004 环境体系管理认证，是中国轮胎行业中第一家通过了 ISO/TS16949 汽车工业质量管理体系认证的企业，也是第一批获得"中国轮胎产业强制性认证(CCC)"、轮胎出口欧共体 ECE 认证、轮胎出口美国的 DOT 确认的企业，而且是中国为数不多的同时获得"中国驰名商标"和"中国名牌产品"的企业。

2019 年 9 月 2 日，在美国轮胎商业杂志公布的 2019 年度世界轮胎 75 强名单中，之前连续 8 年世界排名前十的中策橡胶以 39.96 亿美元的销售额位居世界第九位，成为新榜中唯一进入全球前十的中国境内轮胎企业，也是全球十强中唯一排名上升的轮胎企业。

7.2　中策橡胶构建制造集成系统之路

7.2.1　需求分析

1. 项目背景

近年来，我国轮胎工业实现快速增长，自 2006 年以来稳居世界最大轮胎生产国和橡胶消费国，轮胎产量约占世界总产量的四分之一。然而，我国轮胎行业发展呈现出一种"大而不强"的态势。产业集中化程度低，缺乏规模优势，毛利率水平较低。同时还存在高端产品发展滞后、品牌价值较低、结构性产能过剩等问题。

21 世纪的生产已经由传统的生产模式逐渐转为精益生产。智能制造发展"十三五"规划提出，"十三五"期间，我国同步实施数字化制造普及、智能化制造示范引领，以构建新型制造体系为目标，以实施智能创造工程为抓手，着力提升关键技术装备安全可控力，着力增强基础支撑能力，着力提升集成应用水平，着力探索培育新模式，着力营造良好的发展环境，为培育经济增长新动能，打造我国制造业竞争新优势，建设制造强国奠定扎实的基础。中策橡胶作为国内轮胎行业第一、跻身世界轮胎行业第九的轮胎公司巨头，已经具备了一定的经济实力，顺应 21 世纪的制造业发展大方向，实现生产管理信息化已经迫在眉睫。

公司发展过程中生产管理信息化经历了三个阶段，分别是信息化缺失阶段、信息化萌芽阶段和信息化起步阶段。公司现在的生产管理还处在简单的设备联网、数据收集、办公自动化 Excel 处理结合基层手工填写报表阶段，生产管理手段相对比较滞后。前面三个阶段的发展，为公司以后实现生产全面自动化奠定了良好的硬件基础和软件基础，公司的生产信息化管理在顺应信息化发展进程前提下，将会实现生产管理的全面信息化。

生产管理信息化系统实施对于公司的生产管理上的革新是激动人心的，给公司带来的机会和价值是长久的。通过生产管理信息化，可以实现公司在生产管理方面的很多需求，让公司的生产管理上一个新的台阶，同时也可以灵活应对未来的需求。

图 7-2-1 所示为公司生产管理信息化进程图。

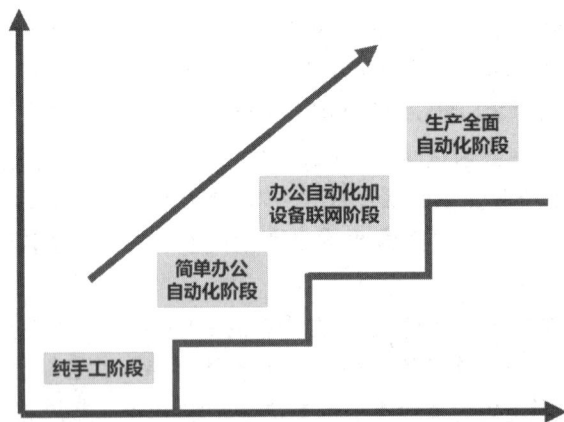

图 7-2-1 公司生产管理信息化进程图

中策橡胶为了有效并体系化管理工厂运营，需要迅速并准确地掌握现场情况，并具有可监控的工厂管理工具。客户的品质要求水平与汽车制造厂家提出的体系化现场管理要求水平与日增高，产业大环境下的信息化水平也日益提高。为了提升竞争力，制造现场的高效率与高准确性并存十分有必要。

工厂存在着许多现实问题，例如：因不能及时掌握工厂整体的运行情况，在管理方向上产生了问题；对于现场发生的情况，因长期依赖于手工统计，故不能及时决策；现场发生的诸多问题，很多时候由一线人员自己判断并处理，导致同样的问题会反复出现；因不及时向负责人报告或者故意隐瞒的问题频繁发生，导致重大问题隐患；因不能全面掌握前后工程的工作情况，导致错误的决策；生成相关数据统计人员过多，且其准确性无法得到保障；没有完整的半成品编码体系，半成品作业管理相对困难；等等。为了解决以上现实问题，工厂急需有效的管理工具。

2012 年，中策橡胶引进了 MES 系统。面对 21 世纪制造业发展转型，中策橡胶也曾经想过改变，顺应发展趋势，淘汰落后产能。但是，单一的 MES 系统开发成效却并不尽如人意，一些问题仍然没有得到解决，致使发展停滞不前。而如今，结合了其他系统与 MES 系统的新型系统，使得中策橡胶突破瓶颈，取得了更高的成就。

2. 公司需求

公司生产管理信息化的需求日渐增加，而公司生产管理效率较低、生产管理责任难辨、没有实现可持续管理等问题严重影响了公司的生产效率与管理效率。

（1）生产管理效率需提高。公司现在生产管理效率较低，基层员工与管理层的信息传递速度较慢。生产管理需要能够实现管理者和基层操作员工零距离沟通，能够及时发现问题和异常并及时解决。由于生产管理沟通慢，导致在出现工作延误、生产延后等问题时，无法清晰地分辨出责任承担者，大家互相推诿，出现问题无人负责的现象。因此，必须通过信息网络技术使信息及时发布，从而实现责任分明。此外，公司的生产计划还处于传统方式，利用 Excel 表格排计划，人工分配、传递计划文件。这种管理手段势必导致计划传递效率低、计划更改困难等难题。必须通过网络、PLC 控制，实现设备数据的自动收集；通过生产信息化管理，使得生产计划可以第一时间传递到每台设备上，实现基层员工只需通过输入各自工号，就可查看自己当天需完成的生产计划，实现生产计划准确、及时下达。

（2）实现生产产品全程可追溯。公司现在的产品可追溯性最先进的就是在条形码追踪胚胎阶段，局限性非常大，还远远不能满足体系管理所要达到的真正要求，更无法提高企业管理的先进性。对出现问题的轮胎，公司只能是退赔，通过经验来判断问题根源，而不是通过先进的管理手段，将该轮胎生产过程的整个节点展现开来，追溯问题的所在。只有通过生产信息化实现每批物料的流通过程的全程实时可追溯，进而实现每个轮胎从物料到工艺的生产全程可追溯，才能最终实现轮胎质量管理的提前控制，而非事后检查。

（3）实现生产管理的持续控制。公司生产管理没有实现可持续管理，往往出现阶段性的管理控制现象。例如，举办质量宣传月，可以实现短期的质量提升，但不能实现持久的激励与鞭策效应。而通过生产管理信息化，可实现对生产的持久管理。

3. 战略构想

中策橡胶的战略构想是：以信息化带动工业化，最终实现企业管理现代化，实现智能制造。这是一个将现代信息技术与先进的管理理念相融合，转变企业生产方式、经营方式、业务流程、传统管理方式和组织方式，重新整合企业内外部资源，提高企业效率和效益、增强企业竞争力的过程。

中策橡胶选择了以 MES 系统为主，辅之以 ERP、WMS、PLM 系统的制造集成系统，如图 7-2-2 所示。该系统能够帮助中策橡胶推进智能制造，实现生产计划管理、生产过程控制、产品质量管理、车间库存管理、项目看板管理等，提高企业制造执行能力，实现生产管理信息化，增强企业的竞争力，达成其战略构想。

图 7-2-2　以 MES 为核心的制造集成系统

7.2.2　中策橡胶 MES 系统运作机理

1. 系统简介

MES 系统即制造执行系统，是位于上层的计划管理系统与底层的工业控制之间的面向车间层的管理信息系统。其能够帮助企业实现生产计划管理、生产过程控制、产品质量管理、车间库存管理、项目看板管理等，提高企业制造执行能力。它为操作人员及管理人员提供计划的执行、跟踪以及人、设备、物料、客户需求等所有资源的当前状态，且能通过信息传递对从订单下达到产品完成的整个生产过程进行优化管理。当工厂发生实时事件时，MES系统能对此及时作出反应，并用当前的准确数据对它们进行指导和处理。

在管理者登录MES系统后，可以在后台看到各个工厂的设备现况，从而进行管理，帮助企业实现生产计划管理、生产过程控制、产品质量管理、车间库存管理、项目看板管理等，提高企业制造执行能力。

2. 系统环境

信息化管理是先进的管理思想与现代化信息技术相结合的应用过程，而信息技术的商业应用价值也在于促进企业管理的科学化。企业高管面临的主要挑战不在于设计一种更高效的数据处理系统，而在于创造一种能使人们更有效地利用信息资源的管理环境。中策橡胶已经具备了实现生产管理信息化系统的环境。

（1）硬件环境。公司生产管理在前面几个阶段的信息化发展中已经积累了一定的基础。在设备方面，全钢和半钢轮胎的生产设备自动化水平已经能满足上生产管理信息化系统的需要，设备联网后数据可以直接上传到指定的计算机上，实现数据的统一收集和管理。

（2）软件环境。在员工素质方面，公司现在的基层员工及管理人员的招聘都经过笔试录取，符合硬性条件，在一定程度上保证了员工的基本素质。在员工意识方面，公司现在部分工厂已经积极着手在做设备数据联网项目，在一定程度上体现了全体员工在生产管理信息化方面有一定的意识和积极性。

3. 核心技术

MES系统采用的核心技术如表7-2-1所示。

表7-2-1　MES系统采用的核心技术

技　术	详　细　说　明
WAS	基于WAS的Websphere是用于数据查询、一般性服务处理、安全、多线程、对象池、数据排列、排队组建、事件服务、执行处理等的中间件
RDBMS	关系型数据库管理系统
RAD	用于Websphere的RAD(Rational Application Developer)提供综合的开发环境，加速Java、Web服务，完美支持包含对EJB开发的Java EE程序开发工具
Miplatform	提供桌面级UI(User Interface，用户界面)，同在桌面上一样，在Web上也可以创建复杂、多样的UI体现形式并保证兼容性。开发成果不仅可以服务于Web和C/S，还可以服务于无线/有线环境(PDA)，为浏览器提供独立的UI，支持跨浏览器，提供以服务为基础的构架，通过标准的SOA基准开放平台支持，将开发能力、维护与保养效率最大化，支持简单连接并兼容内/外系统和工具

4．典型项目

通过技术试点的描述，可以清晰地看到 MES 系统运作的机理和流程。中策橡胶主要有两个试点项目。

试点项目一：MES 系统开发及升级，提升半成品的厂内物流管理功能、半成品质量追溯功能、用户操作性。

图 7-2-3 为轮胎制造工艺流程，有密炼、挤出、压延、成型、硫化等多项工序，较为烦琐。而 MES 系统开发及升级提升了半成品的厂内物流管理功能、半成品质量追溯功能以及用户操作性。中策橡胶工厂半成品、成型工序设备均引进有 RFID 技术；半成品搬运工装投料出料口处有自动识别系统；半成品生产信息自动计入 RFID 芯片，半成品 MES 标签自动打印。以上措施都提高了生产效率。

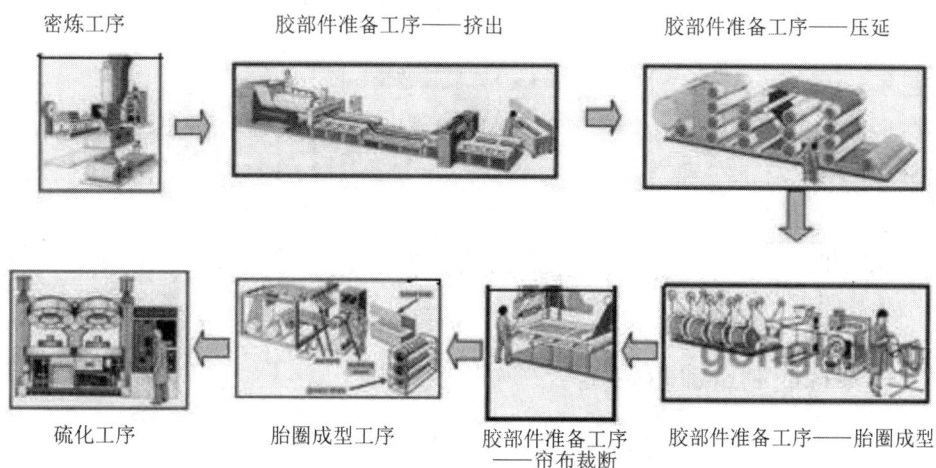

图 7-2-3　轮胎制造工艺流程

通过 RFID 的应用，可避免人工去扫描记录物料信息的工作，提高生产效率，实现自动防错，并且能够实时管理物料的存储情况，方便前后工序生产计划的衔接。成型进料口处自动识别工装车内的物料信息，可实现防错识别及库存管理功能。

试点项目二：炼胶分厂二期 MES，解决设备兼容问题并提升产能，新开发胶料快检系统提升数据交换稳定性和简便性。

MES 系统在炼胶的应用是通过和密炼机上辅机系统的连接，实现品质防错。MES 系统针对从 PLM 传输来的胶料配方及生产流程与实时生产状态、生产管理（设备管理、计划管理）和胶料快检系统连接，实现胶料快检数据的实时管理，确保胶料 MES 票签信息完整有效。图 7-2-4 为炼胶工艺流程图，在二期 MES 系统的作用下，多处流程都可以起到自动防错的作用，在品质防错的同时，还能实现胶料快检，提升其炼胶效率。

密闭式炼胶机简称密炼机，又称捏炼机，主要用于橡胶的塑炼和混炼。密炼机是一种设有一对特定形状并相对回转的转子，在可调温度和压力的密闭状态下对聚合物材料进行塑炼和混炼的机械，主要由密炼室、转子、转子密封装置、加料压料装置、卸料装置、传动装置及机座等部分组成。

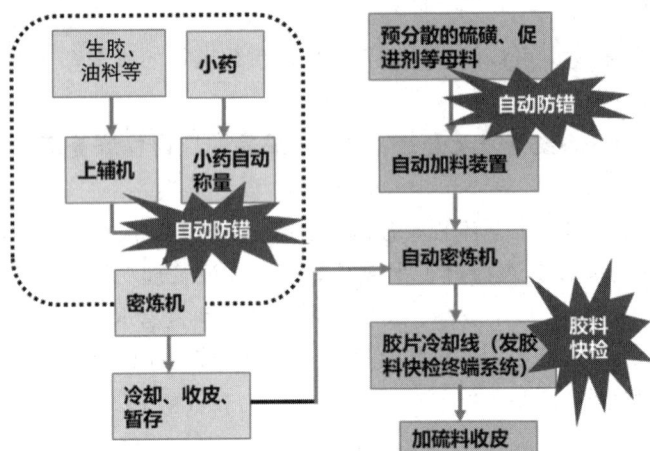

图 7-2-4 炼胶工艺流程图

在二期 MES 系统启动后，其自动密炼机大大提升了炼胶效率，降低了次品率。通过开发炼胶分厂（一期、二期）和产品工厂（500 工厂、103 工厂、104 工厂）中用于收发处理的 PDA 终端系统，使分厂之间胶料的信息（物料、质量状态、存储）流转实现信息化，达到了预期的功能效果。MES 系统也解决了混炼胶生产线设备兼容的问题，大大提升了产能，使生产线的效率得到了提升。

7.2.3　中策橡胶制造辅助系统

制造集成系统即以 MES 系统为主，辅之以 PLM、WMS、ERP 的系统。三个辅助系统分别起到了数据管理功能和资源整合功能、原材料与成品库存的信息化管理、供应链管理以及改善企业业务流程的作用，使生产管理信息化成效达到最大。

- MES 与 PLM：自动生成 MES 集成对象，记录传输的过程和反馈信息。
- MES 与 WMS：从 WMS 系统取得原材料信息，生成半钢原材料库，用于配方和结构设计。
- MES 与 ERP：根据 ERP 传输的中间表，自动生成品牌产品信息单并同步更新。

1. WMS 系统——应用原材料仓储管理

仓储在企业的整个供应链中起着至关重要的作用，如果不能保证正确的进货和库存控制及发货，将会导致管理费用增加，服务质量难以得到保证，从而影响企业的竞争力。传统简单、静态的仓储管理已无法保证企业各种资源的高效利用。如今的仓库作业和库存控制作业已十分复杂化、多样化，仅靠人工记忆和手工录入，不但费时费力，而且容易出错，给企业带来巨大损失。

WMS 即原材料仓储管理系统，是通过入库业务、出库业务、仓库调拨、库存调拨和虚仓管理等功能，综合批次管理、物料对应、库存盘点、质检管理、虚仓管理和即时库存管理等功能的管理系统，能有效控制并跟踪仓库业务的物流和成本管理全过程，实现完善的企业仓储信息管理。该系统可以独立执行库存操作，与其他系统的单据和凭证等结合使用，可提供更为完整全面的企业业务流程和财务管理信息。

WMS 系统确立原材料代码体系的一元化，可促进 ERP、PLM、原材料仓库收发系统集成化管理，保证信息的迅速性和准确性。该系统的主要目的是确保原材料、成品库存的信息化管理，辅助 ERP 系统实现原材料采购及物料检验进仓的信息化，销售订单配货及出库管理的信息化，全面管理企业库房物料收发存业务。其支持物料实物转储以及状态转储管理、变动库位管理、物料批次管理、产品成套管理（打包、拆包）、入库收料处理和入库记账的分离、一次收料分批记账的业务以及物料报损与盘点管理等。

2. ERP 系统——核心数据多层次交流

ERP 系统是企业资源计划的简称，是指建立在信息技术基础上，集信息技术与先进管理思想于一身，以系统化的管理思想，为企业员工及决策层提供决策手段的管理平台。它是从 MRP（物料需求计划）发展而来的新一代集成化管理信息系统，它扩展了 MRP 的功能，其核心思想是供应链管理。它跳出了传统企业的边界，从供应链范围去优化企业的资源，优化了现代企业的运行模式，反映了市场对企业合理调配资源的要求。

ERP 系统是一个在全公司范围内应用的、高度集成的系统。数据在各业务系统之间高度共享，所有源数据只需在某一个系统中输入一次，因此保证了数据的一致性。它不仅仅是一个软件，更是一个管理思想，它实现了企业内部资源和企业相关的外部资源的整合。通过软件把企业的人、财、物、产及相应的物流、信息流、资金流、管理流、增值流等紧密地集成起来实现资源优化和共享。它对改善企业业务流程、提高企业核心竞争力具有显著的作用。

3. PLM 系统——产品生命全周期控制

PLM 系统是一种应用于在单一地点企业的内部、分散在多个地点企业的内部，以及在产品研发领域具有协作关系的企业之间，支持产品全生命周期信息的创建、管理、分发和应用的一系列应用解决方案，它能够集成与产品相关的人力资源、流程、应用系统和信息等。中策橡胶 PLM 系统于 2009 年 3 月开始实施，并在实施过程中不断地优化升级。

通过 PLM 系统的成功部署，中策橡胶开发了研发数据管理功能和资源整合功能。研发数据管理功能实现了设计内容标准化、设计数据的统一化、设计过程的规范化。而资源整合功能做到了数据传输的优化，令 MES、ERP、WMS 等数据传递相对高效。标准的 BOM 结构可实现研发防错及生产在线防错。

总体来说，中策橡胶 PLM 系统提高了研发方案的生成及审批速度，提高了研发过程对应的样胎试制、样胎测试的效率，还提高了研发数据、产品测试数据的传递效率，提升了研发设计过程的部件计算及防错能力，达到了高效研发的目的。

7.2.4 中策橡胶制造集成系统成效分析

1. 系统推进前后对比

近年来，集团公司陆续展开了 PLM 系统、MES 系统及 WMS 系统等程序的推进工作，至今已初见成效，对日常工作的展开起到了相当重要的作用。下面介绍 PLM、MES、WMS 系统推进前/后日常工作的效果变化对比。

1）PLM、MES、WMS 系统推进前

（1）生产配方的传送。集团研究所在 Excel 中建立基础配方并打印出纸质配方转交至下沙炼胶分厂，分厂接到研究所纸质配方后将其录入密炼机的辅机系统，并按照密炼机辅机系统中的配方进行生产。

（2）原材料、胶料的收发。储运部根据炼胶分厂原材料需求单将原材料同领料单一同发至炼胶分厂，分厂再根据领料单领用相应原材料。分厂根据下工序胶料需求单发送胶料给下工序生产使用。

（3）生产过程的防错、胶料的追溯性以及胶料的品质控制。原材料、化工以及胶料的投入均由人工进行核对，生胶的烘胶时间均由人工进行控制。在生产投入结束后将原材料、胶料卡片进行统一回收、集中存放，在需要追溯时需翻出当天对应机台的生产卡片进行一一查找。对于胶料的品质控制，快检结果由人工填入纸质报表中，需安排专人进行人工收集检测数据并使用办公软件统计、分析数据，对于不合格品需人工进行统计、处理并发放。

2）PLM、MES、WMS 系统推进后

（1）生产配方的传送。进行系统推进前工作的同时，研究所在 PLM 系统中建立基础配方并直接传送至 MES 系统中，炼胶分厂在生产前需经过计算机自动对比 MES 系统中的配方与密炼机上辅机系统中的配方一致时方可开始生产。

（2）原材料、胶料的收发。进行系统推进前工作的同时，原材料收发在 WMS 系统中建立发货单，并扫描条码进行发货操作，之后分厂在 MES 系统中接到储运发货单后进行扫描收货。胶料的收发是在 MES 系统中建立发货单后扫描发货，然后由下工序进行扫描收货。

（3）生产过程的防错、胶料的追溯性以及胶料的品质控制。原材料、化工以及胶料在投入时需进行条码扫描，通过计算机与 MES 系统配方中的原材料进行比对，若不属于该配方或者为不合格品，则直接锁定胶料秤，无法进行投入生产。生胶的烘胶时间由 MES 系统进行控制，只有达到规定时间才能进行出库操作。每车的生产数据以及扫描数据均统一存储在 MES 系统数据库内，追溯时直接在 MES 系统内点击相应的胶料条码即可追溯投入的原材料以及使用该架胶料生产的下段料信息。对应胶料品质的控制方面，快检结束后即可在 MES 系统中查看快检数据，保证数据传输的准确性和及时性，并可立即在 MES 系统中查看数据分析处理后的结果，不合格品直接在 MES 系统中查找并处理。

可以看出，在 PLM、MES 系统上线后，若配方文件多次转录过程中出现人为错误，在生产前经由计算机比对后即可发现配方不一致，从而有效避免配方文件转手过程中由人为错误导致的生产事故。在投料防错以及胶料控制方面均可有效避免出现人为错误；在胶料的追溯性与品质控制方面，可及时对当前的生产状况进行调整，节省大量的时间以及人力、物力，并保证数据的及时性和准确性。

2. 提高生产效率

在生产过程智能化方面，中策橡胶升级 MES 系统、条码和 RFID 系统。通过智能诊断、故障分析、质量改进分析等方式，优化生产运行过程，降低生产设备和生产线的故障率，提升设备利用率，提高产品质量，降低成本和库存，从而逐步实现生产过程智能化。

中策橡胶加快了制造工厂生产现场的数字化设备引进和自动化改造建设，尤其是硫化自动群控系统、轮胎 DCS 控制系统等，并依托 MES 系统、条码和 RFID 系统实现产品物料信息溯源和过程监控，实施更全面、更智能的制造执行系统，结合 RFID 技术的应用，实现从原材料到产品报废处理全生命周期的物流、信息流和价值流管理。

随着市场需求的改变、新工艺的开发及新设备的引进，中策橡胶结合试运行和流程执行效果不断总结分析并结合实际需求进行动态调整。在智能制造方面，加快 MES 系统的升级及制造分厂的应用推广，实现生产全过程的实时数据采集和追溯、排产、质量控制。

MES 系统升级之后，引进半成品、成型工序的 RFID 设备，安装、设计和开发与 RFID 设备链接的以搬运工装为单位的批次产量统计，包括搬运工装管理及库存管理、搬运工装投料出料口处的自动识别、半成品标签自动打印、投料口处的自动防错识别、系统内部自动链接的半成品质量追溯体系。同时，也为今后自动化物流提供基础支持和管理经验，满足顾客的产品追溯及信息化需求，减少生产过程中的人为干预，更有效地控制生产过程。

依托 PLM 系统开发和其他软件系统的接口，实现建设工厂物联网项目各软件系统之间的数据对接与集成，具体如下：

（1）与 ERP 系统：根据 ERP 传输的中间表，自动生成品牌产品信息单并同步更新信息。

（2）与 PLM 系统：自动生成 MES 集成对象，记录传输的过程和反馈信息。

（3）与 WMS 系统：PLM 从 WMS 系统取得原材料信息，生成半钢原材料库，并将之用于配方结构设计。

（4）与 CATIA 三维软件集成：CATIA 从 PLM 系统取得原材料信息，生成材料分布图，用于新产品设计。

（5）全面构建测试中心测试设备的数据集成，实现测试数据实时传输，完成协同设计目标。

MES 系统给工厂带来了诸多好处，具体如下：

（1）优化企业生产制造管理模式，实时掌控计划、调度、质量、工艺、装置运行等信息情况，使各相关部门及时发现问题和解决问题，达到精细化管理的目的。

（2）提高生产数据统计分析的及时性、准确性，避免人为干扰，促使企业管理标准化，提高工作效率，降低生产成本。

（3）为企业的产品、中间产品、原材料等质量检验提供有效、规范的管理支持。

（4）满足质量追溯和防错的要求。

3. 提升生产效益

制造集成系统投入使用后，在提高轮胎的生产效率的同时，还减少了不良品发生率，提升了生产效益。在提高生产效率方面，机器替代了人工扫描及手动记录的工序，每条胚胎的生产时间减少了 10 s 左右，每天能够多生产的胚胎数量为 600 条；在减少不良品方面，通过品质防错和产品追溯有效控制预计不良品发生率可以下降 0.2%，每天不良品可减少 56 条；在物流管理方面，库存从 8 小时降到 6 小时（见图 7-2-5）。

• 经济效益：项目可产生经济效益约 10 万元/天。

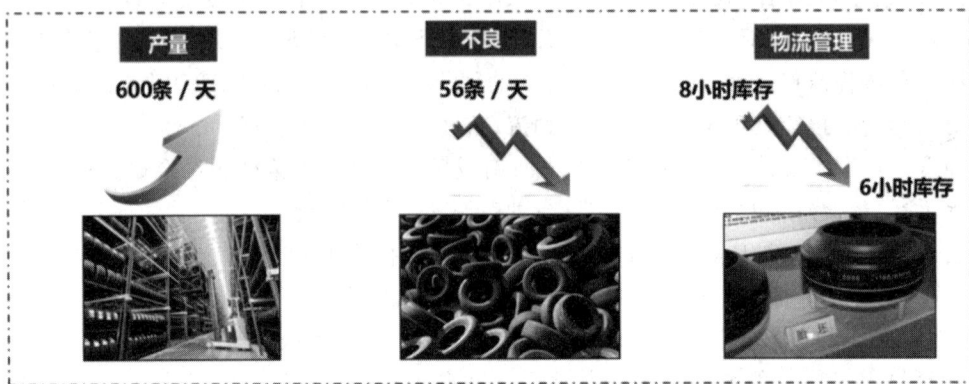

图 7-2-5 项目应用成果图

• 品质防错：通过批次追溯管理、防错监控、投料防错现况、防错解除功能建立有效的自动防错系统，有效简化品质控制方法。

• 产品追溯：通过 MES＋RFID 系统产品追溯变得更为便利，可以随时查看前后生产及品质信息。

7.3 以 MES 为核心的制造集成系统

智能制造作为当前制造业不可规避的发展趋势，其带来的是贯穿企业各体系的变革，不仅是生产过程的信息化、智能化，还有各部门之间从信息孤岛到相辅相成的转变。那么，如何从各方向上打破部门之间的壁垒呢？中策橡胶构建了以 MES 为核心的制造集成系统。首先，实现了 MES 在垂直方向上，即核心系统层、生产网络层和过程控制层这三层上的构建，建立了企业管理层到企业生产车间之间的连接，使管理层得以获取整个生产过程丰富而完整的文档，生产计划也可以高效率传达。其次，通过 MES 与其他系统的融合，如ERP、PLM、WMS 等，打造出全面的制造集成系统，使数据可跨部门流通，实现企业在同一水平线上的部门的信息共享，更好地实现智能制造的整体效益。下面将从"四维度""三层次""三融合"这几方面来构建以 MES 为核心的制造集成系统理论。

7.3.1 "四维度"打造智能制造的基础

我国制造业经过数十年的发展，已经初具规模，但大而不强、产业水平多处于中低端等问题突出。在国内外竞争不断加剧的局面下，制造业企业意识到自身问题，初步形成了智能制造的热潮。但是近年来，部分企业在基础未夯实的情况下，盲目实施智能制造项目，偏离了智能制造的目标。这往往导致企业营养跟不上，存在步子跑不快甚至摔倒的情况。因此，如何打好基础，铺平智造前进之路是中策橡胶首先要考虑的问题。为此，中策橡胶选择了从自动化生产方式、数字化管理体制、优秀人才体系、成熟智造系统四个维度同时推进的策略，如图 7-3-1 所示。

图 7-3-1 "四维度"打造智能制造的基础

1. 推行自动化生产方式

智能制造是一种由智能机器和人类专家共同组成的人机一体化智能系统，这就意味着人类在其中扮演的不再是廉价劳动力的角色，而是作为引导者和规则制定者。因此，企业要实现智能制造，必须要摒弃传统的人工制造流程，先实现自动化，再实现人机交互。

实际上，在 20 世纪 80 年代后期，智能制造的概念被提出伊始，由于大数据、人工智能等概念尚未发展成型，其主体是自动化制造。以计算机自动控制为代表的自动化技术逐渐成熟以及其在制造业上的广泛应用，推动了当时自动化制造的发展。当下的智能制造也正是当初自动化制造的延伸，其在后续的发展历程中不断引入人工智能、大数据等概念，使得自身羽翼逐渐丰满。但是，企业的生产自动化程度依然是决定智能制造改革能否成功的关键。

当前，我国制造业虽然已经逐渐向国际水准靠拢，但人工操作的比例依然在部分企业的生产制造过程中保持较高水平。得益于人工成本的低廉以及庞大的人口基数，这些企业能通过价格竞争快速发展，以至于可以忽视人工操作的效率低下和管理混乱等弊病。但是，在如今人工劳动力成本不断上涨、国内外竞争不断加剧、粗放型企业陷入生存瓶颈等情况下，针对生产线进行自动化改造成为企业必须要面临的问题。

汇丰银行调查结果显示，在所有的制造业自动化需求中有近三分之一来自中国，其年均复合增长率预计为 21%，而全世界平均需求率仅为 7%，旺盛的需求表明我国在这方面的缺口依旧巨大。中策橡胶在早期的发展中与大多数企业类似，在生产制造中多采用人工操作。但是在发展过程中决策层及时意识到了该问题，近几年，中策橡胶着重提高了制造工厂生产现场数字化设备引进和自动化改造，尤其是硫化自动群控系统、轮胎 DCS，高压储氧控制系统等生产设备自动化建设，目前全钢和半钢轮胎的生产设备自动化已经达到了较高的水平。总体来看，中策橡胶自动化建设的推进提升了企业内部的竞争力，提高了制造质量和劳动生产率，降低了成本，也在一定程度上缩短了新产品的研发周期。这些变化毫无疑问是有利于智能制造的发展。

2. 确立数字化管理体制

生产制造流程的自动化并不能与其他层面的发展割裂开来，管理层面的停滞不前依然会将制造自动化所带来的红利抵消乃至对企业产生负面效益。"智能"二字不仅需要在生产层面体现，更需要在作为企业运营的神经中枢的管理层面体现出来。

管理层的效率低，往往体现在各下属部门与管理层的信息传递过程中，这会导致生产管理责任难以分辨，生产计划的传递效率缓慢且难以更改。其归根结底还是由于企业对于数据的处理能力不足。生产数据、财政数据等在新形势下的爆发式增长给原有数据处理的精度、速度、效率提出了新的要求，仅仅依靠专业人员处理很容易导致数据处理进程的滞后。要解决此类问题，首先要对管理体制进行数字化改造。深入应用先进的通信技术和网络技术，用网络将人、流程、数据和事物连接起来，联通生产制造层和管理层之间的"信息孤岛"，通过企业内的协同和各种资源的共享与集成，实现产业链的优化。

中策橡胶作为国内橡胶龙头企业，管理数字化难度大、周期长、风险高，因此在经验较少时直接开发数字化管理系统并非明智之举。中策橡胶选择了在初期和外部企业合作，使用外部企业已经较为成熟、后勤服务完善、运行风险较低的数字化管理系统，并引进竞争机制，降低企业购买系统成本。在对整个系统有一定理解，积累了一定的运营经验后，中策橡胶成立了自己的开发部门，对系统进行开发。虽然其速度较慢，但是从公司发展角度来说依然有利。

先进自动化制造技术和数字化管理体制的融合，能使得企业对市场变化具有更好的适应性，能够更快地收集用户对产品使用和产品质量的评价信息，同时在制造柔性化、管理信息化方面达到更高的水平，快速、高质量、低成本地为市场提供所需的产品和服务。

3. 构建优秀人才体系

智能制造渗透在企业生产管理的每个环节，如智能化的生产设备、智能化的生产管理平台、智能化的生产流程等，可以说智能制造是传统制造业在技术产品工艺、服务等方面的全方位创新。新的模式势必使一些传统低端岗位在生产中的作用逐渐弱化甚至消失。

同时，随着高端数控机床、工业机器人、增材制造等智能制造装备的普及应用，信息管理系统铺设更加完善，生产和管理岗位能力需求进一步升级，智能制造的决策、规划、监测及控制等所有生产过程均由人完成。越来越多的企业需要具备高端设备制造与操作、智能化生产过程处理能力的交叉复合型智能人才和机电一体化专业人才。这对员工素质的要求极高，对企业的人才引进和培育模式也是巨大的考验。

中策橡胶在一开始便已明确企业用人需求并精确定位了人才培养目标，即橡胶产业智能化交叉复合型专业人才。对此，中策橡胶通过政府牵头，与多所职业院校建立合作关系，直接选拔优秀人才。同时，中策橡胶建立了高技能人才培训和继续教育制度，结合生产实践进行多层次的岗位培训，通过考核评比的方式，让员工之间形成竞争氛围，使企业的创新潜能得到激发。对于已经培养出来的优秀人才，中策橡胶根据其绩效进行提拔，给人才提供用武之地，并给予在同类企业中也处于较高水平的员工待遇，大大降低了人才流失的风险。

4. 选择成熟智造系统

智能制造系统作为企业生产和管理的中心，起到了神经中枢的作用。因此，选择并引进已经发展成熟的智能制造系统是企业在推行智能化过程中最重要的一步。引进的系统必须具有完善的体系架构、强大的后勤保障以及较好的兼容性。

制造执行系统 MES 是美国 AMR 公司在 20 世纪 90 年代初提出的，作为一种生产线自动控制系统，是自动化生产线必备的技术之一。其通过把企业的生产过程分成系统自身的 12 个标准模块，既提高了整个制造企业自动化生产线的工作效率，优化了生产工艺流程，也提升了生产线产品数据统计的准确性及企业产品检测的质量，有利于产品的售后维修与服务等。系统功能及作用符合中策橡胶当前的智能化趋势。在新时代的背景下，MES 系统也正在融合物联网、区块链等新技术寻求创新变革，这也表明其未来具有可观的发展潜力。

鉴于 MES 系统自身的成熟度高和企业运用实例较丰富，中策橡胶选择 MES 作为企业智能制造系统的主体。在系统具体建设过程中，出于后勤保障和成本的原因，并没有选择国外知名厂商来建设 MES 系统，而是选择锦湖软件（中国）有限公司作为此次建设的主承包商。一是由于该企业提供的 MES 系统在锦湖轮胎工厂已经在实际运作，验证了系统的可靠性，在移植的过程中失败概率较低；二是锦湖软件作为国内老牌的 MES 厂商，实力强大，后续的服务体系完善，对于突发情况有着较强的处理能力。

7.3.2　"三层次"垂直构建 MES 系统

中策橡胶积极落实和响应国家"两化深度融合""智能制造"号召，在生产方式、管理体制、人才体系上实施革新，使企业具备了实现智能制造的前提条件。而 MES 作为智能制造的关键，在智能制造领域中，是承上启下的核心环节。中策橡胶以 MES 系统作为智能化推进的核心，采用"三层次"战略实施 MES 系统。中策橡胶 MES 系统是位于上层的计划管理系统与底层的工业控制之间的面向车间层的管理信息系统。同时，MES 能通过信息传递对从订单下达到产品完成的整个生产过程进行优化管理。当工厂发生实时事件时，MES 能对此及时作出反应、报告，并用当前的准确数据对它们进行指导和处理。其加快信息收集速度，完善信息双向流通体制，实现了企业在生产层与管理层，即在垂直方向上的集成。

1. 过程控制层——加快生产层信息收集速度

随着德国"工业 4.0"及中国制造 2025 战略规划的提出，未来制造业将变成一种网络化、信息化、自动化和智能化相结合的智能工厂，大大提升生产效率和灵活性。

MES 系统可以与智能设备控制技术进行通信，将生产过程数据如产品工序产量、工单在制品移转状况、过程良率、测试参数等详细参数进行实时采集，加快信息收集速度，使整个制造过程更加透明化，并可以为企业不同层面管理者提供汇总分析报表工具，使其生产管理决策更有依据性。

依据产品研制计划，MES 系统细化计划并分配到具体设备或操作人员，结合详细的工作排布，实时监督生产进程及异常情况的发生，并采取预置策略进行动态调优，提高了生产现场的执行效率。同时，MES 系统完善采购与制造物流体系，提高外购件、自制件及外协材料、物料到达生产现场的准确性，并对扣料、在制品及成品等进行精细化管控，提供数据支持的生产预判和缺料预警功能，提高物资供应的运转效率，实时掌控计划、调度、质量、工艺、装置运行等信息情况，提高生产数据统计分析的及时性、准确性，避免人为干扰。

为了使客户需求产品能够按时交付，并最大水平地发挥产能，MES 系统进行了有效的计划编制和详细的产能调度。特别对于那些按订单需求生产的企业，由于客户订单的变化性和多样性，MES 系统可以有效适应订单、节约成本和产能。MES 系统根据生产工艺对生产过程进行控制，对车间采集数据进行实时统计，对生产过程中的各级生产状态和质量状态进行监控，并具有产品改制、订单取消、加装等生产计划的临时调整功能。通过数据采集生成产品的出厂时间、地点、生产批次、原料信息、发出者、接收者等大量信息，当某批次产品出现问题时，方便逆向追踪或审计，减少制造商的损失，从而提高客户的满意度，实现更好的服务。为了实现全面质量管理，MES系统可以记录和分析从供应商、原料到售后服务整个产品的生产和生命周期，并严格控制整个生产过程中的质量问题，使不良品率有效降低。

中策橡胶工厂物联网试点项目通过MES系统开发及升级，提升了半成品的厂内物流管理功能、半成品质量追溯功能及用户操作性。

2. 生产网络层——架起生产与管理的桥梁

传统的数据流和控制流在管理层与控制层之间存在着巨大的鸿沟。业务管理系统与车间自动化系统之间存在着信息壁垒，排产和调度过于依赖经验，计划的可行性和应变能力较差，生产执行过程不透明，管理层难以及时准确地获取生产信息。生产与管理的联通紧密度降低，会导致无法实现可持续生产管理，往往出现阶段性的管理控制。通过生产管理信息化，架起生产与管理的桥梁，实现对生产的持久管理。优化企业生产制造管理模式，实时掌控计划、调度、质量、工艺、装置运行等信息情况，使各相关部门及时发现问题和解决问题，达到精细化管理的目的。

在众多工厂中，不论是国内的还是国外的，其管理模式目前仍由文件和人工系统进行，通常是由有经验的管理人员把控着工厂的生产效益。在大多数企业管理运行中，人工系统和有经验的运行人员的判断总是起着重要作用。但是，如今市场要求产品的品种和数量经常变化，仅仅靠人工和经验调整生产显然效率低、反应慢且缺乏竞争力。而且人工系统也不能适应产品、工艺技术和用户要求日趋加速的变化。由于生产运行变化非常迅速，MES系统的信息的及时性要求以分甚至秒的速度来反映，此时只靠人为难以满足要求。因此，采用MES系统替代文件和人工系统，架起生产与管理的桥梁，解决管理与生产控制之间的断层是必然的。

MES系统在整个企业信息集成系统中承上启下，是生产活动与管理活动信息沟通的桥梁。MES系统采集从接受订货到制成最终产品全过程的各种数据和状态信息，目的在于优化管理活动，从当前的视角来得到精确的实时数据。

中策橡胶从早期的生产配方纸质传递、逐级递交的模式，转变为现如今通过在PLM系统中建立基础配方并直接传送至MES系统的模式，在生产前炼胶分厂只需经过计算机自动对比MES系统中的配方与密炼机上辅机系统中的配方是否一致即可开始生产。在提高生产效率的同时，让生产与管理之间的信息交流更加清晰流畅。

3. 核心系统层——完善信息双向流通体制

很多企业的计划层与过程控制层之间的信息会出现断层。多数生产企业的生产特点就是传统的"由上而下"，按计划生产。简而言之，就是单向地从计划层到生产控制层，企业根据订单或市场等情况，制订"生产计划—到达生产现场—组织生产—产品派送"，但缺乏一个反向的有效通道使控制层信息的收集、统计、分析等数据实时准确地反馈到计划层和管理层。而MES系统能及时从ERP系统中下载生产执行相关数据，利用数据采集系统收集整理生产过程的数据，与生产计划和控制、设备管理、质量管理、物料管理等相结合，用于指挥、协调和强化生产管理，最后把汇总的管理信息传回计划层，从而实现上层管理信息系统与底层自动化设备系统之间的自动双向通信和控制，实现实时的企业管理。

定制的组合查询条件，高效且准确地对其生产过程中的订单信息、设备、人员、工序、工具、程序、测试记录、工艺方法、环境等多个要素进行顺、逆双向及不定向的追溯，为异常情况的产生原因及影响范围进行准确分析和定位，有助于事前预防或事后分析工作。

综上，如何保证 MES 系统成功实施呢？其一，企业 MES 系统建设是一项管理改造工程，而非仅仅是一个以技术为主导的项目，企业信息化是对企业业务模式的重塑和管理，因此，统一思想至关重要；其二，企业在进行 MES 系统选型前进行详细的需求分析，明确 MES 系统的应用目标，目标与需求切忌大而全；其三，必须坚持"整体规划、效益优先、分步实施、重点突破"的原则，借用先进的计算机技术、网络技术、通信技术、企业建模及优化技术进行实施，保障系统的开放性和可扩展性；其四，考虑与企业已有管理系统的通信、集成问题，避免出现更大或更多的"信息孤岛"，提高企业的信息共享程度，为战略、管理、业务运作提供支持，加快企业生产对市场需求的响应速度；其五，MES 系统建设必须以"工厂模型"为依托，以全流程物料移动与跟踪为主线，以设备全生命周期管理为中心，以安全优化生产为目标进行设计和实施，保障系统的实用性和实效性。

7.3.3 "三融合"全面打造制造集成系统

信息化平台作为实现智能制造的重要支撑，已在国内众多的企业中得到广泛应用。MES 系统是实现智能制造的关键环节，但只凭借 MES 系统还不能完全实现企业整个业务运营的全面数字化和企业各业务部门的集成，通过"产品生命周期管理（PLM）""企业资源计划（ERP）"和"应用原材料仓储管理（WMS）系统"与 MES 系统融合，"三融合"全面打造制造集成系统，如图 7-3-2 所示。WMS 系统确立原材料的代码体系的一元化，促进 ERP、PLM 系统和材料仓库收发系统等集成化管理，保证仓管信息的迅速性和准确性；PLM 系统对产品从研发到交付使用的全生命周期，包括业务流程、设备、公司资源进行全方位管理；ERP 系统作为三者中最成熟的信息系统，将各类信息整合，使各部门之间实现信息数据库共享。这三者和 MES 系统融合的制造集成系统完全涵盖了从项目招投标、商务合同、订单处理、研发设计、工艺规划到生产制造、产品交付、运维服务、报废回收等诸多环节，更好地实现了智能制造的总体效益。

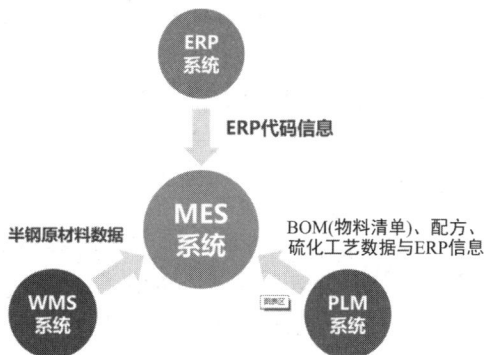

图 7-3-2 "三融合"推动 MES 实施

1. MES 系统和 WMS 系统融合

WMS 系统是一款标准化、智能化过程导向管理的仓库管理系统，它结合了众多知名企业的实际情况和管理经验，能够准确、高效地管理跟踪客户订单、采购订单以及库存。使用 WMS 系统后，仓库管理模式发生了彻底转变：从传统的结果导向转变成过程导向；从数据录入转变成数据采集，同时兼容原有的数据录入方式；从人工找货转变成了导向定位取货；同时引入了监控平台让管理更加高效、快捷。条码管理实质是过程管理，过程精细可控，结果自然正确无误。中策橡胶 WMS 系统的主要目的是确保原材料、成品库存的信息化管理，辅助 ERP 系统实现原材料的采购及物料检验进仓信息化、销售订单配货及出库管理的信息化，全面管理企业库房物料收发存业务。图 7-3-3 所示为 WMS 系统出入库流程。

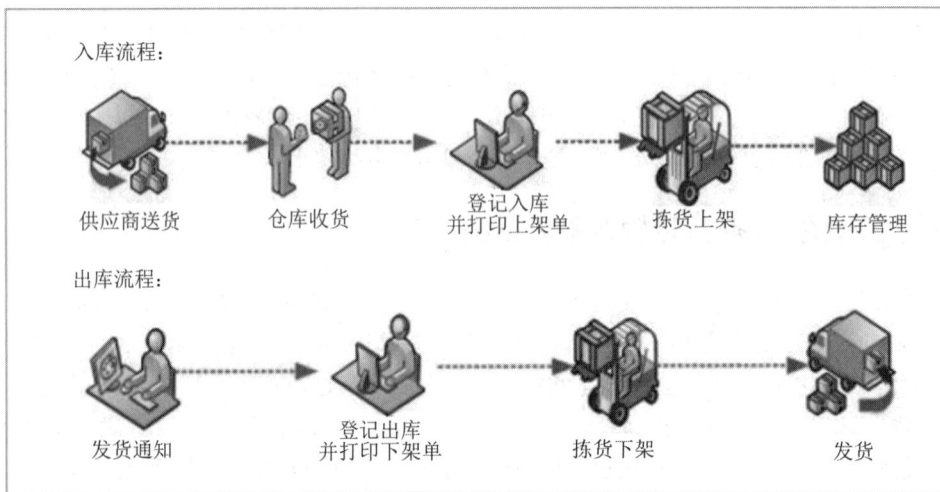

图 7-3-3 WMS 系统出入库流程

目前，中策橡胶实施的 WMS 系统以下沙原材料仓库为标准模板实施和开发；原材料计划管理考虑原材料仓库扩充可能性，灵活增加管理对象；标准化原材料仓库系统扩大实施，主要由公司信息中心实施；全面推广标签，原材料入库需粘贴标签，针对每个 SKU（最小存货单位）进行批次管理（构建 LCC 系统，为车间提供直接打印条形码标签的功能）；员工通过 PDA 扫描标签完成原材料仓库的出入库业务，同时提供通过 PDA 查询各仓库位置的库存信息功能。

WMS 系统实施后，做到了自动计划相应的采购对象和适当的采购量。通过系统平台进行原材料需求量、入库计划书和出库计划书的查询或输出打印。

2. MES 系统和 ERP 系统融合

MES 系统作为指导大规模生产控制活动背后的车间性能和运营管理的生产过程信息化管理系统，加强了管理层和生产层的信息交流，实现了生产管理的持续控制。作为重点定位在生产层面控制的系统，对于生产过程中产生的问题，MES 系统能快速作出反应并更正，将详细信息反馈给管理层。但是其他业务部门和生产层面的有效连接并没有建立起来，这就意味着生产数据的变更并不能及时到达其他业务部门手中，这种信息断层导致了生产和其他业务进度的不协调，容易产生混乱和企业资源的浪费。

很多第一批引进 MES 系统的企业在早期就已经发现了这个问题，于是他们选择用人工的方式建立连接，即生产部门将 MES 系统作出的调整定期整理并传送给其他部门，这在一定程度上缓解了信息传递阻塞的问题。但是在全球性产能过剩导致的激烈竞争局面下，这种很容易使产品研制周期拉长的方式会使产品生命周期大大缩短。简单来说，就是产品容易过时。那么，如何实现数据在多业务部门中同时交流，即如何将企业从完全的自动化和部分信息化发展为完全的自动化和完全的信息化？ERP 系统便成为较好的选择。

从功能来看，ERP 系统和 MES 系统有部分重叠。但是 ERP 系统具有 MES 系统所缺失的贯穿业务流程管理的功能。这就意味着在 ERP 系统内，每个员工都可以根据自己的岗位权限，看到自己工作相关的所有内容，实现企业各部门之间的信息共享，打破层次，提高工作透明度，最后促进效率的提升，降低由于信息不同而给企业各个部门带来的浪费。

ERP 系统让企业各部门的信息同步的同时也使物流、信息流、资金流这"三流"得以合一。物流方面，通过物料需求计划、采购管理等功能，逐步实现对物流管理的控制。信息流方面，利用精准完备的客户和相关企业的信息，时刻把握市场动态。资金流方面，通过财务管理方法和财务分析方法的应用，使财务管理能够及时准确地反映经济活动，并进一步加以控制，避免了各业务部门因为信息更新滞后所造成的混乱。决策者也可以通过 ERP 系统对每个业务进行查看，快速准确地作出决策，及时发现存在的问题。

中策橡胶早在 2004 年便已引进 ERP 系统，在 2008 年实现了对企业各业务部门的全覆盖。其 ERP 系统已经较为完善，而 MES 系统是于 2012 年引入的新系统，中策橡胶以 ERP 系统作为上层规划系统实现了与 MES 系统的有机结合，解决了 MES 系统实施过程中可能出现的信息流通问题，使得 MES 系统的生产计划更加合理，ERP 系统中的数据更加有效，生产效率随之提高。

3. MES 系统和 PLM 系统融合

伴随着制造行业的快速变化，以 ERP 系统为代表的管理信息系统已经在企业的生产经营活动中起到了重要的作用，也让很多企业认识到了 ERP 系统的重要性。但是随着 ERP 系统的深度应用及企业模式的变化，当 ERP 系统涉及生产管理时，PLM 系统的推广应用就显得更加迫切。

PLM 系统是一种企业信息化的商业战略，它实施一整套的业务解决方案，把人、过程和信息有效集成在一起，作用于整个企业，遍历产品从概念到报废的全生命周期，对产品数据信息进行管理，支持与产品相关的协作研发、管理、分发和使用等信息。

PLM 能帮助企业构造一个适合异构计算机运作环境的集成应用平台，对"粗放型"发展的各种单项计算机辅助技术进行"集约化"管理。PLM 系统服务于整个产品从概念到生命周期终止的全过程，提供了产品的全系信息图景。

ERP 系统中追根溯源所有产品相关的数据都来自研发与设计，而 PLM 系统最擅长的领域——围绕产品研发与设计开展的一系列活动的记录及其流程的管理，最终输出的数据在确保正确的基础上还可便捷地实现与企业其他系统之间的协同，如 ERP 系统、MES 系统等。如果企业以自主研发设计产品为主，而且已经实施了 ERP 系统，为更好地发挥 ERP 的作用并进一步深度应用，那么尽早地完成 PLM 系统规划与实施就成了当务之急。

如果数据源头还没有梳理和规范化，还无法实现单一数据源贯穿整个企业流程，就迫不及待地为了所谓的数字化工厂实施 MES 系统，那么可能会造成所投资的系统给企业带来的回报不足，后续 MES 系统再想深入优化应用就会因为源头业务数据不关联、不唯一而出现瓶颈。同时，企业面对的客户需求越来越多样化，从以前的按照货物的总数来生产到现在更加注重个性化发展的趋势，这就要求企业从 MES 系统中提取订单、库存等信息供设计部门使用，这样才能满足制造企业实现低成本生产、提供高质量产品、缩短产品上市时间、提高产品适用性等目标的需求，这也使得 MES 系统和 PLM 系统的整合变得越来越迫切。

中策橡胶 PLM 系统于 2009 年 3 月开始实施，于 2012 年进行了为期一年的 PLM 系统与 MES 系统集成项目，目前已完成 3 期的升级和深化，并已开始对第 4 期进行规划。中策橡胶在企业信息化建设过程中，努力实现 PLM 系统、ERP 系统和 MES 系统三个平台的互联互通，达到平台整合、业务整合和数据整合，使得生产效率大大提高，企业可以及时地作出正确的决策。

7.4 总结与启示

本案例主要围绕中策橡胶如何成功建设 MES 系统，并结合 ERP 系统、PLM 系统和 WMS 系统构成制造集成系统来提升企业智造水平，提高企业在市场中的生存能力。通过对中策橡胶的研究，可得到以下启示：

（1）由于制造业发展方向的总体转变，中策橡胶采取建设 MES 系统并将其作为制造集成系统核心的方式，加快生产管理信息化建设，提升智造水平的策略，有效提高了企业的生产管理效率，降低了各项成本，给企业的信息化建设带来了很大帮助，让企业率先在市场类似企业中脱颖而出，培育了企业在当下以及未来的核心竞争力，有效验证了 MES 系统在智能制造中的重要性。

（2）虽然 MES 发展已经较为成熟完备，但从长期来看，尤其是对于中策橡胶这样拥有较大体量，已在市场内占据一定份额，各体系正趋于成熟的企业来说，单纯地发展 MES 系统会使企业未来的发展存在隐患。因此，在自身建设好 MES 系统的情况下，结合其他信息管理系统能使企业更加趋于完善。事实证明，中策橡胶通过 MES、ERP、PLM、WMS 四系统的融合使用，带来生产管理效率的大幅提高、经济效益的增长、市场份额的扩大和行业地位的提升的效果，进一步巩固了其在国内橡胶行业的龙头地位。

（3）在发展智能制造系统的过程中，也要注意企业内部管理体制以及其他基础设施建设和体制改革。只有在企业各方面都发展较完善的情况下，给予智能制造系统足够的支撑，其才能发挥出最大的效益。

中策橡胶当前已初步实现了智能制造，但是离完备的智造体系差距依然很大。尤其是随着移动互联、大数据、云计算、物联网等新一代信息技术飞速发展以及人工智能技术不断突破，都给智能制造增加了新的内涵。新一代智能制造的主要特征表现在制造系统具备了"认知学习"能力。通过深度学习、增强学习、迁移学习等技术的应用，新一代智能制造中制造领域的知识产生、获取、应用和传承效率将发生革命性变化，显著提高创新与服务能力。因此，企业不能在已有基础上固步不前，要不断探索新的生产方式，按照需要融入各种先进技术，体现智能制造发展的融合性特征，采取"并行推进、融合发展"的技术路线，从而实现企业自身的智能升级、跨越发展。

【案例点评】

　　当前，传统制造业的种种弊端日益暴露在人们面前，如生产集成度低、投入产出比不高、资源消耗量大、环境污染严重等问题。作为国内轮胎制造龙头企业，中策橡胶面临着同样的问题，这些看起来无法攻克的行业通病，不仅制约着中策橡胶进一步发展，更让其逐渐丧失了市场竞争力。

　　嗅到市场风向的中策橡胶迅速作出反应，踏上了智能制造转型之路。智能制造的实质是实现各系统间的融合，打破资源共享壁垒，实现数据集成。由于生产流程的复杂性和涉及的数据十分庞大，因此从原理到真正实现并非易事。中策橡胶构建以 MES 系统为核心，多种系统融合辅助的制造集成系统，促进数据多向流通，优化企业制造管理模式，成效十分显著。在传统生产制造行业的寒冬里，中策橡胶步步为营，持续进步，实现了发展新突破。

　　在案例调研和写作过程中我们发现，当前国内企业对于 MES 系统的引入正处于较热门的阶段，对于 MES 自身或与其他系统融合的研究和实践也不在少数，大部分企业意识到了智能制造在未来对于发展的重要性。但是，由于某些企业自身信息基础薄弱以及发展理念存在弊端，MES 系统的实际开发建设往往并不顺利，因此成功建成并与其他系统融合运用的企业数量并不可观。中策橡胶作为国内橡胶行业的龙头企业，以 MES 系统为核心整合打造制造集成系统，从纵向和横向两个维度着手，打通管理层和生产层间、同层之间的数据壁垒，实现资源共享，在发展智能制造中取得了较大的成果，这给我国制造企业，尤其是对那些受困于信息化程度不够或已经引入信息化系统但是在建设过程中遇到困难的企业提供了宝贵经验，也为智能制造产业提供了一个极具借鉴价值的案例。

点评人：王雷（杭州电子科技大学教授）

案例八　中控集团的 EDDE 工业互联网平台[①]

由于我国制造行业存在发展基础参差不齐，核心技术装备自主化进程缓慢，跨界领军企业匮乏，生态体系竞争力薄弱等问题，智能制造的统一推进实施受到严重阻碍。面对挑战，中控集团（以下简称中控）作为工业控制企业的佼佼者，从制造业发展痛点出发，把握工业互联网这一关键，建立面向智慧工厂数据标准化、多业务协同、系统互操作的管理机制，实现工厂的综合治理，成功助力中国智能制造。

中控研发的 supOS 是国内首个拥有自主知识产权的工业操作系统，也是首个以自动化技术为起点，从下至上推进开放的以企业为核心的工业互联网平台。本案例通过 EDDE 四维模型［Equipment（设备）＋Data（数据）＋Decision（决策）＋Ecology（生态）］对中控 supOS 平台的构建模式进行分析。supOS 以工厂全设备互联为基础，对工厂全域数据接入集成，聚集海量工业数据，使得数据价值再次流动，实现生产控制、生产管理、企业经营等多维、多元数据融合应用，并通过精确优化决策、智能数据分析、优化资源配置等手段，推动数字化和工业化的深度融合，实现企业智能制造生产。同时，中控以 supOS 工业操作系统为核心，构建多方参与的合作生态，结合生态各方的优势资源与能力，为工业企业服务，提升工业企业的综合运营水平。

　　　8.1　认识中控

8.1.1　公司概况

中控前身创建于 1993 年，是一家面向全球的自动化、数字化、信息化、智能化的产品和解决方案供应商，业务领域涉及工业自动化和智能制造、智能交通和智慧城市、科教仪器等，构建了面向全球的服务机制及服务网络。

中控作为中国领先的自动化、信息化与智能化技术、产品与解决方案供应商，连续八

[①] 该案例获得 2020 年浙江省大学生经济管理案例竞赛一等奖。作者：邵炜力、黄蒙蒙、周乐妍、吴昕桐、朱旖心。指导教师：王雷。

年 DCS(分布式控制系统)国内市场占有率排名居首,现为全球近万家客户服务,是控制领域的领先者。

在先进控制(先控)领域,中控的 APC-Adcon、APC-Sensor 系列先控产品已经为百余家大型石化企业带来增效体验;在自动化仪表领域,中控是国内产量最大、系列最全、技术领先的自动化仪表供应商之一,始终引领着国内二次仪表的技术发展趋势。20 世纪 90 年代,中控创造了多个"第一":第一个推出全数字化的 DCS;第一个推出 HART 协议圆卡;第一个规模推广 APC 软件;第一个在国内大规模应用 Profibus 现场总线技术。在国内,中控率先将以太网技术应用于工业过程控制。21 世纪初,中控主持制定的 EDA 实时以太网标准成为我国第一个被国际认可和接受的工业自动化标准。彼时,中控已经为全球 4000 余家用户提供服务,产品销售区域覆盖国内 30 个省市、自治区及东南亚、中亚、西亚、非洲等地,其旗下品牌"SUPCON"已经成为中国最知名的自动化品牌之一。

中控地处杭州,是国内首批计算机信息系统集成商,拥有信息系统集成及服务大型一级资质、涉密信息系统集成甲级资质等多项顶级资质。中控依托其在控制技术领域优势成功研发了 supOS 工业操作系统,使其在工业控制领域闻名遐迩。作为中国工业互联网平台控制研发的中坚力量,中控凭借深入透彻的行业理解力和丰富扎实的实践经验,为各领域客户提供前瞻性、个性化、高价值的综合解决方案。依托于集团国家企业技术中心、国家地方联合工程实验室,基于控制技术基础,中控重点打破资源共享壁垒,实现了数据集成。大数据、云计算、人工智能技术等的有效利用,让中控能够顺应智能制造的趋势,始终牢牢掌握自身发展工业大数据和人工智能方面的主动权。

8.1.2　中控的发展历程

图 8-1-1 所示为中控的发展历程。整个中控集团的昨天、今天和明天,就是一段中国工业进程的发展史。

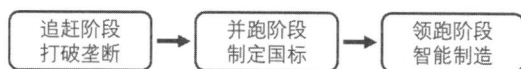

图 8-1-1　中控的发展历程

1. 追赶阶段——打破垄断

在追赶阶段,许多企业由于需求旺盛、供给缺乏,只看产量,不求质量。而中控在成立之初就专注于 DCS 产品,积累经验,注重质量。1993 年,中控研发出国内第一套具有 1∶1 热冗余技术的 DCS 系统,广泛应用于炼油石化、化工、核电、火电、建材及冶金造纸等行业,这使中控逐渐在国内工业自动化控制领域占据领先位置,打破了当时国内 DCS 系统被国外品牌垄断的状况,使生产控制水平上了一个台阶。

1994 年,中控中标淮南化工总厂联醇装置 DCS 改造项目,自此中控开始走上不断发展的快车道。1994 年,中控推出世界上第一台无纸无笔的记录仪;1996 年,中控推出全国第一块现场总线圆卡,把模拟表升级成智能表,使我国仪表档次得到了很大提升;同年,中控推出的 JX-300、JX-300X 系列控制系统,因其出色的性价比,累计销售 8075 套,成为国内单型号应用套数最多的控制系统;1997 年,中控第一个在国内推出 HART 协议圆卡;1998

年，中控第一个在国内大规模推广 APC 软件，把软件和行业结合起来，实现了先进控制和优化软件的产品化；1999 年，中控第一个在国内大规模应用 Profibus 现场总线技术，并把现场总线技术应用于隧道监控；2003 年，中控在国内率先将以太网技术应用于工业过程控制。

在追赶阶段，中控在自动化领域创下了多个第一，从发达国家垄断到自主创新，从无到有，从小到大。中控已被商务部列为禁止被外资收购的公司，被誉为中国的"霍尼韦尔"，也被认定为我国唯一可以与美国抗衡的拥有自主知识产权的国家工业控制系统信息安全领域的高科技企业。中控在工业控制领域打破了外国公司的垄断，取得了毋庸置疑的成就。

2. 并跑阶段——制定国标

并跑阶段是中控凭借其雄厚的工业基础腾飞的关键时期。在多项技术上打破国外垄断后，中控还参与了多项行业标准制定，包括国际标准 2 项、国家标准 19 项。

现场总线技术是工业自动化领域的关键技术，这一技术一直掌握在美国霍尼韦尔、美国艾默生、日本横河和德国西门子等著名跨国公司手中。2005 年年底，由中控联合浙江大学、中科院和清华大学等研究机构主持制定的现场总线技术标准（EPA 实时以太网技术标准），正式通过国际电工委员会（IEC）的审查，成为我国工业自动化领域获得的第一个国际标准。在由追赶者变成国际标准制定者的同时，中控科技的产品使用范围也在全面铺开，被更多的企业接受与使用。

经过十余年的发展，中控自主研发了三套控制系统，积累了大量业绩及经验，品牌知名度和良好的口碑也帮助其积累了不少用户。此后，中控开始进军高端市场。2007 年对中控来说是个具有战略意义的一年，中控最新一代产品 ECS-700 大规模联合控制系统正式投放市场。这套系统在产品性能、功能、可靠性上都有了很大的提升，并消除了国产系统外观过时、卡件无法密封、电路板易受潮受腐蚀等弊端。2007 年，中控成功中标中石化武汉石化 500 万吨炼油改造项目，国产控制系统第一次进入大化工、大化肥装置；2009 年，中控中标中石化塔河石化炼油项目和长岭千万吨炼油项目；2010 年，中控中标中石化川 30 万吨维醋酸乙烯项目和北海石化新建全厂一体化项目。

在并跑阶段，中控从工厂整体智能制造规划角度出发，欲全面实现工业生产自主可控。

3. 领跑阶段——智能制造

尽管在 DCS 这一细分领域，中控技术打破了国外"卡脖子"的局面，但是单纯依靠一款自动化控制系统，并不能实现工业生产全流程自主可控。要实现全流程自主可控，工厂需要采用一整套智能制造产品及解决方案。具体而言，自动化控制系统相当于工业企业生产装置的"大脑"，能够自动调节和控制生产过程，目的是实现生产稳定、安全、可靠运行，工业软件则是工业生产的优化手段，能够管理生产计划，帮助企业提高生产效能、降低能耗物耗；自动化仪表则是企业生产装置的"眼睛"，能够测定生产过程中的各种参数。

中控搭建的 supOS 工业互联网平台是国内首个具有自主知识产权的、以自动化技术为起点的、自上而下推进的、开放且以企业为核心的工业互联网平台，它革新流程工业企业的智能化转型模式，实现海量、多元工业大数据的融合集成和场景式大数据挖掘应用，可满足工厂全生命周期的信息管理和持续优化的要求，能够解决企业在生产活动过程中的几个关键问题：

（1）以生产计划为核心，将生产计划——调度执行——车间操作——生产反馈作为企业制造管理的基础业务过程，衔接企业综合计划部门、生产调度管理系统部门、车间运行部门各个岗位人员的工作目标执行情况。

（2）以企业、车间生产绩效为核心，建立企业级、车间级的定性定量绩效指标，并落实到实际生产过程中的设备、能耗、质量、库存、产量、收率、工艺达标、损耗、排放等环节上，有效核算出企业及车间的单元加工成本，搭建起管理精细化工具平台。

以生产活动中工作任务闭环管理为目标，将企业生产中在设备、质量、库存、工艺、操作、安全等层面的管理要求定位落实到各个岗位，做到生产指令有下达目标，有工作负责人，有明确工作要求，并通过系统的管理一体化对各项工作的执行情况及执行时效进行分层监管，以确保各项工作都能够有效、按时进行。

将企业工艺规程及实际操作步骤进行有效结合，积累在装置设备操作过程中的数据快照，并与工艺运行记录进行有效结合，形成工艺分析报告归档，建立起企业自身的操作历史库，为事后工艺分析提供数据及场景的支持，也为日后员工操作再次遇到类似场景时提供经验数据。

实现设备互联互通和智能化管理，基于各类数据的汇集和联通，通过专家知识、规则库和大数据分析模型，实现数据驱动的设备维护策略优化。通过设备健康状态监测管理平台的建设运营，基于数据分析获取高效的业务洞察，实现设备早期故障的智能诊断，寻求故障维修、定期维护、预测性维护以及前瞻性维护之间的最佳组合，以实现最优的运营和维护成本，服务于设备长周期可靠运行目标。

目前，控制系统仍然是智能制造解决方案的核心。自 DCS 之后，中控成功研发了安全仪表系统（SIS）以及网络化混合控制系统，当自动化生产系统出现异常时，SIS 会进行干预，可降低事故发生的可能性。2018 年，中控技术核心产品 DCS 已经连续八年市场占有率排名第一；SIS 系统国内市场占有率达 24.3%，排名第二。

从工业 3.0 跨越到 4.0，许多工业企业都面临着信息孤岛、缺乏顶层设计，MES 软件普遍存在定制化程度高和推广难等问题。作为中国民族自动化产业的开创者，中控已经着手搭建全集成的工业大数据平台，使工业企业以集成化、数字化、智能化的手段，解决生产控制、生产管理、企业经营的综合问题，并且中控已经开始通过云（云互联网平台）、企（工厂互联网平台）、端（边缘计算节点）三层统一架构，实现了企业掌控自身发展工业大数据和人工智能方面的主动权。

8.2　中控的工业互联网平台

中控基于智能制造的特点与需求，以边缘层、基础设施层、平台层和应用层四大核心架构为主，形成"supOS 工业操作系统＋工业 App"的新型工业互联网平台架构模式，搭建企业内、企业间、集团、园区和产业链的数字化转型平台，并通过设备整合、数据整合、决策优化、生态服务四大核心功能，实现信息化系统的互联互通（如图 8-2-1 所示），从而满足制造业企业在不同发展时期的企业内与产业链间的协同制造要求，实现企业数字化改造并有效提升企业竞争力。

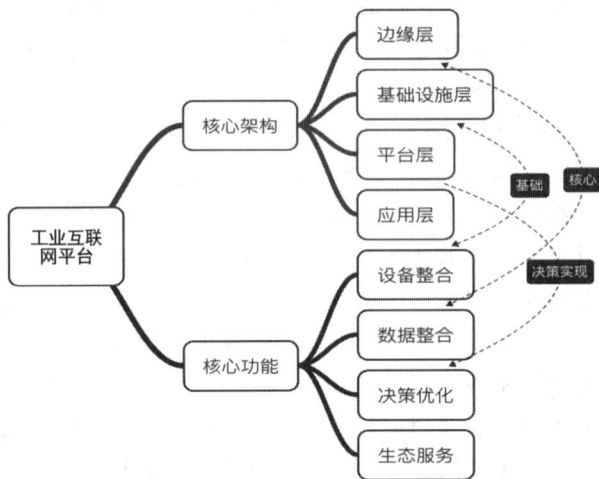

图 8-2-1　工业互联网平台核心架构与核心功能

8.2.1　工业互联网平台构建的战略思考

1. 工业互联网行业发展背景

当前，新一轮科技革命和产业变革蓬勃兴起，工业经济数字化、网络化、智能化的发展成为第四次工业革命的核心内容。2018年，国务院政府工作报告提出加快制造强国建设，发展工业互联网模式，创建"中国制造2025"示范区，工业互联网上升到前所未有的高度。IDC数据显示，2020年的中国工业互联网市场规模可达1275亿美元，2015—2020年均复合增速约为14.7%。工业互联网作为新一代信息技术与制造业深度融合的产物，将成为未来最大趋势之一。

2019年，中央经济工作会议把推动制造业高质量发展列为年度七项重大工作任务之首，明确提出要加大制造业的技术改造和设备更新，加快工业互联网等新型基础设施的建设。工业互联网已经作为"新基建"的重要组成部分，充当起中国数字经济繁荣发展的催化剂，各式各样的工业互联网平台也如雨后春笋一般在华夏大地上遍地开花。然而，中控指出，现阶段各企业已有工业互联网平台解决方案仍存在以下四个方面的问题：

（1）工业数据集成困难。工厂内外存在海量多源异构数据，平台需要接入设备、产线、产品、工业软件中的多类数据。当前，工业设备缺乏通用建模方法和标准，工业数据缺乏高性能互通标准或低成本采集方案，造成设备和系统数据采集及集成成本高，性能受限，难以支撑工业互联网平台数据分析和应用开发需求。此外，由于标准体系不完善，系统与系统之间、设备与系统之间、设备与设备之间的互联互通难度较大。当前工业互联网平台的关键技术指标缺乏衡量标准，如工业App、微服务、机理模型等核心技术指标，每个服务商和平台企业理解的维度不一致，颗粒度大小差异较大，导致平台商的数据差异较大。

（2）工业数据智能分析有限。工厂内外存在大量数据分析需求，平台需要支持有限元分析、最优化、深度学习、知识图谱、数字孪生等多类数据分析和数据可视化服务。当前，工业大数据分析缺乏标准化、低成本、见效快的解决方案，大量问题需要投入高级人才长期定制化研发，这造成平台数据分析方案成本高，开发周期长，复制推广难。

（3）工业 App 及软件开发难。平台需要拥有大量工业软件才能满足工业领域差异化的业务需求。当前，工业业务抽象与协同缺乏通用方法、基础工具、开放接口等标准，造成传统功能拆分难、新兴应用整合难、跨领域功能协同难，使工业软件和工业 App 的开发迁移难。当前，传统的工业软件服务商还习惯于线下服务，以项目的形式维系公司的生存与发展，产品部分还没有实现微服务化的解耦与重构；工业软件能力不足，工业 App 发展缓慢；杀手级 App 形成过程漫长。

（4）平台和应用企业困难。平台企业困难表现为：缺少打造平台的资金；双跨平台厂商研发、运营、营销投入大，目前发展阶段业务处于亏损状态；工业互联网平台研发投入高，回报周期长，企业资金压力较大；很多平台商目前还处于资源投入阶段，短期的商业盈利模式不清晰，依然依赖于公司主体业务或者外部资本的支撑。应用企业困难表现为：中小制造业企业利用工业互联网平台进行数字化技术改造，前期投资成本高，短期回报率低，企业内驱力不足；多数中小型制造业企业面临资金压力较大，融资困难，不敢轻易转型。目前受限于工业知识沉淀经验不足，平台功能缺乏完整性，导致与实际业务需求结合不够紧密，工业用户数量尚未形成规模，平台应用需要进一步推广和普及。

针对上述工业互联网平台发展过程中的诸多问题，中控完善了其构建思路，图 8-2-2 所示为中控工业互联网平台示意图。

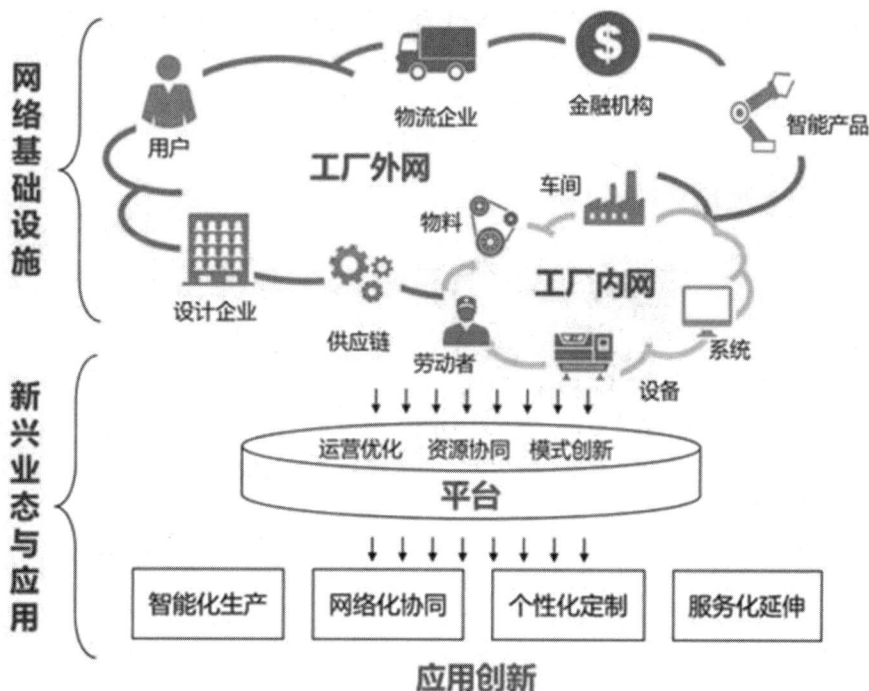

图 8-2-2　中控工业互联网平台示意图

2. 中控工业互联网平台战略构想

中控的战略构想是：将平台作为工业全要素链接的枢纽，上连内外网络，下连生态应用，其应通过海量数据汇聚、建模分析与应用开发等多方面进行构建，推动制造能力和工业知识的标准化、软件化、模块化与服务化，支撑工业生产方式、商业模式创新和资源高效配置。这是一个将现代信息技术与先进的管理理念相融合，转变企业生产方式、经营方式、业务流程、传统管理方式和组织方式，重新整合企业内外部资源，提高企业效率和效益、增强企业竞争力的过程。

中控选择了以工业模块和工业互联网平台为载体，以大数据为基础，以模型与算法创新为核心，以强大的计算能力为支撑，为企业生产经营全过程提供各类智能化的应用服务。该平台帮助中控推进智能制造，实现了生产计划管理、生产过程控制、产品质量管理、车间库存管理及项目看板管理，提高了企业制造执行能力，实现了生产管理信息化，增强了企业的竞争力，达成了其战略构想。

3. 中控工业互联网平台构建举措

中控将战略构想付诸实践，包括以下两个方面。

（1）搭建以企业为核心的工业互联网模式平台。中控以企业实现工厂区域的信息全集成为突破口，搭建全集成的工业大数据平台。

（2）赋能用户，构建工业生态价值链。中控以集成化、数字化、智能化手段解决生产控制、生产管理、企业经营的综合问题，让企业能始终牢牢掌握自身发展工业大数据和人工智能方面的主动权。

由此，中控结合目前工业互联网平台发展过程中的诸多问题，初步将 supOS 划分为工厂信息全集成平台、App 组态式开发平台、智慧决策分析平台和工业 App 孵化平台四个部分，如图 8-2-3 所示。通过这四部分来实现 supOS 的构建，从而实现云（云互联网平台）、企（工厂互联网平台）、端（边缘计算节点）三层统一架构，管控一体化交互。

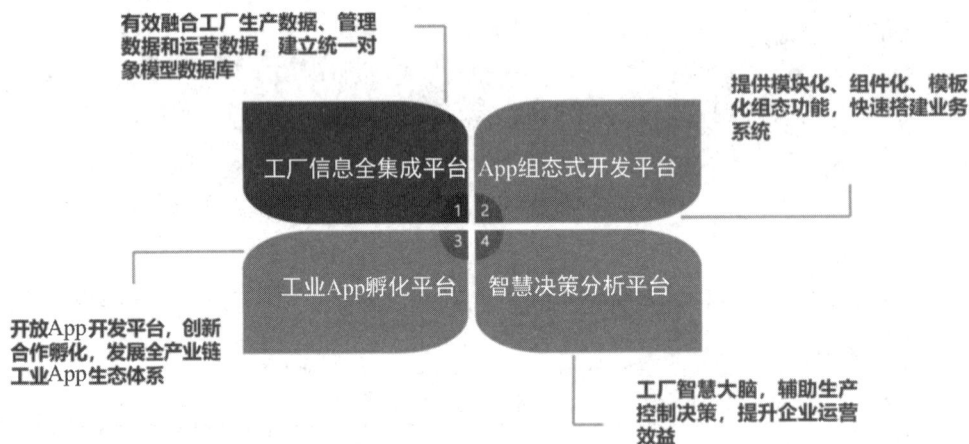

图 8-2-3　supOS 模型与框架

中控重点推进以下三方面工作：

一是打造工业互联网平台：制定跨行业跨领域工业互联网平台评价指南，分期分批遴选跨行业跨领域平台，支持建设工业设备协议开放开源社区，开展平台应用试点示范、应用现场会；推动发展企业级工业互联网平台，支持行业组织发布重点行业工业互联网平台名录，组织制定工业互联网平台服务能力规范，支持开展平台能力成熟度评价，开展工业互联网平台应用试点示范。

二是建设三类工业 App：围绕工业基础原理、关键基础材料、核心基础零部件（元器件）、先进基础工艺、产业技术基础等基础领域，建设基础共性工业 App 资源池；面向离散行业及流程行业共性需求，基于工业互联网平台，建设行业通用的工业 App 及微服务资源池；面向特定行业、特定场景的特殊应用需求，建设一批解决企业特定问题的企业专用工业 App。

三是完善四大平台支撑服务体系：建立健全标准体系，制定工业互联网平台信息报送指南和监测指标体系，支持协会联盟发布行业应用数字地图；建立新型服务体系，推动建立面向工业互联网平台的线上服务能力认证新体系；建立工业互联网平台安全保障体系。

8.2.2　工业互联网平台核心架构

工业互联网平台基于微服务和容器化等云化技术，核心架构由边缘层、基础设施层、平台层和应用层四大层级构成。边缘层通过传感器、互联网等手段对企业产生的数据进行采集，并进行综合利用分析。基础设施层提供计算、存储、网络、数据库等云服务，可以根据需要选择公共云、专有云、混合云等多种形式。平台层将工业技术、知识、经验、模型等工业原理封装成微服务功能模块，供工业 App 开发者调用，由熟悉工业行业本身的工业信息服务企业建设。应用层由工业企业、行业专家、系统服务商等众多开发者等参与开发，通过调用封装的微服务功能模块，以工业 App 的形式，面向特定行业、特定场景提供在线监测、运营优化和预测性维护等具体应用服务。

1. 边缘层——数据处理

边缘层提供海量工业数据接入、转换、数据预处理和边缘分析应用等功能。一是工业数据接入，包括机器人、机床、高炉等工业设备数据接入能力以及 ERP、MES、WMS 等信息系统数据接入能力，实现对各类工业数据的大范围、深层次采集和连接。二是协议解析与数据预处理，将采集连接的各类多源异构数据进行格式统一和语义解析，并进行数据剔除、压缩、缓存等操作后传输至云端。三是边缘分析应用，重点是面向高实时应用场景，在边缘侧开展实时分析与反馈控制，并提供边缘应用开发所需的资源调度、运行维护、开发调试等各类功能。

（1）工业数据接入。工业数据接入是指从传感器和其他待测设备等模拟和数字被测单元中自动采集非电量或者电量信号，送到上位机中进行分析、处理。工业生产设备数据采集是利用泛在感知技术对各种工业生产设备进行实时高效采集和云端汇聚。工业生产设备数据接入有三种方式：① 数据系统直接联网通信，通过工业网关进行采集接入和通过远程 I/O 进行采集接入；② 通过各类通信手段接入不同设备、系统和产品，采集大范围、深层次的工业生产设备数据；③ 通过异构数据的协议转换与边缘处理，构建中控工业互联网平台的数据基础。

（2）协议解析与数据预处理。传感器和设备信息需要通过各种不同的协议实现数据接入。协议转换分为两个方面：一方面运用协议解析、中间件等技术兼容 ModBus、OPC、CAN、Profibus 等各类工业通信协议和软件通信接口，实现数字格式转换和统一；另一方面利用 HTTP、MQTT 等方式从边缘层将采集的数据传输到云端，实现数据的远程接入。在转换协议中，主要有用于短距离设备连接的本地协议 ModBus 以及支持互联网进行远程全局通信的可扩展互联网协议"消息队列遥测传输（MQTT）"。图 8-2-4 为数据接入架构图。设备或传感器的信息通过 ModBus 等协议将数据传输到网关，再通过 MQTT 等协议将数据传输到云平台，在云平台上进行数据解析与存储，最后通过云计算成为管理和决策的重要依据。

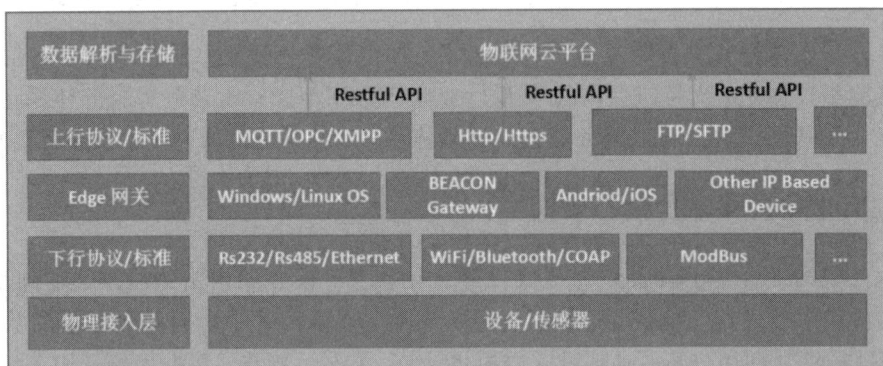

图 8-2-4　数据接入架构图

（3）边缘分析应用。通过工业互联网平台，边缘分析计算可支持生产作业优化、设备互联互通、轻量级集成等应用。

① 生产作业优化。边缘分析计算可在短时间内从产品设计、材料采购、生产制造、销售和物流等多个来源采集数据，通过边缘层进行数据计算并进行分析整理，获取各个场所的生产作业情况，对存在问题的工序或环节进行预警，数据无须传到云端进行计算分析，为后续环节提供实时提示，并根据采集到的数据进行再计算和分析，提出后续作业优化方案及改进建议。

② 设备互联互通。边缘分析计算收集系统间实时通信需求和服务质量要求，运行优化调度算法，转化为对 TSN 交换机和 5G 网络的配置，支持多种实时数据流传输。在保证信息安全的基础上，不仅把支持传统接口和协议的设备接入边缘分析计算平台，而且通过引入数据抽象层，使不能直接互联互通的设备基于边缘分析计算进行互联互通，边缘分析计算的低延迟性能可以保证设备间的实时横向通信。

③ 轻量级集成。在不对自动化装备进行大规模升级的情况下，通过增加边缘网关、边缘分析计算平台和必要的边缘数据采集终端，可以有效提高制造工厂的数字化水平，增强数据在制造系统各个环节间的流动，基于边缘分析计算平台的微服务架构，可以将大量实时规划、优化排版、设备监控、故障诊断和分析、AGV 调度等功能封装在边缘应用程序上，实现软件与硬件平台的解耦及智能应用。

边缘计算是工业互联网平台的重要技术支撑，作为新型的数据计算架构和组织形态，边缘计算扩展了网络计算的范畴，将计算从云中心扩展到网络的边缘，为用户就近提供智能服务。随着边缘计算的不断发展，其在企业数字化转型中发挥的作用将更加突出。

2. 基础设施层——提供云服务

基础设施层是工业互联网平台的运行基础，由 IT 基础设施提供商为平台建设与运营提供虚拟化的计算资源、网络资源和存储资源，为平台层、应用层的功能运行、能力构建及服务供给提供高性能的计算、存储、网络等云基础设施。基础设施层的关键技术是服务器虚拟化及相关的资源管理技术。服务器虚拟化的目的是改善计算机资源的使用效率,如将单台物理服务器虚拟成多台虚拟服务器,供多个客户同时使用。同时,针对虚拟服务器进行隔离以保证其安全性。服务器虚拟化依赖 CPU 虚拟化、Cache 虚拟化和 I/O 虚拟化等资源虚拟化技术。

在以往的 IIoT(工业物联网)结构中,IT 端通常扮演着重要的角色,所有的数据分析、数据挖掘和数据决策都在云端完成,而设备端只是用来收集数据。因此,以往的物联架构对设备端并没有特别高的要求。但对于工业设备而言,很多数据的分析和处理都有实时性、低延迟的要求,如协同、控制等时间敏感的信号,而数据与云端通信的低传输速度与带宽限制是无法支持这些实时性的要求的。

因此,边缘计算的概念应运而生。边缘计算是指在靠近物或数据源头的网络边缘侧,融合网络、计算、存储、应用核心能力的开放平台,就近提供边缘智能服务。需要强调的是,真正适用于工业物联网的边缘计算设备并不仅仅是传统的控制器或网关,而是需要满足三个必备能力:边缘数据采集、智能运算和可操作的决策反馈。

边缘计算设备通常也是边缘侧数据采集设备。数据采集是边缘计算的基础,从工业设备到消费电子,一切设备都是数据的来源。

边缘计算设备需要有基于机器学习的智能运算能力,尤其是能够跨越边缘侧和云端提供智能化的运算能力。对于工业设备而言,工业物联网最重要的价值在于根据收集到的数据分析设备的实际运行状态,通过预测性维护的手段,最大限度降低企业因为非预期停机造成的经济损失。但由于各个不同领域之间的异构性,难以将一套通用的分析算法运用到所有的工业设备中。因此,基于现场海量数据模型训练的机器学习成了最佳的解决方案。良好的运算性能和数据管理,也是边缘计算设备的必要能力。

边缘计算设备不仅仅是完成采集和运算,还需要提供可操作的决策反馈。管理层可以根据数据分析获得相关决策建议,由执行器或者设备本身直接完成决策。这就意味着边缘设备需要具有连接决策执行系统的开放性。

3. 平台层——数据分析

平台层是工业互联网平台的核心。其由平台建设运营主体、各类微服务组件提供商、边缘解决方案提供商等共同建设,提供应用全生命周期服务环境与工具、微服务发布及调用环境与工具、工业微服务库、IT 微服务库、工业大数据管理、开放资源接入与管理等功能,依托组件化的微服务、强大的大数据处理能力、高效的资源接入与管理、开放的开发环境工具,向下接入海量社会开放资源,向上支撑工业 App 的开发部署与运行优化,发挥着类似于操作系统的重要作用。

中控 supOS 平台通过异构系统多元数据集成、基于对象模型的数据组织和分布式对象化数据综合治理三大数据处理方案,平台层可满足多元数据接入、异构系统集成、数据融合应用的需求,实现在平台中对企业生产运营过程进行监控和操作,解决石化行业企业海量多元数据存储的问题。

(1)异构系统的多元数据集成。为了解决数字化转型过程中普遍存在多元数据接入、异构系统集成、数据融合应用的需求,supOS 工业操作系统提供统一的远程数据接入终端(采集器软件),实现多元异构数据的接入和预处理。针对不同系统(如 ERP、OA、MES、DCS、SCM、CRM、WMS、EAM、LIMS、SCADA 等系统)的数据特性,采用统一的数据驱动框架和不同的接入驱动实现多元数据的清洗，并利用统一的数据协议进行数据上传，在 supOS 平台上通过对象化模型（如设备、人员、物料和产品等）将多种数据来源的数据进行重组和应用。

（2）基于对象化模型的数据组织。数字化转型的关键在于能够将现实世界的对象和过程映射到赛博空间，从而在平台中对企业生产运营过程进行监控和操作。supOS 工业操作系统以 ISA95 标准为业务架构，利用对象化模型构建技术构建设备对象化模型，如图 8-2-5 所示。

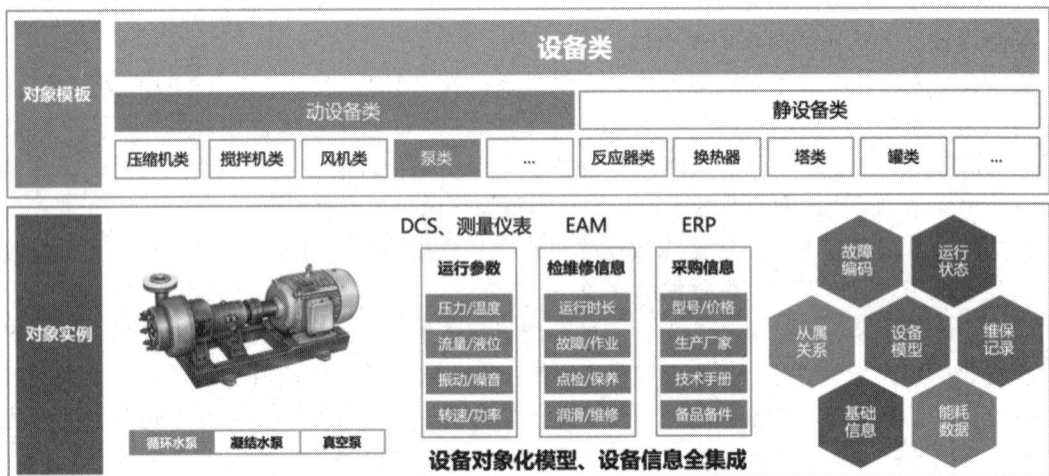

图 8-2-5　设备对象化模型

（3）分布式对象化数据综合治理。为了解决石化企业海量多元数据存储的问题，supOS 工业操作系统提供多元分布式对象化数据湖（如图 8-2-6 所示），以对象化模型方式对各种不同类型数据进行有序存储与组织，并提供这些数据的统一管理和维护。

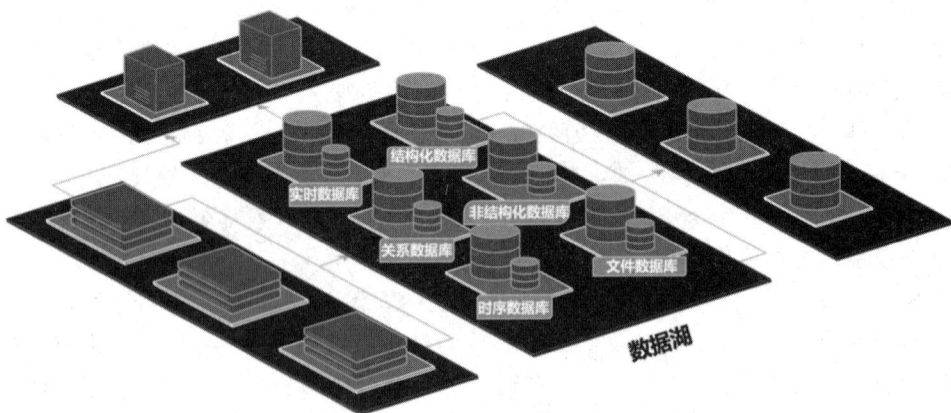

图 8-2-6　分布式对象化数据湖

4. 应用层——工业应用

应用层是工业互联网平台的关键，通过激发全社会力量，依托各类开发者基于平台提供的环境工具、资源与能力，围绕特定应用场景形成一系列工业 App，通过实现业务模型、技术、数据、资源等软件化、模块化、平台化、通用化，加速工业知识复用和创新。各类工业 App 的大规模应用将有效促进社会资源的优化配置，加快构建基于平台的开放创新生态。

为了解决制造业企业在响应市场需求变化时需投入大量的成本进行需求定制开发而无法快速适应协同制造需求的痛点，supOS 工业操作系统提供工业 App 组态开发环境，允许用户通过组件化、模块化、图形化的方式，快速构建所需工业 App，实现赋能。

（1）可视化组态工具。可视化组态工具主要完成业务管理界面和表单页面的设计与开发，提供工业 App 页面组态开发所需的按钮、列表、表格、图片等控件，基础图元组件（如矩形、圆形、椭圆、三角形、多边形等），在线报表组态，图表控件组件（如曲线图、柱状图、饼图、仪表盘等），组件模板库组件（如设备模板库、常用报表模板库、Dashboard 模板库等），业务流程组件（如表单设计、信息模型等），业务数据展示组件（如报警、视频等）等各类开发组件。通过在线配置实现控件的可视化定义，支持交互事件、数据内容的联合绑定，满足生产管理业务表单的创建和管理要求。可视化组态工具能快速实现对大屏及日常业务看板的组态，对实时数据和历史数据进行展示。

（2）工作流程组态工具。工业 App 组态开发环境提供基于 BPMN（业务流程建模标注）流程规范的工作流组态工具，实现对工作流流程的拖拽式组合和配置，以及对业务流程表单的快速组态。通过表单设计器将业务界面配置为工作流界面，也可以通过工作流即时创建业务界面，支持活动流转、网关判断、提交审批、流程会签、转发代办等功能，满足不同业务管理应用的工作流程自动流转需要。

（3）后台逻辑组态工具。工业 App 开发过程中业务逻辑复杂，往往需要耗费大量时间和精力完成相关代码的开发，工业 App 组态开发环境为用户提供一套图形化的后台逻辑组态工具，便于其在无须直接编码的前提下，仅需选择对应的功能块，同时串联不同功能块的逻辑关系与配置即可完成自定义逻辑的开发，用于满足不同工业 App 在处理数据分析、业务逻辑关联的消息联动等场景。

（4）可视化插件开发 IDE 工具。为了满足平台二次开发的需要，可视化插件开发 IDE 工具，除了提供多种可视化组件外，还预留了可视化组件的扩展能力。工业 App 开发者在进行应用开发时，如果内置的可视化组件无法满足要求，则可通过内置的 IDE 工具进行新的可视化插件开发。开发环境提供的 IDE 工具包括用户认证 SDK、客户端认证 SDK、App 认证 SDK 在内的各类工业 App SDK 包，可满足资深的开发工程师以在线或离线的方式进行代码编写、调试、运行，为开发工作的快速、稳定、高效进行提供强有力的平台技术支撑。

中控提出的数字化转型方案为炼化企业在数字化转型过程中对工业数据深度加工与挖潜提供可能，为工业数据资产化管理及自助式利用提供支撑。本方案具有以下特点与优势：

（1）全域数据互联互通。中控实现工厂生产数据、管理数据、经营数据、设备数据和安全环保数据的接入与综合性、协同应用，为企业实现数据挖掘和数据二次增值提供基础平台；利用平台与应用分离的思想，变革传统的"烟囱式"信息系统建设方案，解决传统的"烟囱式"垂直应用带来的信息孤岛和数据融合问题。

（2）工业 App 组态式低代码开发。低代码（Low Code）是一种可视化应用开发方法，可用较少的代码、以较快捷的速度来交付应用程序。中控提供的工业 App 组态开发、可视化大数据分析工具等能力，联合业务专家一起开发面向石化行业生产、管理、经营、安全、环保相关的工业 App，沉淀和积累石化行业的应用知识，切实改进企业生产和管理模式及效率，实现效益价值创造。

（3）数据价值持续挖掘。中控为企业提供以工业大数据为核心的全生命周期服务，让平台提供商、系统集成商、应用开发者、工艺专家、数据分析专家能够为企业提供个性化决策与分析服务，实现数据价值的深度挖掘，为经营决策精准赋能。

8.2.3　工业互联网平台的核心功能

工业互联网平台应具备分布式 IT 资源调度与管理，工业资源泛在连接与优化配置，工业大数据管理与挖掘，微服务供给、管理与迭代优化，覆盖工业 App 全生命周期的环境与工具服务，以及良性循环创新生态构建等多个方面的功能，可将其归纳为设备整合、数据整合、决策优化和生态服务四大核心功能。

1. 设备整合功能

设备整合功能涵盖了工业互联网平台上传感器、执行器、标签和信标等所有设备的配置、管理和淘汰。工业互联网平台能够自动摄取互联网数据，使其可用于网络上的其他元素，重点包括分布式 IT 资源调度与管理和工业资源泛在连接与优化配置两大核心优势功能。

（1）分布式 IT 资源调度与管理。中控工业互联网平台建立 IT 软硬件的异构资源池并提供高效的资源调度与管理服务，通过实现 IT 能力平台化，大幅降低企业信息化建设成本，加速企业数字化进程，推动核心业务向云端迁移，为运营技术（Operational Technology，OT）和 IT 的融合与创新应用提供基础支撑。一是通过购买、租用、共建共享等方式，建设分布式云基础设施，通过虚拟化实现计算、存储、网络等 IT 资源的池化、统一管理。二是提供 IT 基础资源调度与管理服务，实现对云基础设施的动态均衡调度，并按用户实际需求提供弹性扩容、多租户资源隔离与按需计费等服务。

（2）工业资源泛在连接与优化配置。中控工业互联网平台全面推动"人机物法环"等工业资源的数据化、模型化，通过制造能力的平台化支撑全社会制造资源的动态配置。一是通过在边缘侧部署边缘处理解决方案，接入并广泛汇聚专业技术人员技能、设备设施、产品及原材料、工控系统、业务系统等各类工业资源。二是将物理世界的资源要素在信息空间进行全要素重建，形成工业资源的数字孪生。三是将数据化、模型化的工业资源进行加工、组合、优化，形成模块化的制造能力，并通过对工业资源基础管理、动态调度、优化配置等服务，促进制造能力的在线交易、动态配置和共享利用。

2. 数据整合功能

工业互联网平台的价值在于数据，必须能够对其进行捕获、集成和管理。其中通过工业大数据管理与挖掘优势功能，工业互联网平台将新的互联网主数据与现有的应用软件数据以及来自社交媒体等其他来源的数据关联起来，以探求其相关性。

中控工业互联网平台具备海量工业数据汇聚共享、价值挖掘能力，以数据为驱动加速构建工业知识体系。一是提供海量、多源、异构工业大数据的转换、清洗、分级存储、分析挖掘、可视化处理等功能，支撑海量数据的汇聚利用和核心价值挖掘。二是通过人机智能融合支持各参与主体将工业与 IT 技术、知识、经验、方法快速封装为微服务及微组件，并基于平台进行发布、调用运行、持续优化，实现各参与主体知识的复用、传播、提升，形成基于数据驱动、持续迭代的工业知识体系。

3. 决策优化功能

作为数字生态系统的一部分，工业互联网各流程并非孤立，工业互联网平台解决方案必须嵌入到企业业务流程和工作流程中。中控通过微服务供给、管理与迭代优化功能，将互联网业务逻辑整合到其他后端系统中，并将互联网数据部署到工作流程管理中，构建全要素、全产业链、全价值链的全面连接，显著提升了数据采集、集成管理与建模分析的水平，使各类生产经营决策更加精准和智能，同时也使各类商业和生产活动的网络化成为可能，大幅提高了资源配置效率，实现了企业数字化转型的决策优化功能。

中控工业互联网平台提供微服务的供给、管理与迭代优化功能。一是支持各类微服务组件提供商，围绕"人机物法环"等方面，快速构建人员技能、设备/产品、生产资源、标准业务、工业环境等一系列高度解耦、可复用的工业微服务和微组件以及数据库、通用算法、中间件等方面的 IT 微服务和微组件。二是支持平台建设运营主体对各类微服务及微组件进行认证、注销等基础管理，结合工业 App 的运行需求实现微服务及微组件的快速发现、编排与调用。三是支持各类微服务组件提供商结合工业微服务及微组件、IT 微服务及微组件的使用情况，对其进行持续迭代优化。

4. 生态服务功能

中控工业互联网平台负责安全地建立、启动，并通过覆盖工业 App 全生命周期的环境与工具服务和良性循环创新生态构建两大核心，以实现管理数字生态系统中人、设备、数据和设备的交互。

（1）覆盖工业 App 全生命周期的环境与工具服务。中控工业互联网平台搭建的开发者社区，汇聚了工业、IT、通信等领域的各类开发者，并提供覆盖工业 App 全生命周期的环境与工具服务，支持各类工业 App 的开发、测试验证、部署与运行优化，为企业转型升级提供可用、好用的工业 App。具体而言，一方面平台应提供方便易用的工业 App 开发、测试验证、仿真、部署等应用开发、部署环境与工具，充分赋能各类开发者，快速将其掌握的工业技术、经验、知识和最佳实践进行模型化、软件化和再封装，形成一系列实用性强的工业 App。另一方面，平台应提供工业 App 运行、优化环境与工具，实现工业 App 的运行与调度，并结合应用情况对工业 App 进行迭代优化。

（2）良性循环创新生态构建。中控工业互联网平台具备创新生态构建能力，通过优势互补、强强联合、跨界合作，打通技术和专业壁垒，共享数据资源，形成新型制造业创新生态。具体而言，以平台建设运营商为主导，通过建立一套实现资源共享、动态协作的价值分享机制，广泛汇聚 IT 基础设施提供商、微服务组件提供商、边缘解决方案提供商、工业资源拥有方、数据资源拥有方、工业 App 开发者、工业 App 用户等，形成需求与供给高效精准匹配、应用与服务持续迭代、多方共生共赢的良性发展生态。

8.2.4 中控工业互联网落地应用的成效分析

中控面向石油、化工、电力、建材等流程工业领域，已经拥有从现场检测仪表、执行机构到控制系统（DCS、SIS、PLC）等工业自动化系列产品，先进控制与优化、生产执行系统、能源管理系统等系列工业软件和智能制造整体解决方案，构成了完整的流程工业INPLANT 智能工厂解决方案。截至 2018 年年底，公司核心产品 DCS 系统的市场份额已经达到了约 24.7%，其中化工领域的市场份额超过 40%，连续 8 年国内市场占有率位居第一，已经有 37 000 多套系统应用于万余家工业企业，成功实施了大型炼化一体化、煤制烯烃、乙烯等一批特大工程，创造了 DCS 自动化系统点数超 20 万的超大应用规模业绩。以石化行业为例，基于中控工业互联网平台的智能制造解决方案，通过打通制造企业上层计划管理与底层工业控制，中控互联网平台帮助原材料流转、计划排产、生产调度、生产控制、库存管理、质量管理等环节形成高效闭环，提高了企业的工作效率，改善了物料的流通性能，降低了生产成本，提升了实际效益。该生产管理业务平台通过工艺优化、质量管控、节能降耗、业务驾驶舱的建立与石化 App 开发等举措，为生产管理部门提供了一个强大的业务处理工具，为各种专业业务应用提供数据支撑，充分提高了企业生产效率与生产效益。

1. 充分提高企业生产效率

中控从石化行业企业的生产、运维特点切入，通过工艺优化、业务驾驶舱的建立与石化相关 App 开发，先后开发了生产管控、安全环保、供应链管理、能源管理和资产管理等方向的工业智能 App，打造了面向石化行业的工业智能 App 的解决方案；通过机器视觉和图像分析等人工智能技术，实现了场景化的工业大数据与智能场景应用，降低了人员的劳动强度，充分提升了生产效率。

（1）优化流程工艺，促进高效生产。在实际炼化生产前，对原油原料、工艺流程、炼化设备进行数字孪生建模，对工艺配方、工艺流程等全方位模拟仿真，优化原料配比参数和装置优化路径，得出最优的炼化生产方案。中石油云南石化对开工原油的炼化工艺流程进行模拟分析，明确各项操作参数，从而指导生产操作，实现了常减压装置 1 次开车成功，制氢联合装置核心设备投产 1 次成功。

（2）建立业务驾驶舱，有利于精准决策。企业能够可持续发展在于精准决策，决策依赖于清晰、实时掌握全企业生产运营过程，"supOS 工业操作系统＋工业 App"数字化转型方案为各层级领导提供个性化的生产管控、经营决策、安全应急等业务的综合信息驾驶舱，根据管理职能不同，展示不同的指标情况，让管理者快速了解目前石化工厂运行的整体信息，便于更加科学地进行分析决策。

（3）石化相关 App 开发，精准赋能石化行业。通过联合石化企业领域专家、生态合作伙伴开发了一系列面向石化行业生产运营、能源管理、安全管理相关的 App 来满足不同职能的业务需求，为各业务领域精准赋能。

① 生产指挥经营分析 App。石化行业企业作为连续性生产企业，对过程控制要求高，一旦其中一个环节发生问题，可能造成大批量产品质量异常，造成重大损失，"supOS 工业操作系统＋工业 App"数字化转型方案提供生产指挥经营分析 App，通过直观的形式展现

生产、装置运行、产品销售等一系列环节过程监控，对当前全厂业务环节进行整体监控，及时发现问题、解决问题，有效保障生产，保证产品质量。

②　仪控设备健康状态 App。仪控设备作为石化企业生产过程控制的核心设备，其健康状态关系到生产的有序平稳进行，"supOS 工业操作系统＋工业 App"数字化转型方案提供仪控设备健康状态 App，通过采集工厂控制系统及仪表阀门的状态信息、故障信息、视频数据、现场仪表故障信息等数据，对时序、流式、关系型等多元数据进行清洗、重组和标准化处理，优化工厂数据的层级关系，建立仪控设备健康状态 App，实现仪控设备数据、管理数据和运营数据有效融合，提升数据流通效率，提供多维度、多视角的数据服务。全厂仪控设备总貌图包含全厂的装置分布、DCS 机柜间的分布、装置仪控设备状态、全厂仪控设备故障分布、控制系统故障、现场作业单信息等重要信息。通过层级下钻（下钻是指改变维的层次，变换分析的颗粒度），进入 DCS 机柜间管理界面，展示 DCS 机柜间内部的相关参数以及该机柜间代表的生产区域的相关信息，如故障排序、报警等级分区、作业单信息等。

③　工艺管理 App。工艺管理 App 提供各个装置的重要工艺参数维护管理，通过工艺参数、工艺卡片、趋势分析等相关组件，工程实施人员可以快速组态实现重要工艺参数监控看板，减少实施复杂度，提高业务实现效率。企业生产管理人员能够通过重要工艺参数的监控看板实时监控生产状况，及时收到异常指标报警提醒，从而避免发生安全事故等问题。

④　排班管理 App。排班管理 App 提供基于某种活动的排班策略、排班操作和对外提供服务，主要应用于生产排班及生产排班数据统计分析等。生产排班主要应用于操作管理、调度指挥和设备管理，根据班次、班组信息和时间分别制定轮班表，各生产岗位根据轮班表进行倒班。企业内可以根据实际应用区域定义多个不同的轮班范围。

⑤　工况管理 App。工况管理 App 基于 supOS 工厂模型和对象模型的能力，支持灵活性定义工况条件，提供给平台用户用来管理工况条件、自动服务运行和统计分析。应用场景由工程人员来设置工况条件，查看装置或生产单元工况情况；第三方开发者通过停工工时定义、自动判别工况服务；排班管理人员、工厂管理人员使用工况数据进行行业务操作和数据分析。工况管理价值体现在提供对外 API（应用程序接口），实现工况状态查询，与企业相关业务协同。

⑥　动设备预测性维护 App。对工业设备来说，高效的维护既可以增加设备寿命又可以降低维护成本，减少安全隐患。石化行业动设备由于运作机理的因素，更容易损坏，导致生产中断等问题，因此设备的预测性维护非常需要。"supOS 工业操作系统＋工业 App"数字化转型方案提供动设备预测性维护 App，基于各个测点的数据进行深入研究，实现数据的分析，之后采用合适的深度学习算法进行数据挖掘，实现设备故障的准确预警。

⑦　能源管理 App。节能减排是石化企业核心关注功能，"supOS 工业操作系统＋工业 App"数字化转型方案提供能源管理 App，可实现能源流程监控、能效监控、专用设备能效监控功能和石化企业对能源的统一协同管理。基于石化行业的能源网络结构，能源管理 App 能够绘制能源系统流程图，集中显示系统中各能源介质的流量、压力、电流、温度等参数，并产生实时报警信息，及时反映能源网络的平衡状态。同时，能源管理 App 实时监控各装置的总体能源消耗情况，形成自动链接关系，逐级下钻进行展示。能源管理 App 可参考能耗设计值，自动给出能源消耗异常报警，并提供便捷的历史趋势查询功能。

通过工业智能 App 开发技术，中控降低了 App 应用开发的 IT 技术门槛，让懂工厂数据的专家参与 App 的开发和应用，使得工业大数据集成平台真正成为工业知识的积累平台；联合企业用户进行特定场景的业务创新 App 开发，从而优化提升生产运维的综合水平，帮助工业企业各岗位人员清楚掌握产供销情况，减少生产线上人工的干预，正确地搜集生产装置运行数据、合理的生产计划编排与生产进度调控，提高生产过程的可控性；同时，实现了生产过程中多环节协同优化，充分提高了企业生产效率。

2．充分提升企业生产效益

中控建立了一个覆盖生产车间装置管理、物料移动、罐区管理、进出厂管理、公用工程管理、生产调度、计划统计、质量管理等在内的统一的生产管理业务平台。

（1）质量管控，提升炼化品质。实时采集和分析油品炼化全流程的质量数据，对各项质量指标进行在线动态分析和预测预警，实现炼化全流程质量跟踪及自动控制。

（2）节能降耗，提高设备维护精度。通过对关键耗能设备和高耗能加工流程的数据采集，结合大数据、人工智能算法和专家知识库，分析耗能的关键因素，找出能耗最低的工艺参数来指导实际生产，提高关键耗能设备的维护精度。

中控通过为企业构建大数据分析平台，实现工厂全信息采集和融合，完成控制系统、弱电系统以及原有信息系统的集成，消除工厂内部的信息孤岛问题；实现工厂生产数据、管理数据、经营数据、设备数据和安全环保数据的综合、协同应用，为企业实现数据挖掘和数据二次增值提供基础平台。

此外，利用对象建模和机理建模等技术，面向工厂设备、物料、人员、产品等核心元素建模，实现以产品为视角的全生命周期数据管理应用，满足产品全生命周期的批次管理、质量控制、问题溯源的要求；帮助企业实现精细化管理，对装置进行成本核算和利润考核，装置本量利的统计周期从 10 天缩短为 8 小时（一个班），充分提升了企业的生产效益。利用生产过程优化手段，大大降低了生产过程的波动情况，设备的综合利用率提高了 10% 以上。

◐— 8.3　工业互联网平台 EDDE 四维模型

8.3.1　EDDE 四维模型架构

中控研发的 supOS 平台使得生产控制、生产管理、企业经营等多维、多元数据得到融合应用，推动了数字化和工业化的深度融合，实现了企业智能制造生产，提升了工业企业的综合运营水平。在迈向智能制造的路上，中控通过 EDDE［Equipment（设备）、Data（数据）、Decision（决策）、Ecology（生态）］四维模型（见图 8-3-1），搭建 supOS 工业互联网平台，利用全面互联与深度协同的物理设备与工业数据，以及在此过程中涉及的智能分析与决策优化，全面打通设备资产、生产系统、管理系统和供应链条，并基于数据整合与分析实现 IT 与 OT 的融合和三大体系的贯通，从而形成竞争力，实现数字化转型。

图 8 - 3 - 1　EDDE 四维模型图

8.3.2　Equipment——设备互联是基础

设备联网是工业制造业企业实现信息化、数字化、智能化的基础。针对现存平台及工控安全不可控、设备和传感器投入成本高、设备和平台请求及响应延时性比较高等问题，设备联网是解决以上问题的关键，工业制造业企业要想实现信息化、数字化、智能化，形成自己的核心竞争力，需要利用全面互联的物理设备。当前，工业互联网平台实现设备互联的问题和挑战有：一是平台及工控安全不可控；二是设备和传感器投入成本高；三是设备和平台请求及响应延时性比较高。为此，中控大力维护设备安全、推进工业设备上云、及时响应设备请求。

图 8 - 3 - 2 所示为设备互联架构图。

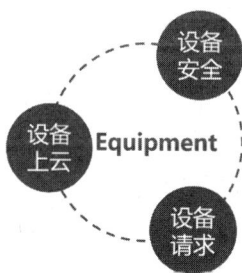

图 8 - 3 - 2　设备互联架构图

1. 大力维护设备安全

1）设备安全挑战分析

随着中国制造 2025 和工业 4.0 的全面推进，工业化与信息化的融合趋势越来越明显。工业控制系统逐步从封闭走向开放，从单机走向互联，越来越多的协议、通用软硬件被应用到其中，但是伴随而来的病毒、木马等威胁也在扩散，特别是系统中的终端设备因为数量较多、部署较为分散、被接触和使用人员属性较为复杂等特征，易被不法分子作为攻击工业控制系统的主要入口，而终端设备直接关系到系统的最终实施，一旦遭受攻击，会直接导致生产停滞、财产损失甚至人员伤亡的严重后果。因此，终端设备的信息安全问题要引起足够的重视，其潜在的威胁主要包括：

（1）控制系统面临病毒攻击的风险。传统工业系统是封闭系统，也称单机系统，不用考虑联网情况。之前病毒入侵工业控制系统的方式主要是通过外围设备与控制系统直接连接，将外围设备中的病毒植入到控制系统中，入侵方式比较单一。现在随着工业"互联网＋"的推进，IT 和 OT 实现互联，必然导致一批系统和设施暴露，使病毒入侵控制系统的方式大大增加。同时大量工控系统漏洞、攻击方法可以通过互联网等多种渠道获取，许多技术分析报告给出了网络攻击步骤、攻击代码甚至攻击工具等详细信息，极易被黑客、商业竞争对手等不法分子利用。

（2）移动存储介质使用风险大。终端设备由于其封闭性，普遍使用 U 盘、移动硬盘等移动存储设备传递数据，但是由于系统漏洞多、升级慢，其遭受攻击的可能性更大，如 Stuxnet 震网病毒即通过此种途径传播，一旦病毒入侵，就会在内网迅速复制传播，感染整个控制网络。

（3）缺乏对用户操作、网络行为的记录及审核。现实环境中通常缺乏针对工业控制系统的安全日志审计及配置变更管理，导致对安全事故的分析难以进行。这是因为部分工业控制系统可能不具备审计功能或者虽有日志审计功能但系统的性能要求决定了它不能开启审计功能所造成的结果。目前的 IT 安全审计产品因缺乏对工业控制协议的解析能力而不能直接用于工业控制系统中。

2）设备安全实施方式

设备安全是工业互联网中边缘安全防护系统的首要部分，主要通过采取设备身份鉴别与访问控制、固件安全增强、漏洞修复等安全策略，确保工厂内生产设备、单点智能装备器件与产品以及成套智能终端等智能设备的安全。中控的设备安全可采取设备身份鉴别与访问控制、固件安全增强、漏洞修复等安全策略。具体实施方式如下：

（1）在设备身份鉴别与访问控制方面：对于接入工业互联网的现场设备，支持基于硬件特征的唯一标识符，为包括工业互联网平台在内的上层应用提供基于硬件标识的身份鉴别与访问控制能力，确保只有合法的设备能够接入工业互联网并根据既定的访问控制规则向其他设备或上层应用发送或读取数据。

（2）在固件安全增强方面：工业互联网设备供应商需要采取措施对设备固件进行安全增强，阻止恶意代码传播与运行。工业互联网设备供应商可从操作系统内核、协议栈等方面进行安全增强，并力争实现对于设备固件的自主可控。

（3）在漏洞修复方面：设备操作系统与应用软件中出现的漏洞对于设备来说是最直接也是最致命的威胁。设备供应商应对工业现场中常见的设备与装置进行漏洞扫描与挖掘，发现操作系统与应用软件中存在的安全漏洞，并及时对其进行修复。

2. 推进工业设备上云

（1）设备上云的意义。工业设备上云是指通过加快设备数字化、网络化改造升级，将其接入各类工业互联网平台，基于平台开展设备数据的全面采集、汇聚、分析，实现设备状态监测、预测预警、性能优化和能力交易。通过推动设备上云，可降低能耗、提升设备能效和安全水平、促进制造能力在线交易和服务模式创新，可有效带动工业互联网平台规模化应用。加快推动有基础、有条件、有需求、有优化潜力的工业设备上云，并通过这些设备的示范性应用，加快平台技术进步、商业模式创新和规模化应用，对加快中控自身发展和整体工业互联网平台具有重要意义。

（2）设备上云的现状。当前，我国工业体系中存在大量高资源消耗、高安全风险、低利用效率的工业设备。根据相关行业协会专家初步测算，2017 年，我国近 1000 座炼铁高炉年消耗标准煤约 3.4 亿吨，47 万余台燃煤锅炉能耗占到全国煤炭消耗的 25％以上，5 亿台内燃机石油消耗占全国石油消耗近 60％，30 万台大中型空压机、200 万台数控机床平均设备负载率分别不足 60％和 40％，风力发电弃电量为 419 亿千瓦时，设备资源闲置、能源浪费十分严重。推动炼铁高炉、工业锅炉、数控机床等工业设备上云，通过开展运行监测、能效优化、预测性维护等服务，预计可降低炼铁高炉等设备平均能耗 3％，提升数控机床等设备利用率 8％，降低风电设备弃风率至 10％。这些复杂设备优化的数据采集量巨大，数据采集具有高频率、大批量、高并发、长周期的特征。例如，燃气轮机单台设备有上万个数据采集点、一天产生 500 GB 的运行数据，单台风电设备采集 1000 多个测量点，风场开发过程一轮仿真将产生 700 GB 数据，这些设备数据采集规模已经远远超出了传统 IT 架构的数据存储、处理分析能力，亟须构建基于云计算的工业互联网平台体系。从数据分析模型来看，需要多样、精准、高效、全面的机理模型和大数据分析模型，都需要基于工业互联网平台的解决方案。

（3）设备上云的基本路径。加快推动工业设备上云，应抢先抓住当前工业互联网平台发展的战略机遇，充分发挥政府、行业、平台企业等多方面力量，坚持多路径并举，围绕节能降耗、精准运维、高效发电、效益提升等需求，优先推动一批有基础、有条件、有需求、有潜力的设备上云用云。具体来说，有以下三条基本路径：

① 加快设备改造升级，推动存量设备上云。政府应通过政策支持、资金补助、金融服务等多种方式，引导工业企业联合设备提供商、系统集成商等对存量设备进行云化改造，重点针对工业锅炉、大型空压机等自动化程度较低、上云基础较为薄弱的设备，通过加装传感器、通信模块、控制器等部件，提升设备数字化水平；针对风电、光伏、工程机械、数控机床等已初步具备数字化条件的设备，统一通信标准和数据接口，实现数据可采集、状态可监控、工序可优化，夯实上云基础。

② 加强解决方案创新，推动增量设备上云。应以科研水平高、产业能力强的本土设备提供商、服务商等为主导，聚合产学研用各方力量，聚焦安全可控、信息交互、标准接口等设备上云的共性问题，加快技术突破与产品创新，推动智能化成套设备的研发和产业化，着力突破嵌入式技术，为增量设备加装工控软件、添加数据采集点、统一内外部通信协议，提升设备的数字化程度与联网能力，推动增量设备上云全覆盖。

③ 创新平台运营机制，以有效应用牵引设备上云。应以制造业龙头企业、ICT 领军企业、互联网巨头等平台企业为主导，引导各类平台通过完善运营机制、共享数据资源、构建开放生态，围绕服务企业数字化转型开发海量、易用、好用的个性化应用，让用户企业有更多获得感。通过政府和市场共同发力，推动平台在产业聚集区、工业园区、重点行业实现规模化应用，通过形成示范效应，引导更广范围的各类设备上云。

3．及时响应设备请求

为解决设备和平台请求响应延时较高的问题，提升用户体验感，需要从以下两方面着手：

（1）构建微服务架构及大数据分析模型。中控以微服务技术架构作为工业互联网平台服务端系统，充分、便捷地支持设备及业务数据在申请和授权下可以快速进行上下行操作。此系统可加速用户和开发者对其设备或数据的管理及研究，同时也为互联网系统业务二次开发和快速构建定制化、个性化 App 提供了有力保障。集成和构建大数据机器学习、深度学习算法组件，通过设备历史/实时数据进行有效的 ETL（将业务系统的数据经过抽取、清洗转换，之后加载到数据库的过程）后，开展训练学习和预测分析工作，进一步丰富行业领域设备算法机理模型，加速企业对设备相关业务的智能化管理。

（2）加快工业互联网平台与第五代移动通信技术（5G）融合发展。推动工业互联网与 5G 移动通信技术融合发展，一是遴选工业领军企业率先进行 5G 移动通信技术改造，依托领军企业建设"5G＋工业互联网"创新示范园区，促进 5G 移动通信技术与大数据、云计算等新一代信息技术的协调运作，不断探索和丰富 5G 在工业领域中的应用场景；二是鼓励和引导企业逐步融入"5G＋工业互联网"发展体系，协调现有工业控制系统与 5G 技术的兼容性问题，推动工业生产中 5G 的应用由特定环节延伸至产品全生命周期；三是开展 5G 移动通信技术在基础应用及核心技术等方面的标准制定工作，加速形成 5G 移动通信技术的商业应用模式，同时加强 5G 移动通信网络的安全建设。

8.3.3 Data——数据互通是核心

数据集成互通是构建工业互联网平台的核心。人工智能、大数据的快速应用，使得工业制造企业对数据互通的需求越来越强烈，标准化、"上通下达"成为数据互通技术发展的趋势。工业制造企业深度协同的工业数据会转变为其独特的能力来源，使企业获得持久竞争优势的源泉。要实现数据互通，应主要从以下三方面着手：

一是实现数据信息标准化。与传统工业控制系统数据信息只会在固定的设备间流动不同，工业互联网对数据处理的主体更广泛，需要跨系统对数据进行理解和集成，因此要求数据模型以及数据的存储传输更加通用化与标准化。

二是实现数据云协同。借助云平台和大数据，实现数据价值的深度挖掘和更大范围的数据互通。

三是实现数据与设备互联。打通现场设备层，通过现场数据的实时采集，实现企业内资源的垂直整合。

图 8-3-3 所示为数据互通架构图。

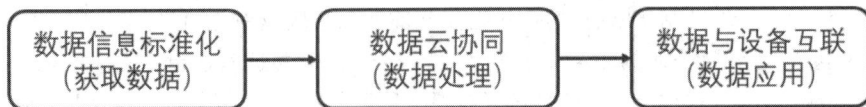

图 8-3-3　数据互通架构图

1. 数据信息标准化

1）数据接入

数据接入的要点如下：

（1）数据采集是基础。数据采集的本质是利用泛在感知技术对多源设备、异构系统、运营环境、人等要素信息进行实时高效采集和云端汇聚。中控 supOS 平台把数据采集体系建设和解决方案能力建设作为工业互联网平台建设的基础：一方面通过构建一套能够兼容、转换多种协议的技术产品体系，实现工业数据互联互通互操作；另一方面通过部署边缘计算模块，实现数据在生产现场的轻量级运算和实时分析，缓解数据向云端传输、存储和计算方面的压力。

（2）数据接入难度和成本是制约工业互联网平台应用的核心痛点。中控具有较强的工业协议积累，正在将接入方案转化为平台服务，将解析能力下发至边缘设备实现数据接入，将数据接入方案内嵌在新增设备中，直接连接平台有望成为重要趋势。SDK 等数据接入方案在商业物联领域已普遍应用，正在加速向工业互联领域延伸。

（3）推进应用场景落地的着力点，关注数据采集，扩展信息获取渠道。一是加强施工现场数据采集，通过传感器、无人机，摄像头、三维扫描仪等感知设备，采集现场施工环境和施工对象信息。二是加强设备端数据采集，基于平台采集和整合工程机械设备设计数据、运行数据、运维档案和地理位置等数据，实现对机械设备的深入洞察。三是加强客户端数据采集，采集客户需求、反馈等数据信息，形成对市场的理解和认识。

2）数据模型

模型的沉淀、集成与管理成为平台的核心能力，信息模型的集成与统一成为提升平台工业要素管理水平的关键，为平台资产、功能提供统一的语义描述。机理模型、数据模型、业务模型快速在平台中沉淀，使平台化提供工业个性服务成为可能；数字孪生由概念走向落地，多类模型融合集成，支撑全企业的系统优化。

紧扣模型开发，提高模型供给能力。一是面向业务运营管理，构建资源调度模型、安全管理模型、供应链管理模型等，实现管理优化。二是面向设备远程运维，构建状态监测模型、预测预警模型、健康评估模型、故障诊断模型等，实现机械设备智能化运维。三是面向生产制造，构建加工工艺模型、质量管控模型、组装装配模型等，提高生产质量和效率。

信息模型规范统一成为平台提升工业要素管理水平的关键。为对各类工业设备、系统进行更加有效的识别和交互，supOS 平台正将信息模型的集成与统一构建作为支撑自身应用拓展的一项关键能力，并遵循两类思路推进。一是自上而下：中控提供开放的信息模型构建工具，统一工业资产的语义描述。通过构建一套复杂的模型体系来描述工业资产和流程，既可以定义工业资产的具体特征和属性、界定资产之间的层次和关联关系，还可以实现信息模型在类似领域的快速复用。二是自下而上：设备企业基于统一协议构建信息模型，与 supOS 平台进行集成，实现信息模型间的映射与互通。同时，supOS 平台具备将 OPC-UA 通信协议信息模型转化为自有信息模型的能力，从而有效整合各类工业设备的信息模型。

中控 supOS 平台应用多为全流程系统性优化的全价值链一体化、运用新技术的资产管理等创新型应用。当前平台应用以全链条打通的协同设计、基于模型开展深度数据分析的设备健康管理等创新应用为主，兼具数字化分析的工艺调优及软件上云叠加简单数据分析的供应链管理等传统应用。

3）数据管理

数据管理主要分为三个部分。一是技术标准，包括运行数据、微服务、行业知识等数据共享的技术规范。对数据开放共享平台的监控模式和监控数据进行建模和规范化，构建平台监控体系，形成监控流程建模规范、数据建模规范、数据交换接口规范、监控分析规范、健康诊断与反馈规范等。在沉淀的工业互联网数据的基础上，分析和挖掘新知识，支持知识的表达存储和重用。二是数据调用约束，进入工业大数据管理服务体系中的主体包括工业企业、工业互联网平台行业组织及科研院所等，需同意与体系中其他主体共享数据，如对方不存在不正当竞争行为，则不能以数据安全或产权保护等理由阻止其他主体调用体系中共享的工业数据、机理模型、微服务组件、工业应用等。三是商业模式，以公共服务为基础挖掘自身造血能力，提供增值服务和具备公共属性的免费服务，面向全社会提供信息汇集、搜索供需对接等服务以及面向政府提供运行数据服务。具有商业价值的增值服务包括面向平台提供的高价值定制服务、面向行业提供的更精准的咨询服务以及面向政府提供的宏观分析报告等。

中控 supOS 平台通过在边缘层进行数据的预处理和缓存，剔除冗余数据，减轻平台负载压力，同时利用边缘缓存保留工业现场全量数据，并通过缓存设备直接导入数据中心，降低网络使用成本。

2. 数据云协同

1）数据现场可视化——边缘计算技术

边缘计算技术是计算技术发展的焦点，通过在靠近工业现场的网络边缘侧运行处理、分析等操作，就近提供边缘计算服务，能够更好地满足制造业敏捷连接、实时优化、安全可靠等方面的关键需求，改变传统制造控制系统和数据分析系统的部署运行方式。边缘计算技术的赋能作用主要体现在两个方面：一是降低工业现场的复杂性。目前在工业现场存在超过 40 种工业总线技术，工业设备之间的连接需要边缘计算提供"现场级"的计算能力，实现各种制式的网络通信协议相互转换、互联互通，同时又能够应对异构网络部署与配置、网络管理与维护等方面的艰巨挑战。二是提高工业数据计算的实时性和可靠性。在工业控制的部分场景，计算处理的时延要求在 10 ms 以内。如果数据分析和控制逻辑全部在云端实现，则难以满足业务的实时性要求。同时，在工业生产中要求计算能力具备不受网络传输带宽和负载影响的"本地存活"能力，避免断网、时延过大等意外因素对实时性生产造成影响。边缘计算在服务实时性和可靠性方面能够满足工业互联网的发展要求。

数据可视化，提高企业管理能力。这类应用主要提供数据汇聚和描述基础，帮助管理者直观了解工厂运行状态，其更高价值的实现依赖于在此基础之上对更深层次的数据挖掘分析。

基于"连接＋数据可视化"能力，传统的生产管理类信息化应用得到更为广泛的普及。其中，在生产监控分析领域应用最为广泛，在物料管理、排产调度等方面也有初步探索。以可视化架构作为 PaaS（软件即服务）运行平台服务端系统实现，充分、便捷地支持设备及业务数据在申请和授权下可以快速进行上下行操作，加速用户和开发者对其设备或数据的管理及研究，同时也为工业互联网系统业务二次开发和快速构建定制化、个性化 App 提供有力保障。集成和构建大数据机器学习、深度学习算法组件，通过设备历史/实时数据进行有效的 ETL 后，开展训练学习和预测分析工作，为进一步丰富行业领域设备算法机理模型提供支撑，加速企业对设备相关业务的智能化管理。supOS 平台为不同行业开发了缺陷检测、质量管理、绩效优化、预测性维护、能耗管理等 14 个即用型应用。

2) 数据深度挖掘——工业人工智能技术

工业人工智能技术是人工智能技术基于工业需求进行二次开发适配形成的融合性技术，能够对高度复杂的工业数据进行计算、分析，提炼出相应的工业规律和知识，有效提升工业问题的决策水平。工业人工智能是工业互联网的重要组成部分，在全面感知、泛在连接、深度集成和高效处理的基础上，工业人工智能实现精准决策和动态优化，完成工业互联网的数据优化闭环。

工业人工智能技术的赋能作用体现在两大路径上。一是以专家系统、知识图谱为代表的知识工程路径，其梳理工业知识和规则为用户提供原理性指导，如某数控机床故障诊断专家系统，利用人机交互建立故障树，将其知识表示成以产生式规则为表现形式的专家知识，融合多传感器信息精确地诊断出故障原因和类型。二是以神经网络、机器学习为代表的统计计算路径，其基于数据分析绕过机理和原理，直接求解出事件概率进而影响决策，典型应用包括机器视觉、预测性维护等。例如，某设备企业基于机器学习技术，对主油泵等核心关键部件进行健康评估与寿命预测，实现关键部件的预测性维护，从而降低计划外停机概率和安全风险，提高设备可用性和经济效益。

平台的大数据能力以"模型＋深度数据分析"模式在设备运维、产品售后服务、能耗管理、质量管控、工艺调优等场景获得大量应用，并取得较为显著的经济效益。企业依托 supOS 平台，通过数据采集及分析实现设备远程运维，每年可节省 96 万元，宕机时长从每次的三天缩短为一天，可降低直接损失 64 万元/次。

利用弹性伸缩、容器编排、微服务治理、中间件构建容器和运行环境，运用行业领域机理模型、分布式技术和人工智能等构建相关技术及业务服务，提供平台级组件和平台服务。为了解决工业海量数据价值挖掘的需求，supOS 工业操作系统提供基于人工智能算法的大数据建模分析工具，内置分类、聚类、回归、预测、寻优、机器学习、深度学习等人工智能算法，提供样本数据处理、建模、实验、评估和发布等可视化流程处理功能，用户通过 supOS 平台提供的平台运行环境，根据不同的业务场景与数据特性，进行大数据分析应用。

为提供更适用于工业场景需求的数据分析和应用开发服务，supOS 平台不断深化对机理模型和数据模型的积累，不断提升分析结果的准确度，推动边云协同，打通生产现场数据瓶颈。一是核心产线智能改造，依托边缘智能计算、大数据分析，实现云对边智能控制，缩短核心零部件的制造周期，有效降低不良品率，提升生产效率。二是生产计划动态调整，实时监控现场状态参数，在工业互联网平台综合分析场地、设备、人员等数据，制定负荷均衡的作业计划。三是生产模式组织优化，借助大数据、人工智能等技术，保障制造流程精益化、实时化和生产节拍的有序、流畅，降低制造成本。

3) 数据上云协同——区块链技术

区块链技术是数字加密技术、网络技术、计算技术等信息技术交织融合的产物，能够赋予数据难以篡改的特性，进而保障数据传输和信息交互的可信和透明，有效提升各制造环节生产要素的优化配置能力，加强不同制造主体之间的协作共享，以低成本建立互信的"机器共识"和"算法透明"，加速重构现有的业务逻辑和商业模式。区块链技术尚处于发展初期，其赋能作用一是体现在能够解决高价值制造数据的追溯问题，二是能够辅助制造业不同主体间高效协同。例如，波音公司基于区块链技术实现了多级供应商的全流程管理，供应链各环节能够无缝衔接，整体运转更高效、可靠，流程更可预期。

借助工业互联网平台整合产业链资源，探索制造能力交易、供应链协同等应用，已成为部分工业企业的实践选择。基于工业互联网平台进行深层次的全流程系统性优化尚处于局部探索阶段。无论是产业链、价值链的一体化优化和产品全生命周期的一体化优化还是生产与管理的系统性优化，都需要建立在全流程的高度数字化、网络化和模型化基础上。supOS 平台开放共享自身生产力，提高闲置设备的利用率，目前已对 24 000 台机床提供超过 533 万小时的交易共享服务。

首先，聚焦企业层面，利用平台打通设计、管理、供应链等各环节数据，推动企业内顶层决策到底层生产的"端到端"集成，基于大数据、人工智能等技术进行挖掘分析，实现扁平化管理和决策优化。其次，聚焦产业层面，构建基于平台的数据共享机制，实现供需信息、制造资源、创业创新资源的汇聚，通过基于数据分析的重新组织，实现产业链上下游资源优化配置与协同，形成新模式、新业态和新的利润增长点。

其次，聚焦数据流通质量，打造高效边云协同体系。一是增设智能传感器，通过在设备、车间等区域部署热成像仪、压力传感器、振动传感器、轨迹识别传感器等具备边缘计算能力的智能终端，提前过滤无用的冗余数据，精准采集数据。二是完善数据解析体系，面向企业中的关系数据、时序数据、文档数据、地理空间数据等海量异构数据，建立高效的数据解析体系，统一数据格式，实现数据跨领域流通。三是建立大数据共享中心，在云端汇聚设备、生产、供应链等数据资源，根据实际业务需求，通过跨领域数据的互相调用，激发数据资产活力，以数据的全局自由流动带动资源配置的全局优化。

最后，企业间供应链协同。通过工业互联网平台实时采集互联网数据、生产操作数据、供应商数据、用户感知数据和企业经营数据，通过边云协同实现供应链数据的横向集成和纵向集成，推动设计、制造、供应、服务等环节的并行组织和协同优化，形成集中采购、协同设计、电商销售、智慧物流、金融科技等创新服务。

3. 数据与设备互联

1）数字孪生

数字孪生是制造技术、信息技术、融合性技术等交织融合的产物，其将不同数据源进行实时同步，并高效整合多类建模方法和工具，实现多学科、多维度、多环境的统一建模和分析，是工业互联网技术发展的集大成者。数字孪生技术尚处于发展初期，其赋能作用主要体现在高价值设备或产品的健康管理方面。长期来看，随着技术发展，贯穿全生命周期、全价值链数字孪生体建立后，能够全面变革设计、生产、运营、服务全流程的数据集成和分析方式，极大地扩展数据洞察的深度和广度，驱动生产方式和制造模式深远变革。

多类模型融合集成，推动数字孪生由概念走向落地。数字孪生探索刚刚起步，逐步成为 supOS 平台建模和模型管理的核心理念。supOS 平台的数字孪生主要集中在对设备的实时状态描述，以构建描述设备状态的数字孪生模型，根据实时数据调整设备状态，为上层应用提供准确信息。在实时描述设备状态的同时，还可以描述模型间的关联和层次关系，有效支撑设备监控、预测性维护、质量和流程优化等分析应用。Predix 将数字孪生定义为"设备状态数据＋分析"，基于仿真模型，构建数字孪生分析系统，融合机理公式和设备信息模型，支撑运营优化和预测性维护服务。supOS 平台用工业现场数据驱动 CAD 模型，实现更精确的运动仿真，面向工厂业务的数字孪生应用将成为平台创新热点，支撑整体优化。

2）数据处理

平台聚焦工业特色需求，强化工业数据管控能力。开源工具无法完全满足工业数据处理需求，supOS 平台开展定制化开发提升数据处理效率，数据质量控制成为平台的核心竞争力。寄云平台整合开源技术，自研数据转换、背压、回补等工具，确保实时数据的摄入质量。数据处理引擎可以基于元数据、既定规则和场景信息进行数据质量处理，用户可以根据工业知识指导更精准的数据筛选。通过整合开源技术和第三方企业服务，提供快速搜索、二进制解码、动态时间规整等十余种数据管理工具。supOS 平台集成时序数据库，大幅提升工业数据读写性能，推出时序数据存储服务，为工业互联网平台提供时序数据的低成本长期存储。为更好地满足工业数据实时和并发处理需求，数据管理平台整合开源框架，支持时序数据、资产数据、过程数据、工单数据等海量多源异构工业数据的统一存储与分析，为机器学习和实时流分析构建共性基础。未来开源框架将继续向工业领域渗透，推动更多行业应用批流融合处理架构。

开展平台运营分析与动态监测。搭建监测分析服务平台，加强与工业互联网平台运营数据共享，实时、动态监测工业互联网平台发展情况。发布工业 App 订阅榜、平台用户地图等榜单，开发细分行业产能分布数字地图。加强工业大数据管理与新技术应用，推进平台间数据安全流动、可信交易、汇聚共享和服务增值。

实时分析与人工智能成为平台数据分析技术的创新热点。工业现场的实时性业务需求驱动平台大力发展实时流分析能力。中控开发了面向流数据的模式识别技术，基于简单规则、复杂规则、算法模型综合识别事件原因并触发相关操作，更好地支撑设备状态检测、故障报警等应用。基于实时分析决策引擎，监控工业设备的地理位置和运动特征，分析异常情况并即时处理。supOS 集成 SAS 事件流分析工具，支持并行、串行和递归等流数据分析算法，为设备运行优化、流程运行优化、产品质量分析等提供毫秒级决策建议。人工智能技术进一步扩大了 supOS 平台处理工业问题的深度和广度，整合开源工具提供工业智能分析成熟商业方案。supOS 平台开发了机器学习引擎，提供故障预测、噪声过滤、图像分析、异常检测、动态规划等功能，提高资产运行效能，为客户提供决策和流程优化建议。

3）走向商业服务

工业现场的实时性业务需求驱动平台大力发展实时流分析能力。supOS 平台通过数据管理与分析从开源工具走向成熟商业方案，聚焦工业特色需求，不断丰富数据分析和可视化工具，提升分析效率，开展定制化开发强化工业数据管理能力，同时人工智能技术进一步扩大了平台处理工业问题的深度和广度。

拓展商业模式，加快数字转型步伐。一是实施平台化战略，搭建工业互联网平台，汇聚产业链上下游优势资源，对接优质客户、供应商、经销商开展商业合作。二是开展服务型制造,探索基于产品研发设计的增值服务、基于产品效能提升的增值服务、基于产品交易便捷化的增值服务、基于产品集成整合的增值服务以及从基于产品的服务到基于需求的服务。三是开展产业链金融创新,积极对接保险公司、银行等金融机构,共同开发金融产品,提高金融服务能力。

supOS 平台联合垂直行业客户共同打造满足特定场景需求的工业应用。与化学巨头合作开发生产检测系统,通过检测设备故障迹象和工作人员生产操作动作的偏差改进产品质量。同时,supOS 平台吸引专业技术服务商将成熟解决方案迁移至平台,快速积累各类专业应用。主导成立的机械工程和信息技术战略联盟,已经吸引合作伙伴分别将机床管理应用、设备预测性维护应用、远程监控应用共享到 supOS 平台。为了吸引更多合作伙伴共享行业技术知识,中控允许每个合作伙伴独立应用相关程序。

8.3.4 Decision——决策优化是关键

工业互联网平台部署实施的核心目标是满足生产现场的实时优化和反馈控制应用要求,并基于平台开展数据智能分析,精确优化决策,优化资源配置,驱动企业智能化发展。图 8-3-4 所示为决策优化架构图。

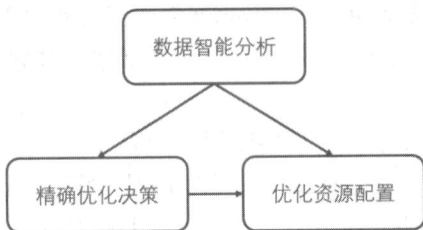

图 8-3-4 决策优化架构图

1. 数据智能分析

工业互联网平台基于平台开展数据智能分析应用,驱动企业智能化发展。部署实施中需要重点考虑两个问题:一是面对企业内部海量工业数据的存储、计算需求,应采用何种类型的基础设施支持;二是为了实现数据驱动的智能优化应用,哪些功能是企业平台必须具备的。

针对工业数据的存储、计算需求,supOS 采用服务器、私有云和混合云多种形式进行部署实施。一是服务器部署,对于功能要求聚焦、资源容量不大的应用需求,可以将企业平台像普通应用软件一样安装部署在特定服务器之中进行操作访问,能够降低企业部署成本。但是由于服务器资源有限,未来平台能力拓展会受到一定限制。二是私有云部署,企业借助虚拟化、资源池化等技术支持,提供可灵活调度、弹性伸缩的存储和计算资源,支撑工业数据的管理和使用,确保所有核心数据停留在企业内部,避免敏感信息的泄露。三是混合云部署,企业在用私有云进行关键核心数据存储管理的同时,也使用公有云海量 IT 资源支撑,进行更为高效的业务处理,从而有效降低综合部署成本。

为了实现数据驱动的智能优化应用,中控在部署实施工业互联网平台的过程中提供平台功能视图中的边缘智能分析应用能力,面向视觉检测、参数自适应、AGV 智能调度等高实时性场景,在边缘应用部署管理环境支撑下运行各类智能化应用,开展数据实时分析,并将决策优化指令实时反馈到生产过程中，实现优化提升。同时，为了进一步提升边缘分析应用的深度和效果，还进行边缘云端协同，在平台端同步开展模型算法迭代更新，并将更新后的模型算法反馈到边缘，以进一步提升优化效果。

2. 精确优化决策

工业互联网平台的决策优化聚焦数据挖掘分析与价值转化，形成工业数字化应用核心功能，主要包括分析、描述、诊断、预测、指导及应用开发。

伴随制造业数字化转型的不断深化与新一代信息技术的加速融入，传统主要遵循 ISA-95 的制造体系正迎来一次重大演进变革。一是基于平台的数据智能成为整个制造业智能化的核心驱动。大数据、人工智能技术持续拓展数据分析应用的深度和广度，强化生产过程中的智能分析决策能力，基于数字孪生所构建的虚实交互闭环优化系统实现对物理世界更加精准的预测分析和优化控制，最终驱动形成具备自学习、自决策、自使用能力的新型智能化生产方式。二是平台化架构成为未来数字化系统的共性选择，促使工业软件与平台加速融合。基于统一平台载体的数据集成管理和智能分析应用破解了信息孤岛问题，基于平台部署应用研发设计、仿真优化、生产管理、运营管理等软件工具，能够有效降低企业数字化系统的复杂程度和投资成本，并构筑全生产流程打通集成的一体化服务能力，驱动实现更加高效的业务协同。三是基于平台的应用开放创新。平台支撑工业经验知识的软件化封装，加速共性业务组件的沉淀复用，实现低门槛的工业应用创新，并吸引第三方开发者构建创新生态，从而能够支撑企业快速适应市场变化和满足用户个性化需求，开展商业模式和业务形态的创新探索。

中控 supOS 平台呈现扁平化特征，打破了传统以 ISA-95 为代表的"金字塔"体系结构，将 ERP、MES、PLM 等处于不同层次的管理功能基于平台实现集成融合应用。企业借助平台提供的数据流畅传递和业务高效协同能力，能够第一时间将生产现场数据反馈到管理系统进行精准决策，也能够及时将管理决策指令传递到生产现场进行执行，通过高效、直接的扁平化管理实现制造效率的全面提升。

3. 优化资源配置

工业互联网平台部署实施面临着跨行业跨领域覆盖所带来的业务复杂性。一是面对高速增长的数据存储和跨地域分布式使用需求应该如何实现存储计算资源的弹性拓展和开放访问；二是针对产业平台中海量复杂业务的运行管理需要提供什么样的技术基础；三是围绕资源配置优化和创新生态构建的目标需要提供什么样的核心功能支撑。

正是由于覆盖范围更加广泛、业务模式更加复杂，中控 supOS 平台提供了基础 IT 资源支撑和数据管理与建模分析能力。supOS 提供基础 IT 资源支撑，实现平台资源调度管理和应用部署运维，同时集成基础技术框架，为上层业务构建提供技术使能；提供数据管理和建模分析能力及良好工业应用创新能力，除了提供各类算法模型支撑进行智能分析之外，产业平台还需要及时响应不同用户的差异化应用需求，打造低门槛的工业应用开发环境，支持实现高效灵活的应用创新。三是聚焦行业共性问题和资源优化配置提供解决方案，如设计协同、供应链协同、产业金融等，在带动产业整体发展水平提升的同时，加速推动产业形态和商业模式的创新。在部署方式上，supOS 平台主要采用公有云形式部署，通过自建公有云平台或与已有公有云平台合作，为不同行业、不同地区用户提供低成本、高可靠的数据存储计算服务，并能够实现按需调度和弹性拓展。依托公有云的基础资源支持，运用技术手段构建通用 PaaS(平台即服务)平台，基于大数据、人工智能、数字孪生等技术提供工业数据、模型的管理分析服务，借助 DevOps、微服务、低代码等技术打造工业应用开发服务。最终，综合运用各类技术手段和系统工具，实现各类智能化解决方案应用落地，并驱动以产业平台为枢纽的创新生态构建。

通过提供基础 IT 资源支撑、数据管理与建模分析能力，平台助力企业广泛汇聚产业资源，支撑企业开展资源配置优化。

8.3.5 Ecology——生态构建是手段

创新生态构建能够促使工业互联网平台广泛汇聚产业资源，支撑平台开展能力互补合作。随着工业互联网平台产业的日渐成熟与市场竞争不断加剧，平台业务聚焦与不同平台间分工合作成为重要趋势。中控通过能力互补合作、应用创新生态和联合交付生态，打造完整的平台解决方案，加速了多样化、多层次的平台生态体系建设，为平台产业繁荣发展提供了有力支撑。图 8-3-5 所示为生态构建架构图。

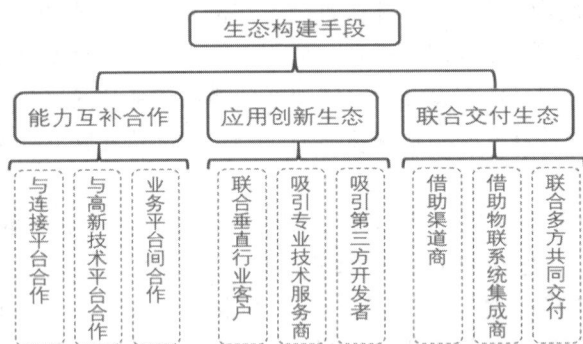

图 8-3-5 生态构建架构图

1. 能力互补合作

能力互补合作成为平台企业的共同选择。构建"大而全"平台需要长周期技术积累，当前阶段只有少数企业具备潜在的构建实力，通过能力互补合作，中控能够快速为客户交付较为成熟的平台解决方案，实现市场竞争力的快速提升。当前已初步形成了以下三种合作模式：

(1) 和连接平台合作，增强数据采集范围和能力。连接平台成为各类平台获取数据不可或缺的使能工具。其中，业务平台和连接平台合作支持各类解决方案在生产现场落地部署。云服务平台和连接平台合作，打造集数据采集、存储、计算于一体的通用使能工具。数据分析平台和连接平台合作，提升数据采集能力，支撑数据价值挖掘和应用。在"工业互联网企业内 5G 网络化改造及推广服务平台"项目中，中控与海康威视联合，借助海康威视的视觉识别技术，在水泥生产过程中一旦遇到物料传送带偏移、投料口堵塞等情况，平台便会自动识别、快速上报、及时预警，并推送到相关人员的手机微信中，大幅提升了生产效率和可靠性。

(2) 和高新技术平台合作，增强数据管理与分析能力。一方面，业务平台获取云服务平台资源和技术支持。另一方面，业务平台叠加数据分析平台，充分挖掘业务数据潜在价值。以往，在工业厂区中各类信息化系统由不同厂家提供，相互之间独立不互通，存在大量的数据孤岛。针对这一行业痛点，浙江电信携手中控、中兴通讯共同打造 5G＋MEC＋supOS 的 5G 工业互联网生态。5G 空口作为各类数据的通道，通过其高可靠、低时延和大带宽特性，实现厂区内的 5G 无线化改造；MEC 作为边缘计算节点，不仅可以实现数据的本地存储与分流，进一步降低时延，同时还可以利用其强大的计算能力，对数据进行预处理和深度挖掘；supOS 作为开放的工业互联网操作系统平台，可以引入各类第三方 App，针对企业不同需求做到快速灵活部署，同时可以对不同数据进行融合，结合中控深耕流程化工行业的丰富经验，提升数据价值。

（3）业务平台间合作实现业务功能丰富和业务范围扩展。中控与上海埃腾开展合作，实现了平台＋设备健康管理 App 的应用实践，双方从技术支持层面实现产品集成、制作演示样本，上海埃腾在 supOS 平台开发智能 App。同时，双方还将共享商业资源，共同树立行业标杆案例。

围绕上述三种合作模式，中控工业互联网平台能力得到充分补充，与合作伙伴合作程度也十分深入，从当前主要的业务平台与高新技术平台合作模式进一步向其他模式拓展。

2. 应用创新生态

应用创新生态是支撑平台价值持续创新的关键。工业应用场景种类繁多，平台很难依靠自身能力为各类场景用户提供高质量服务。构建良好应用创新生态并丰富平台应用显得愈发重要。聚集各类主体共同开发细分领域应用成为平台构建应用创新生态的主要方式，主体包括三类，分别是垂直行业客户、专业技术服务商和第三方开发者。

联合垂直行业客户共同打造满足特定场景需求的工业应用。中控联合北京知觉科技共同打造分布式光纤振动传感系统、分布式光纤测温系统、光纤振动入侵报警系统等应用，实现对振动信号、所测温度的光纤位置的检测与定位。

吸引专业技术服务商将成熟解决方案迁移至平台，快速积累各类专业应用。中控 supOS 平台已经吸引上海智元、上海耀亚、深圳市携客互联科技等合作伙伴分别将全生命周期管理应用创智工场、仓储信息化建设咨询领域应用中慧仓、提供便捷的供应商协同 App 携客云平台共享到应用商店。为了吸引更多合作伙伴共享行业技术知识，supOS 允许每个合作伙伴独立销售应用产品。

通过打造开发者社区吸引第三方开发者入驻，广泛开展工业 App 应用创新。例如，supOS 开发者社区目前已吸引或搭建了近 100 个应用。supOS 平台为吸纳第三方开发者，采取了两项措施：一是为开发者提供全面的技术资源支持，包含开发者资源、开发者社区、培训中心等功能模块；二是帮助开发者推广和销售应用，开发者的应用经 supOS 认证上线后可在应用商店标价销售。

3. 联合交付生态

联合交付生态支撑平台可解决用户复杂现场落地问题。工业应用场景种类繁多且现场信息化水平参差不齐，平台很难凭借通用化服务解决用户所有问题。良好的交付生态能够解决通用化平台解决方案和个性化应用场景的落地适配问题。其中，渠道商、物联系统集成商、IT 技术服务商是平台交付生态的重要组成部分。

平台借助渠道商销售 SaaS 化服务。各类 SaaS 化软件服务仍然依托传统渠道商推广，吸引客户登录平台获取订阅服务，相比于传统本地部署能够为用户节省 IT 运维费用。

平台借助物联系统集成商实现应用于生产现场部署与集成。中控与海康威视等公司合作，帮助桐庐红狮水泥获取实时生产数据，并进行质量分析，助力红狮水泥增产增效。

面对高度个性化的应用需求，平台主体、物联系统集成商和 IT 技术服务商三方共同完成交付。浙江电信、中兴通讯和中控共建的 5G＋MEC＋supOS 这一硕果，围绕工业生产现场的实际需求，直击整个制造行业痛点。以 5G 和 MEC 技术、supOS 平台为基础，充分发挥了中控在工业行业的深厚积淀。浙江电信先进的 5G 网络、中兴通讯的端到端 5G 解决方案优势，提供了行业通用平台方案，让工业数据融合不再成为问题，让系统快速部署不再成为障碍，真正实现了通过 5G 赋能工业互联网，带动产业升级。三方通过紧密合作为用户提供了量身定制的解决方案。

8.4 总结与启示

在迈向智能制造的道路上，中控针对 Equipment（设备）、Data（数据）、Decision（决策）、Ecology（生态）四要素搭建的 supOS 工业互联网平台，利用全面互联与深度协同的物理设备与工业数据，以及在此过程中涉及的智能分析与决策优化，全面打通设备资产、生产系统、管理系统和供应链条，并基于数据整合与分析实现 IT 与 OT 的融合和三大体系的贯通，从而助力企业形成竞争力，实现传统企业数字化转型。

通过对中控在搭建工业互联网平台时各要素的研究，得到以下启示：

（1）设备互联是构建工业互联网平台的基础。当前，工业互联网平台实现设备互联主要面临着平台及工控安全不可控、设备和传感器投入成本高、设备和平台请求及响应延时性比较高等问题。中控 supOS 平台通过对于接入工业互联网的现场设备支持的唯一标识符采取措施，其目标是实现对设备固件进行安全增强，阻止恶意代码传播与运行。这一措施有助于对工业现场中常见的设备与装置进行漏洞扫描与挖掘并及时修复安全漏洞等，进而维护设备安全；通过加快设备改造升级、加强解决方案创新、形成创新平台运营机制等措施有效应用推动存量设备、增量设备上云；通过构建微服务架构及大数据分析模型，加快工业互联网平台与 5G、人工智能等技术融合发展，满足用户需求，及时响应设备请求。

（2）数据集成互通是构建工业互联网平台的核心。人工智能、大数据的快速应用，使得工业企业对数据互通的需求越来越强烈，标准化、"上通下达"成为数据互通技术发展的趋势。中控 supOS 平台通过实现数据信息标准化、加强与云的连接、强调与现场级设备的互通，打通现场设备层，通过现场数据的实时采集，实现企业内资源的垂直整合。

（3）决策优化是构建工业互联网平台的关键目标。工业互联网平台通过开展数据智能分析应用，驱动企业智能化发展，从而满足生产现场的实时优化和反馈控制应用要求。中控 supOS 平台通过采用服务器、私有云和混合云等多种形式实现针对工业数据的存储、计算需求，通过构建高效、直接的扁平化管理实现精确优化决策，提升生产管理效率，通过提供基础 IT 资源支撑、数据管理与建模分析能力，助力平台广泛汇聚产业资源，支撑企业开展资源配置优化。

（4）创新生态构建是搭建工业互联网平台的主要方式。构建平台生态体系能够促使工业互联网平台广泛汇聚产业资源，支撑平台开展能力互补合作。中控 supOS 通过和连接平台、高新技术平台以及业务平台间合作实现能力互补合作，通过联合垂直行业客户共同打造满足特定场景需求的工业应用、吸引专业技术服务商将成熟解决方案迁移至平台、打造开发者社区吸引第三方开发者入驻等措施实现应用创新生态，并借助渠道商销售 SaaS 化服务、物联系统集成商实现应用在生产现场部署与集成甚至与物联系统集成商、IT 技术服务商三方共同协作培育联合交付生态。

工业互联网平台的建设及推广是一项长期而艰巨的系统性工程，工业互联网平台总体仍处于高研发投入、长周期回报的产业培育期，平台应用深度和广度不足、平台标准体系不完善、数据资源管理体系和安全保护机制不健全等问题依然突出，制造企业对于工业互联网平台的认识亟须进一步提升和统一。

【案例点评】

从工业 3.0 到工业 4.0 转型的过程中，大多数传统企业都面临着以下问题：企业虽然坐拥海量数据，但在生产数据、管理数据、运营数据的融合上遇到困难，无法真正为企业创造核心价值；各种技术的融合程度低、业务协同难、知识沉淀少，难以支撑企业多边业务的决策优化；传统的封闭式工业软件应用架构缺乏有力的、敏捷的信息共享与开放手段，可复制率低、重用性差，不适合大规模推广。

中控集团基于解决用户这样的痛点而推出了 supOS 平台。中控通过构建"1 个工业操作系统＋N 个工业智能 App"的工业互联网平台革新流程工业行业智能工厂的建设模式，实现海量、多元工业大数据的融合集成和场景式大数据挖掘应用，满足工厂全生命周期的信息管理和持续优化的要求。同时，利用工业互联网、大数据和人工智能等技术，实现工艺寻优、操作寻优和运营优化的目标，建设涵盖计划、调度、操作、工艺、物流、设备、质量、安全管理等业务的企业数据中心和具有智能化的智能生产管理系统。

工业互联网平台作为一种重要的促进企业转型的智能工具，已经受到越来越多的关注，但是目前真正有效运行的工业互联网平台依然很少。中控工业互联网平台的搭建模式与运作机制具有一定的规律，在搭建 supOS 工业互联网平台的过程中，中控通过设备互联、数据集成、决策优化、构建生态四要素搭建工业互联网平台，并充分考虑到了数据的核心地位，为政府和产业界推动工业互联网平台发展提供了有益的参考，给我国广大中小企业，尤其是面临转型的众多传统制造企业提供了工业互联网平台这一高效的生产工具，也为工业互联网平台的建设提供了一个极具借鉴价值的案例。

点评人：王雷（杭州电子科技大学教授）